よくわかる気学（東洋占星術）入門

野

弘文出版

はじめに――気学《きがく》は人生の水先案内

世の中には、人間の意志の力や理性ではどうにもならないことがたくさんあります。わたしたちの生（運命）は、その誕生の瞬間から、望むと望まざるとにかかわらず、霊妙な宇宙のいとなみのなかにあります。

現象界にあらわれた、ありとあらゆることがらは、すべて人智を超えた宇宙意志のはたらきといえます。

その宇宙意志とは、宇宙を支配しているまったき因果律《いんがりつ》であり、これを壮大なる神の摂理《せつり》といってもかまいません。

古来、多くの先哲《せんてつ》たちは、この宇宙意志の実体や運命の神秘を明かすべく、いろいろな方法で研究をかさねてきました。

そして、気学《きがく》をふくむ運命学（占術）といわれる学問は、この宇宙の原理・原則を明かし、個人の運命を明かす、もっとも具体的にして実用的なものであったわけです。

けれども、実際には、自分の運命を知っただけではあまり意味がありません。本当にわたしたちが知りたいのは、どうしたらもっと幸福になれるのか、どうしたらたった今の苦しみ、悩みから解放されるのか、という具体的手立てなのです。

その意味で、四千年以上の歴史をかけて、人間の後天開運法《こうてんかいうんほう》を明かし、確立してきた気学《きがく》の果たす役割は、数ある占術のなかでもひじょうに大きなものといえます。

「吉凶《きっきょう》、動《どう》より生ず」ということばがありますが、気学《きがく》は方位学《ほういがく》ともいわれて、この人間の「動《どう》」ということをきわめつくした学問です。

わたしたちの生活には、ある一定の時間内における「動き」と「方向性」とがつきものです。たとえば、家から一歩外へでれば、どちらかの方向へ歩きはじめるわけですし、旅行や移転となれば、それ以上に大きな「動き」と「方向性」とをもつことになります。

この人間の「動き」と「方向性」ということによって、当人のその後の運勢に大きな変化が生じてくるとしたら、この事実を利用して、幸運をひきよせ、不運を退けない手はありません。

興味深いことに、気学《きがく》では、悪事をなした者の多くは、その犯行現場から本命的殺方位《ほんめいてきさつほうい》、または本命殺方位《ほんめいさつほうい》という大凶方位《だいきょうほうい》（本文の136ページ参照）へ逃走する、というデータがあります。

ですから、犯人の生年月日がわかれば、逃走さきもある程度は推測できる、というわけです。

これなども、常識にこりかたまった人間の目からみれば、不思議としかいいようのないことですが、精妙な宇宙のシステムの一端を物語る事実だと思います。

わたしは本書の執筆中、とにかくわかりやすく、そして実際の生活に役立つ本にしたいと祈りつづけていました。

この本を読んで、ひとりでも多くの方が積極的に幸運をつかむべく、気学《きがく》を応用してくだされば、著者冥利につきるといっても過言ではありません。

野村　徳子

もくじ☆よくわかる気学（東洋占星術）入門

1章★先天運を明かし、後天運をひらく気学とは

2章★あなたの運勢を明かす同会法の実際

3章★あなたにとっての吉方・凶方を明かす祐気法の実際

4章★あなたも気づかなかったあなた自身を明かす傾斜法の実際

1章　先天運を明かし、後天運をひらく

気学とは

❖気学によってあなたの運気はひらかれる

気学は古代中国に源を発する占術で、現代わが国では方位学《ほういがく》とよばれてしたしまれています。また、天地自然の万物の象徴としての九つの星をもとにして判断することから、東洋占星術などともよばれています。

今からおよそ四五〇〇年前中国ではじめられた気学は、仏教の伝来と期を一にして日本に伝えられました。さらに西暦六〇二年、百済《くだら》の僧・観勒《かんろく》によって『遁甲方術《とんこうほうじゅつ》』『暦本』『天文地理書』などが朝廷に貢《みつ》ぎ物《もの》としてもたらされたことが『日本書紀』に記されています。そして、この『遁甲方術』が日本の現代気学の礎《いしずえ》となったのです。

気学ははじめ、軍学として社会の支配階級の人々に珍重されました。用いた方位による効果がすみやかに、また確実にあらわれることから戦略用として攻守に大きな力を発揮したのです。

とくに徳川家康が気学を活用して治世にあたったことは有名で、家康のナンバーワン・ブレーンの天海僧正《てんかいそうじょう》は気学の権威でした。彼は気学の教えるところにしたがって大いに時間と方位の不思議をあやつり、常に徳川軍を吉方に導き、敵方には凶方になるようにはからいました。天に味方された徳川軍が、多くの戦いで勝利をおさめたのは当然のことといえるでしょう。

もともと気学は、易《えき》の実用的な部門から派生した学問ですから実利に強いわけです。後天的開運術を積極的に説いているという点も、他の占術に類をみないきわだった特色といえます。気学には暗い運命論的な宿命観はありません。悪い運命をもって生まれたのだったら、開運すればよいのです。気学は、あくまでも人生を肯定的にとらえた学問です。

❖気学とは運命を事前にキャッチするオールマイティーの占術

では、気学とは一体どんな占術なのか具体的にみていきましょう。

現代日本で行われている気学の直接の基礎は、中国伝来の九星術《きゅうせいじゅつ》です。これはその名がしめすとおり、九つの星とその運行によって運勢をみていくものです。

ただ、ここでおもしろいのは西洋の占星術が実際に天空に輝く〝実星《じっせい》〟を使用するのに対して、気学では〝虚星《きょせい》〟といわれる人間の観念（心）の世界に存在する星を使用する点です。〝天の星〟に対して〝地の星〟ともいわれ、木《もく》・火《か》・土《ど》・金《ごん》・水《すい》という五つの天地自然の要素・はたらきをあらわしたものです。

この考えかたは運命学ばかりでなく、東洋哲学にとってもたいへん重要なもので、古代中国の陰陽五行説《いんようごぎょうせつ》にその起源が求められます。

気学は人事全般、つまり個人の一生の総体運（さらに細かくわけて性格、仕事運、結婚運、

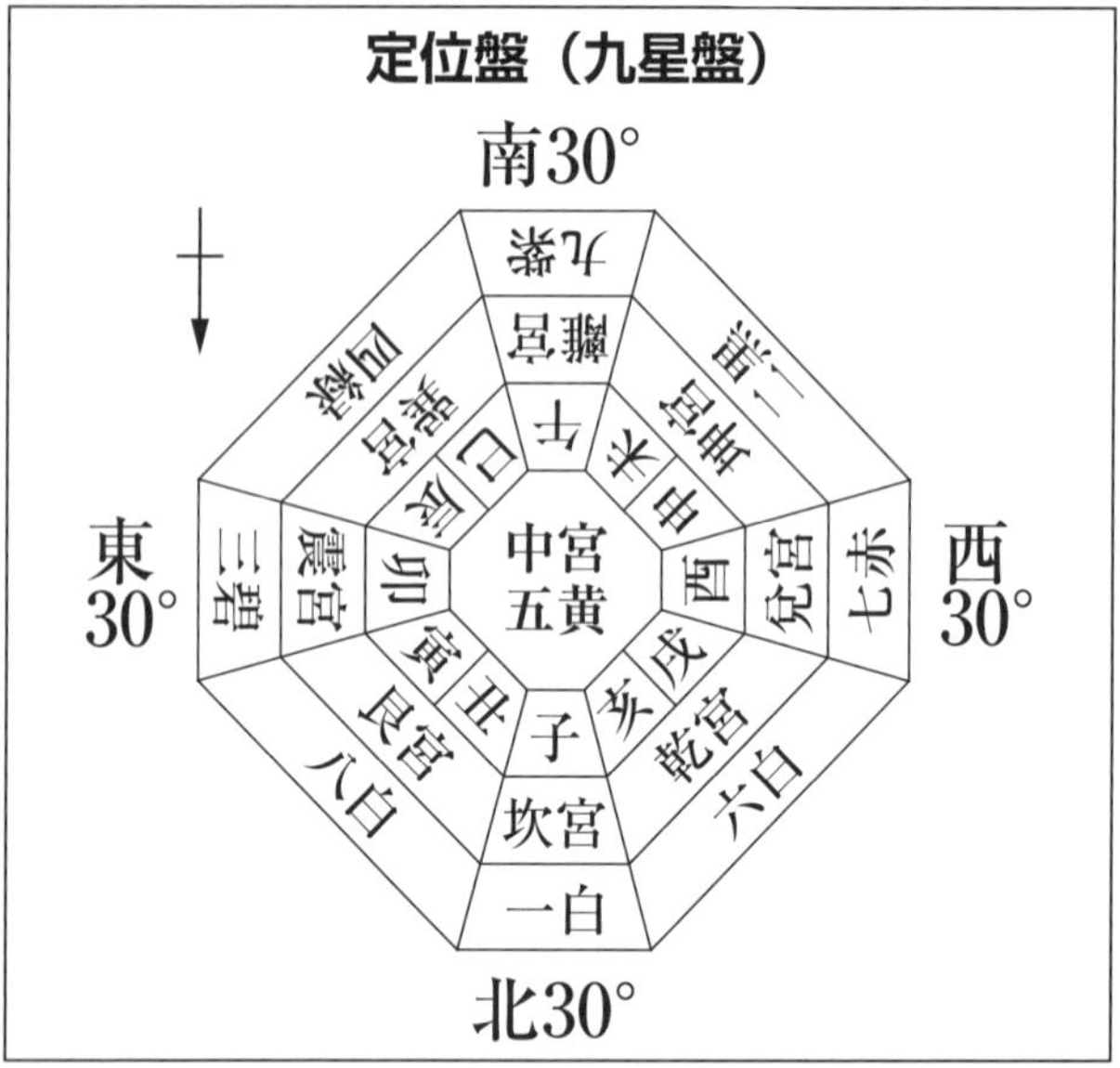

財運、名誉運など）、個人の毎年・毎月の運勢、移転・旅行などの方位の吉凶判断、社会的問題、天災の予測など、現象界のあらゆる事象を占うことができます。そしてなにごとも事前に運命をキャッチし、災厄からのがれ幸運のチャンスをつかむ手だてを教えます。

❖運命のカギをにぎる定位盤

上の図をみてください。これは定位盤《じょういばん》とか九星盤《きゅうせいばん》とかいわれるもので、気学のもっとも基礎となる九星の配置をあらわした盤です。この中には、あなたの運命を明かすカギがかくされています。

あなたの内面、そして現象界のあらゆる事象を占う上でとても大切なものですから、かならずこの定位盤はしっかりと頭に入れておくことが必要になってきます。多少耳なれないことばがあるかもしれませんが、むずかしいことはありません。ひとつひとつ覚えていくようにしてください。

中央の八角形の部分を中宮《ちゅうぐう》とよび、これを囲んで、それぞれ方角をもつ八つの宮があります。

気学では、これらの宮を次のことばであらわし、それぞれの宮には基本的な象意《しょうい》が決められています。この基本的象意は、後で述べる九星おのおのの基本的象意とともに、気学のあらゆる占断のうえで活用されることになります。

中宮《ちゅうぐう》（方位なし）――のぼりつめた帝王の座ですが、特別の象意はありません。
乾宮《けんきゅう》（北西60度）――成功運・独立運・夫運の宮。
坎宮《かんきゅう》（北30度）――セックス運・部下運の宮。
艮宮《ごんきゅう》（北東60度）――不動産運・兄弟運の宮。
震宮《しんきゅう》（東30度）――才能運・発展運の宮。
巽宮《そんきゅう》（南東60度）――対人関係運・信用運・結婚運の宮。
離宮《りきゅう》（南30度）――名誉運・頭脳運の宮。

坤宮《こんきゅう》（南西60度）――家庭運・勤め運・妻運の宮。
兌宮《だきゅう》（西30度）――金銭運・恋愛運の宮。

そして、おのおのの宮には、毎年、毎月、毎日かならず九つの星のうちのいずれかが規則的に配置されます。九つの宮は変動することはありませんが、星のほうは毎年・毎月・毎日、それぞれ九年・九か月・九日を一期として、周期的に循環しています。

定位盤では、五黄土星《ごおうどせい》が中宮にめぐっています。なぜなら、五黄は九星中の帝王の星なので、定位盤では常に中宮にすえられているのです。そして、それに従って他の八つの星は、九星の規則的な運行の順序により、おのずと位置が決まってきます。この年々歳々に運行していく一定の法則にしたがった九星の周期運動を、遁甲《とんこう》といいます。

❖現象界のすべてを語っている九星とは

九星には、中宮をのぞく八つの宮に定められていたのと同様に、それぞれ基本的象意が決められています。しかも、気学ではあらゆる現象のいっさいを九つの星とその動きで判断するので、星にこめられる象意は厳密にいえば数かぎりなく生じてきます。その中でもっとも基本的なものは、易の八卦《はっか》から直接とられた次の象意です。

五黄土星《ごおうどせい》――九星中特殊な星で、易の卦《か》にはありません。そこで、古来気学家たちは易の卦で説明しきれないあらゆる事象を、五黄土星に当てはめようとしました。ただし、ここでは一応〝帝王の星〟、善にも悪にも強い強烈な作用をおよぼす星、と覚えておいてください。

六白金星《ろっぱくきんせい》――易の乾《けん》（☰）の卦から生じたもので〝天〟をあらわします。
一白水星《いっぱくすいせい》――易の坎《かん》（☵）の卦から生じたもので〝水〟をあらわします。
八白土星《はっぱくどせい》――易の艮《ごん》（☶）の卦から生じたもので〝山〟をあらわします。
三碧木星《さんぺきもくせい》――易の震《しん》（☳）の卦から生じたもので〝雷〟をあらわします。
四緑木星《しろくもくせい》――易の巽《そん》（☴）の卦から生じたもので〝風〟をあらわします。
九紫火星《きゅうしかせい》――易の離《り》（☲）の卦から生じたもので〝火〟をあらわします。
二黒土星《じこくどせい》――易の坤《こん》（☷）の卦から生じたもので〝地〟をあらわします。
七赤金星《しちせききんせい》――易の兌《だ》（☱）の卦から生じたもので〝沢〟をあらわします。

以上が九星の根本的性格ともいうべきもので、天《てん》・沢《たく》・火《か》・雷《らい》・風《ふう》・水《すい》・山《さん》・地《ち》はそのまま易の八卦です。易では、この八卦と八卦を組み合わせて六十四の卦を定めて、それにもとづいて占います。

そして、気学ではこれら九星がどの宮に遁甲しているか、ということで運勢を読んでいくのです。

九星という虚星は象徴的なものですが、同時にひじょうに具体的・実用的なものでもあります。そこで現象界のいっさいのことがら、人物・物質の性質などはすべて九星のいずれかに分類されます。代表的なものを30〜37ページに「九星象意一覧」としてあげてありますから、判断に際して必要に応じてみるようにしてください。

九星盤のそれぞれの方位の角度は、東西南北は三〇度に定められており、北東・南東・南西・北西は六〇度に定められています。そして十二支は、それぞれ次のように配されています。

子《ね》――北（坎宮《かんきゅう》）
丑《うし》・寅《とら》――北東（艮宮《ごんきゅう》）
卯《う》――東（震宮《しんきゅう》）
辰《たつ》・巳《み》――南東（巽宮《そんきゅう》）
午《うま》――南（離宮《りきゅう》）
未《ひつじ》・申《さる》――南西（坤宮《こんきゅう》）
酉《とり》――西（兌宮《だきゅう》）
戌《いぬ》・亥《い》――北西（乾宮《けんきゅう》）

ただし、気学において九星盤をみる場合には、ふつうの地図と違ってつねに下方が北になりますから、この点とくに間違えないようにしてください。

❖あなたの一生を支配している本命星とは

ここまでで、気学のごくおおよそのことがわかりました。では、いよいよあなた自身を明かす〝星〟の説明にはいりましょう。さきほど、九星盤上で九つの星は毎年・毎月・毎日変化（遁甲）している、と書きました。巻末の「九星循環表」はそれをあらわしたもので、年・月・日の中宮星《ちゅうぐうせい》が一目瞭然にわかるようにできているのです。（これは後の章の運命判断で使用します）

あなたの運命のカギをにぎっているのは、あなたが生まれた年にその年の九星盤（年盤《ねんばん》）の中宮にいた星で、これを本命星《ほんめいせい》といいます。本命星はあなたが生まれでて初めて地上の大気にふれたときに中宮に回座《かいざ》（遁甲）していた星で、あなたの性格を明かすとともに、その一生を支配する大切な星です。

38ページの「本命星早見表」をみてください。あなたの生まれ年から、本命星が一目でわかるようになっています。ただ、ここでとくに気をつけてほしいことが、ひとつあります。それは、気学が旧暦の一種をもとにして占う占術であるということです。つまり、気学では毎年二月四日もしくは五日の立春をもって年度替わりとしますから、立春の前日である節分以前に生まれた人は、前年の本命星となります。

たとえば、あなたがもし昭和五十年二月三日生まれだとします。本命星早見表をみると、昭和五十年は七赤金星《しちせききんせい》の年です。でも、あなたは節分以前の生まれですから、本命星は前年度の八白土星《はっぱくどせい》ということになるのです。

この本命星は、気学のすべての占断でかならず使用するものです。本命星だけでも性格判断が可能ですし、さらに毎年の九星盤上のどこに本命星が回座しているかを知ることによってその年の運勢や、方位の吉凶もわかるのです。

本命星が明かすあなたのパーソナリティー

♧一白水星生まれ

本命星・一白水星《いっぱくすいせい》生まれのあなたは、人あたりよく一見おとなしそうなのですが、いわゆるシンの強いタイプです。また、水はその器によって丸にも四角にも姿を変えますが、あなたも、接する相手や環境に合わせていかようにも自分を変える術《すべ》を心得ています。まさに易卦の〝水〟の象が示すとおりです。そして、駆け引きに長じていて、ときには寝技師的なこともやってのけます。

思索の深さ、冷徹な知性、ねばり強い不屈の精神もあなたのものです。表だった派手な活躍をするというよりは、じっくりと腰をすえていつしか頭角をあらわしてくるといった人なのです。副業で小金を手にするという暗示がありますから、なにかこれひとつといった特技を身につけておくと、かならず役に立ちます。

友人づき合いは、もう少しうちとけてオープンにしてください。クールな色気のもち主で異性にはたいへんモテるはずですが、秘密の情事、不倫の恋におちいる危険があります。明るいフレンドシップの愛をはぐくむように心がけることです。

♧二黒土星生まれ

本命星・二黒土星《じこくどせい》生まれのあなたは、堅実な努力家。人が投げだしたようなやっかいな仕事でも、決して途中でほうりだすことなくコツコツとしあげていきます。易卦の〝大地〟の象が示しているとおり、すべてを受けいれるおおようなところがあります。

ただし、どっしりとかまえているところはいいのですが、すこし腰が重く決断力に欠けるようです。

こうと決めたら思いきって清水の舞台から飛び降りることもときには必要で、あれこれ迷っているとみすみすチャンスをのがすことにもなってしまいます。

自らがリーダーとなって事をなすよりは、補佐役として要務をこなしていく才腕がありま す。生まれつき働き者でこまかいところにもよく気がつくので秘書など適職。とくに年長者や目上の人にかわいがられる徳をもっていますから、そのひきたてによって大きく伸びることも可能です。自分一人の力ではなんともならないようなことを、まわりの有力者の援助で、案外らくらくとのりきっていくでしょう。

倹約はけっこうですが、度がすぎると〝ケチ〟になりますから、ご用心。出すべきところは思いきりよく出して、人生を大きく展開していってください。

♧三碧木星生まれ

本命星・三碧木星《さんぺきもくせい》生まれのあなたは、活動力旺盛な行動派。じっとしていることは、がまんできません。なにごとも新しいことに関心が強く、奇抜なアイデアのもち主です。頭の回転がはやく、口も達者。人によっては、周囲に〝おしゃべり〟の印象をあたえることもあります。あなた自身、言わなくていいことを言ってしまって後悔するようなことにならないよう、ことばは慎重に選ぶべきでしょう。

進取の気象に富んだ行動派

短気でおこりっぽいのも、あなたの特徴です。でも、クドクド根にもつことはなく、本来あっさりとした性格です。そして、いくつになっても若々しい気分を失わない人で、とくに男性の場合、ひじょうに年の若い女性を恋人にもちたがる傾向があります。女性は世話好きで小まめに働きますが、おしゃべりに要注意。

あなたの人生の成功のカギは、そのすばらしい行動力に持続力をプラスすることにあります。

♧四緑木星生まれ

本命星・四緑木星《しろくもくせい》生まれのあなたは、柔軟な社交性とおだやかな人柄がかわれて、どんな社会にはいっても広い信用を得ます。とくに常識をわきまえた出しゃばらない態度が目上の人に気に入られ、ひきたてを受けることになります。ただ、すこし優柔不断で思いきりの悪いところがあります。とりこし苦労は禁物、〝ダメでもともと、当たってくだけろ〟式の豪快な態度もときには必要です。

人の心を読みとるのがたくみで、時と場合に応じて機敏にたちまわる反面、他人のうまい話をコロリと信じてしくじってしまったりします。とくにこの生まれの人は対人関係でドジをふむと、あとあとまで尾を引くことになりますから注意してください。異性関係も同様で、たちのよくない男や女にひっかかると腐れ縁ともいうべき関係をズルズルと引きずることにもなりかねません。

仕事はなにごともていねいに、破綻《はたん》なくこなしていきます。実績をつみあげて世間の信用をつければつけるほど、運気は飛躍的にひらけてきます。ただし、一生を通じて運勢の浮沈が激しいので、若い時代に一躍成功したからといって、手放しで喜ぶことは危険です。また、一時失敗したからといってあまり気に病むのもつまりません。

移転や転職など、環境の変化によってチャンスをつかむという暗示があります。

♧五黄土星生まれ

本命星・五黄土星《ごおうどせい》生まれのあなたは、確固とした信念をもった強い人です。生まれながらに、どんな社会にはいっても、かならずリーダーとなる素質をもっています。きっぷがよく思いやり深く、よく周囲のめんどうを見るので、たくさんの人々に頼りにされる存在です。反面、我が強くプライドが高いところがあるので、ときにはライバルと猛烈な争いをおこすこともあります。

もともと五黄土星は〝生と死の星〟〝明と暗の星〟ともいうべきもので、他のすべての星を統率している帝王の星です。すべてを生み育てる力と、すべてを壊滅させる恐ろしい力とを同時にもっているのです。

ですから、この生まれの人は一方でたいへん慈悲深い宗教家のような人がいるかと思えば、他方では極悪非道ならず者がいるといった始末です。いずれにしても非凡な星で、これが良い方向に生かされるかネガティブにでるかで、性格も運気もガラリと変わってしまいます。

ものごとを素直に受けとる心、施《ほどこ》しの心、人生を明るく肯定的にみつめる目さえあれば、もち前の強い信念と個性があなたの人生を成功者へと導くことはまちがいありません。ただし、色情問題の暗示がありますから、異性関係はとくに要注意。

♧六白金星生まれ

本命星・六白金星《ろっぱくきんせい》生まれのあなたは、負けずぎらいで勇敢な人。生まれながらに品格が備わっていて、なんでも〝一流〟でなければ気がすみません。易卦の〝天〟の象が示しているとおり、正直でけだかく決して自分の手をよごすようなことはしません。

反面、プライドが高く鼻っ柱の強いところがあります。もともと愛きょうのあるほうではなく、心にもないおせじは言えない性分なので、ヘタをすると人々の不興をかってしまうこともあります。

一方、高潔なかげひなたのない人柄がとくに部下や自分より若い人たちに慕われて、自然にリーダーや責任者の役を負わされる立場にあることも事実です。

いずれにしても、小さくても一国一城の主《あるじ》におさまるべき人ですから、理想は高くもって着実にすすんでいくことです。

気をつけてほしいのは対人関係、とくに目上の人々に対する態度です。正義を愛するあなたの情熱が、ときには負けるとわかっていけんかにあなたを駆り立てて、不利な状況に自らを追いこんでしまうようなところがあるのです。

教師、宗教家、カウンセラー、社会事業家のような、人を教え導く職につくと、あなたの人間的美点を十分に生かすことができます。

♧七赤金星生まれ

本命星・七赤金星《しちせききんせい》生まれのあなたは、弁舌たくみな社交家。愛きょうがよく、やんわりと人を説得するのがじょうずです。華やかなものにあこがれる心が強く、多分に享楽的なところもあります。でも、にぎやかな雰囲気を愛するあなたは、ほんとうはさびしがり屋で一人でいるのには耐えられないような人なのです。

生まれつきお金に縁はありますが蓄財心はあまりなく、見栄や外見を飾るために散財してしまうこともあります。

また、なんでも見たり聞いたりすることが好きな性分で、それだけに趣味が豊かで博識です。そして、それを器用に現実に生かす術《すべ》も心得ていて、なかなか世渡りじょうずといえます。ただ、仕事の取り引きなどとんとん拍子に話をすすめるところまではたいへんいいのですが、いざ実行の段になるとちょっとグズつき気味になるのが玉にきず。こうした傾向が強くあらわれると、たくみな話術がかえってじゃまをして信用を落とす結果になってしまいますから、十分気をつけてください。

人生の趣味を仕事としてやっていける幸運な生まれの人ですが、異性関係にはくれぐれも気をつけてください。華々しい恋愛遍歴をくり返して悦に入っていると、いつかほんとうの恋とはかけはなれた幻を追うようなことにもなりかねません。

♧八白土星生まれ

本命星・八白土星《はっぱくどせい》生まれのあなたは、どっしりと落ちついたなかなか頼りがいのある人です。どんなときにも慌てず騒がず悠然としています。反面、ちょっと腰の重いところがあって、行動力にとぼしいきらいがあります。そして、心の中では意外に気迷いが多く、みかけによらぬ苦労性ともいえます。

また、頑固で理屈をこねたがるクセがありますが、根は家族思いのとてもやさしい人です。身びいきの強いのも、この生まれの人の特徴。

女性はとくに家族思いで情が深いのですが、ちょっとやきもちやきです。愛する夫や恋人が浮気でもしようものなら、まず許せないタイプ。きずついた独占欲がかたくなな心となって、蒸し返し相手を責めたてるようなところがあるのです。

だいたいにおいて倹約家で、蓄財心は人一倍あります。不動産に縁があり、じょうずに家や土地を手に入れる手腕にたけています。

男性のなかにはまれに山師的な人もいて、こういう人はあれこれに手を広げて、やたら大きなことばかり言いたがります。もちろん、うまくいっていればそれも悪いとは言いません。でも当然、運勢の浮き沈みは激しく安定を欠いたものとなって、家族をハラハラさせることになります。

♧九紫火星生まれ

本命星・九紫火星《きゅうしかせい》生まれのあなたは、易卦の〝火〟の象が示すとおり明るい上にも明るい華やかな人です。美しいものや、名誉・名声にあこがれる気持ちが人一倍強く、着るものやアクセサリーにも凝ります。そして、なんでも一流のものでなければ気がすまず、ときには実質以上に外見を飾りたてようとします。

文学・美術に縁が深く、高い美意識のもち主です。頭脳明晰、頭の回転はとてもはやいのですが、惜しむらくは底が浅いというか形式に流れて、本質を見失う傾向があるようです。

センスがよく知的なあなたをあこがれのまなざしでみている人は同性・異性を問わず多いはずですが、心からの友人となるとそうたくさんはいないかもしれません。原因は、あなたのわがままと飽きっぽさにあります。なにごとにも持続力と忍耐、そして地道な努力の価値を知ってほしいところです。

知的なおしゃれじょうず

九星象意一覧

注：九星象意はその本命星の人の性格や職業をあらわしたものではなく、同会法や祐気法などで判断材料として使うものです。

♣一白水星《いっぱくすいせい》

《雑象》交際　陰のとりひき　交わり　セックス　ポルノ　秘密　悩む　悲しむ　困難　考える　隠れる　敗れる　陥る　ぬれる　泣く　流れる　裏　穴　毒　好む　愛する　睡眠　不景気　文字を書く　縁の下の力もち　奸智

《品物》水気のあるものすべて　ペン　針　帯・紐など交わって役立つものすべて

《人物》中年の男　智者　貧乏人　盗人　病人　色情狂　盲人　服喪者　ホステス

《人体》陰部　肛門　耳　鼻孔　腎臓　血液　汗　涙　精液

《病気》生殖器・排泄器など下半身の病気すべて　腎臓系の病気　ノイローゼ

《職業》飲食店・バー・スナックなど水商売　酒屋　クリーニング屋・風呂屋など水に関する職業すべて　外交員　小説家　耳鼻科・産婦人科医　哲学者

《食物》酒類　ジュースなど飲料水すべて　塩・塩からいもの　つけもの

《植物》ひいらぎ・寒つばきなど冬の植物すべて　睡蓮・藻など水辺のものすべて

《場所》川　水源地　宴会場　クラブ　葬儀場　病院　地下室　穴蔵　ラブホテル

《天候》雨　雨雲　寒気　雪　闇　水害

◆二黒土星《じこくどせい》——

《雑象》従順　勤勉　努力　従う　謙遜　倹約　寛容　静寂　迷う　虚無　古い　遅鈍

ケチ　安い　バーゲンセール　数の多いもの　四角　黒　欲望　生存欲　営業

慎重　卑しい　忍耐　やぼったい

《品物》コットン製品　エコノミックな衣料品　土製品　机・碁盤など四角いもの

《人物》母　妻　女　老人　大衆　団体　部下　補佐役　貧乏人　迷い子　無能者

《人体》胃腸など消化器全般　脾臓　右手

《病気》消化器の病気すべて　無気力症　右手の障害

《職業》アンティークショップ　古本屋　産科医　胃腸科医　葬儀屋　農耕用具店

サラリーマン　スーパーマーケット・飯屋など大衆相手の商売すべて

《食物》芋類・たけのこなど土中のもの　砂糖　粉類　穀類　駄菓子　菓子パン

《植物》こけ類　きのこ類　わらび　せり　なずな　黒たん

《場所》田畑　野原　空き地　平野　墓地　農村　静かな場所　うす暗い場所

《天候》くもり空　小春日和などおだやかな日　霧けむった日

◆三碧木星《さんぺきもくせい》——

《雑象》声　振動　進む　発展　動く　さわがしい　若々しい　短気　驚く　鋭い　怒る

爆音　新規　発明　音波　移転　決断　歌う　雄弁　講演　口論　うそ　冗談
コマーシャル　うわさ　自家失火の火事　病気などの再発
《品物》楽器類すべて　聴診器　補聴器　ボイスレコーダー　爆音のするもの
《人物》長男　有名人　雄弁家　ミュージシャン　アナウンサー　ヒステリーの人
《人体》咽喉　声帯　肝臓　足
《病気》のどの病気　肝臓病　足の障害　神経痛　ヒステリー　ノイローゼ
《職業》音楽・楽器に関わる職業すべて　交換手　講演家　弁護士　電信技師・電気屋など電気に関わる職業すべて　青果商　すし屋　植木屋
《食物》レモン・すしなど酸味のあるものすべて　木の芽・海草など青色のもの
《植物》青色の野菜　竹　木の芽　三月に咲く花すべて
《場所》音楽会場　放送局　電話局　八百屋　森など若い木々の生えている場所
《天候》晴天　雷　雷雨　地震

♣四緑木星《しろくもくせい》――

《雑象》遠方　往来　ととのう　縁談　結婚　世話　信用　評判　人気　音信　連絡
郵便　旅行　営業　取り引き　交渉　寄り道　優柔不断　迷い　疑惑　はっきりしない　解放　温厚　精神的なよろこび

《品物》建具類　家具　扇風機　糸・髪など長いもの　線香などの香りのよいもの
《人物》長女　仲人　旅人　神出鬼没の人　メッセンジャー
《人体》腸　股　呼吸器官　頭髪
《病気》かぜ　腸の病気　呼吸器の病気　脱毛症　わきが　中風
《職業》建築業　材木業　家具業　繊維業　運送業　貿易業　旅行代理店　セールスマン
外交関係の仕事すべて　ガイド　郵便配達人　そば屋
《食物》めん類・うなぎなど長いもの　繊維質のもの　三つ葉など香りのあるもの
《植物》柳　松　杉　へちま・ぶどう・朝顔など蔓の植物すべて
《場所》取り引き所　道路　郵便局　空港　埠頭　改札口　トンネル　神社
《天候》風　下弦の月　雨雲に覆われながら雨の降らない天候

♣五黄土星《ごおうどせい》――

《雑象》腐敗　古い　殺気　滅亡　悪化　殺害　反逆　頽廃　猟奇　天変地異　死体
失敗　汚物　破損　無理心中　葬式　頑固　強欲　不明　じわじわと
思い上がり　自信過剰　虚無　荒涼　邪神邪教　黒魔術　妖術　怨霊
《品物》こわれたもの　腐敗物　見切品　最高級品　毒物　麻薬・覚醒剤など
《人物》極悪人　帝王　支配人　こじき　老人　カリスマ　祈祷師　見栄をはる人

《人体》消化器　脾臓
《病気》癌　脳溢血　肉腫
《職業》政治家　思想家　相場師　勝負ごとの予想屋　金融業　廃品回収業　香具師
密輸業者　葬儀屋　家屋壊体業者　祈祷師　修験道の指導者
《食物》腐りかかったもの　粗末なもの　毒物　最高級の珍味　みそ　納豆　酒粕
《植物》毒草類　食虫植物など珍しいもの　蘭など手のかかった人工美をもつもの
《場所》家や建物の中央　荒野　不毛地帯　戦場　焼け跡　廃屋　墓地　火葬場
《天候》変化しやすい天気　天気の悪化　台風　地震　津波　天変地異

♣六白金星《ろっぱくきんせい》――

《雑象》すこやか　活動　動く　充実　施す　目上　引き立て　勇猛　妊娠　解決　堅固
信仰　公明正大　高級　権威　多忙　投機　ギャンブル　戦い　スポーツ　根性
政治　規則　包む　覆う　大きく始める　やり過ぎ
《品物》乗物・機械類・スポーツ用品・貴金属・神仏に関わるものすべて　高級品
《人物》父　夫　天皇　社長　人望のある人　年長者　独裁者　高僧　高位の神官
《人体》頭部　首　顔面　肺　肋膜　骨
《病気》胸部疾患　頭痛　疲労　むくみ・高熱のでる病気　便秘　骨折などケガ

《職業》公務員　大企業の社員　法律家　貴金属業　機械業　運動具店　果実店　宗教家
この他〝大きい〟〝包む〟〝動く〟〝勇猛〟の象意の職業すべて
《食物》果実など秋のもの　乾物類　まんじゅうなど丸いもの　包んだ菓子など
《植物》果樹　秋に咲く花　薬草類
《場所》官庁　劇場　学校　スポーツセンター　競技場　高台　神社　寺院
《天候》晴天　秋晴れ　寒気　晴天後くずれる天気　ひょう　みぞれ　外にはる氷

♣七赤金星《しちせききんせい》

《雑象》よろこぶ　笑う　愛きょう　口　口論　弁舌　飲食　美味美食　歌う　ぜいたく
金銭　パーティー　娯楽　遊蕩　誘惑　歓楽街　色情　欠陥　不足　巧言令色
手術　気持ちのゆるみ　嘆く　背く　傷つく　破損
《品物》金属製のものすべて　刃物　コイン　数の足りないもの　壊れたもの
《人物》若い女　芸能人　水商売の人　営業マン　セールスマン　あさはかな人
《人体》口　舌　歯　肺　呼吸器
《病気》肺・呼吸器疾患　口中の病気すべて　この他、とくに手術を要する病気
《職業》タレント　水商売すべて　飲食業　金融業　銀行員　金属をあつかう職業すべて
セールスマン　弁護士　講演家　歯医者　外科医

《食物》とり肉　酒類　コーヒー・紅茶などの飲み物　白い色の飲食物
《植物》秋に咲く草花　月見草　からし菜　沼沢地に茂る植物すべて
《場所》沼沢地　くぼ地　飲食店　パーティー会場　バーなど歓楽の場所すべて
《天候》小糠雨　晴れ後に雨になる天気　上弦の月　星

♣八白土星《はっぱくどせい》――

《雑象》変化　打開　復活　再起　一時的停滞　篤実　不動産　貯蓄　強欲　相続　養子　友人・知人　歓迎　物事の始まりと終わり　物事の節目　遅滞　迷う　開店　閉店　中止　偏屈　肥満
《品物》階段　重箱など重ねたもの　机・椅子のように継ぎ合わせたもの
《人物》少年　背の高い人　太った人　蓄財家　頑固な人　強欲な人　相続人　親戚
《人体》背　背骨　腰　関節　鼻　耳　手
《病気》関節の病気　腰痛　リューマチ　鼻の病気　癌　梅毒　疲労による病気
《職業》不動産業　ホテル・ビル経営　運輸業　製菓業　質屋　金融業　建築業　土木業　僧侶　化学関係など〝変化〟の意をもつ職業すべて
《食物》牛肉　芋・わらびなど土中・山中のもの　かまぼこ類　数の子など魚卵類
《植物》芋　たけのこ　ぜんまい　つくし　ぶどう・へちまなど蔓の植物　ゆり根

《場所》ホテル　家　門　倉庫　土手　石段　行き止まりの場所　神社　仏閣
《天候》くもり空　雲　あらし　気候の変わり目

♣九紫火星《きゅうしかせい》――

《雑象》明るい　乾く　暑い　類焼の火事　美しい　派手　美人　装飾　名誉　昇進　栄転　輝く　発見　頭脳明晰　芸術　文才　別離　紛争　立腹　除名　露顕　見破る　割る　裂ける　切断　うつろ　文書　印鑑　裁判
《品物》手形・株券など書類すべて　アクセサリー　照明器具　書画　メガネ
《人物》中年の女　美人　明敏な人　未亡人　華やかだが内容のない人
《人体》目　心臓　乳　精神
《病気》眼病　心臓病　血圧異常　のぼせ　高熱のでる病気　精神異常　やけど
《職業》タレント　美容・ファッション関係の仕事すべて　ジャーナリスト　著述業　裁判官　教師　鑑定家　検査技師　画家　デザイナー　眼科医
《食物》干物類　焼いたもの　馬肉　蟹など色の美しいもの　苦みのあるもの
《植物》夏の草花　赤い色の草木類　紅葉　南天　さるすべり　柿　すいか
《場所》裁判所　警察署　図書館　美術館　パーティー会場　美容院　天文台
《天候》晴天　暑い日　あたたかい日　日中　太陽　虹　干ばつ

本命星早見表

あなたの生まれ年	あなたの本命星	あなたの生まれ年	あなたの本命星	あなたの生まれ年	あなたの本命星
昭和⑮	六白金星 辰	昭和44	四緑木星 酉	平成10	二黒土星 寅
16	五黄土星 巳	45	三碧木星 戌	11	一白水星 卯
17	四緑木星 午	46	二黒土星 亥	12	九紫火星 辰
⑱	三碧木星 未	㊼	一白水星 子	13	八白土星 巳
⑲	二黒土星 申	48	九紫火星 丑	14	七赤金星 午
20	一白水星 酉	49	八白土星 寅	15	六白金星 未
21	九紫火星 戌	50	七赤金星 卯	16	五黄土星 申
㉒	八白土星 亥	㉛	六白金星 辰	17	四緑木星 酉
㉓	七赤金星 子	52	五黄土星 巳	18	三碧木星 戌
24	六白金星 丑	53	四緑木星 午	19	二黒土星 亥
25	五黄土星 寅	54	三碧木星 未	20	一白水星 子
㉖	四緑木星 卯	㊺	二黒土星 申	21	九紫火星 丑
㉗	三碧木星 辰	56	一白水星 酉	22	八白土星 寅
28	二黒土星 巳	57	九紫火星 戌	23	七赤金星 卯
29	一白水星 午	58	八白土星 亥	24	六白金星 辰
30	九紫火星 未	㊾	七赤金星 子	25	五黄土星 巳
㉛	八白土星 申	60	六白金星 丑	26	四緑木星 午
32	七赤金星 酉	61	五黄土星 寅	27	三碧木星 未
33	六白金星 戌	62	四緑木星 卯	28	二黒土星 申
34	五黄土星 亥	63	三碧木星 辰	29	一白水星 酉
㉟	四緑木星 子	平成1	二黒土星 巳	30	九紫火星 戌
36	三碧木星 丑	2	一白水星 午	31	八白土星 亥
37	二黒土星 寅	3	九紫火星 未	32	七赤金星 子
38	一白水星 卯	4	八白土星 申	33	六白金星 丑
㊴	九紫火星 辰	5	七赤金星 酉	34	五黄土星 寅
40	八白土星 巳	6	六白金星 戌	35	四緑木星 卯
41	七赤金星 午	7	五黄土星 亥	36	三碧木星 辰
42	六白金星 未	8	四緑木星 子	37	二黒土星 巳
㊸	五黄土星 申	9	三碧木星 丑	38	一白水星 午

節分（2月3日、〇数字は2月4日）以前に生まれた人は前年の本命星になります。

2章　あなたの運勢を明かす

同会法の実際

“同会法”が明かすあなたにめぐりくる運気

❖あなたの一年間を支配する年運

同会法《どうかいほう》とは、気学によって年・月・日のそれぞれの運勢を知る方法です。本命星によって明かされたパーソナリティーが基本的には一生を通じて変化しないのに対して、この同会法によって明かされる運勢は、九星の遁甲にしたがって一年・一か月・一日を単位として変化しつづけています。

もちろん、ここでも毎年二月の立春から翌年二月の節分までが気学でいう一年となり、この一年間の運勢を年運《ねんうん》といいます。

月運《げつうん》・日運《にちうん》とは、それぞれ一か月・一日の運勢のことです。ただし、同会法によって月運・日運を判断しようというのは、実際やってみますと、やや細かすぎて日常で使うにしてはあまり実用的とはいえないことがわかります。

同会法は、あくまでも一年間の運勢をしっかりと把握しようとする場合に威力を発揮する占術です。それによって、人生を計画的に展開することができるのです。たとえば運気の落ちこんでいるときには無理に悪あがきをせず、来たるべき盛運のときまでじっくりと力を蓄えておくのです。天の運行に則して行動すれば、いたずらに活力を空費させることなく、スムーズに人生をわたれます。

同会法判断を十分に活用することによって、日々の生活から無駄な摩擦をしめだすことができるのです。

❖気学とは地球の磁気作用を応用した占術

ところで、気学は周期性占術といわれるように、九星の規則的な遁甲によって成り立っています。ですから、年運も九年を一周期として永久循環することになります。

地球は磁気に支配されている

こうした気学のはたらきは、地球の磁気作用《じきさよう》によるものです。ちょっと磁石のことを考えていただければ分かると思いますが、地球上はすべて磁気によって支配されています。もっとくわしくいえば地磁気ばかりでなく、地球以外の天体やその他の人工的なものによる磁場も考えられるわけです。

そして、この磁気作用は毎年・毎月・毎日変化しているのです。もちろん、それはこうした時間的推移による変化ばかりでなく、空間的に東西南北のどこに動くかによっても大きく変化します。これは三章の〝祐気法《ゆうきほう》〟のところでも書きますが、気学が〝方位学〟〝方象学〟などとよばれるゆえんです。

❖同会占術・被同会占術でわかる能動的運勢・受動的運勢

では、いよいよ同会法による年運をみていくことにしましょう。

年運とは、先ほども書きましたように毎年立春から翌年の節分までの一年間の運勢をいいます。

同会法《どうかいほう》には〝同会《どうかい》占術〟と〝被同会《ひどうかい》占術〟という二つの見方があり、そのどちらが欠けても運勢の完全な把握はできません。ものごとはすべて、動と静、能動と受動という二つの要素がからみあって進展していきます。個人の運気についていえば、同会占術によって自ら積極的に動いていく能動的運勢を明らかにし、そして被同会占術によって、受動的にこうむってしまう外的条件を明らかにするのです。

同会占術は、九星盤上の宮（中宮～兌宮までで、宮の位置は年・月・日によって変わることはありません）のどこに、あなたの本命星が遁甲しているかみることによって判断します。

つまり理屈としては、定位盤にあなたが運勢を知りたい年の九星盤をかさねあわせる（同会させる）ことによって、本命星の動きをとらえるのです。

①まず、あなたの本命星を38ページの「本命星早見表」によって知ります。

②つぎに、巻末付録の「九星循環表」で、あなたが運勢を知りたい年の中宮星が何星か探します。

③さらに、198〜199ページの「九星盤」の中から、②で探し出した中宮星が中央にある九星盤を探しだします。

その九星盤上であなたの本命星は、中宮から兌宮までのどの宮にありましたか。もし兌宮にあれば、あなたのその年の運勢は兌宮同会というわけです。そのとき、あなたの本命星は兌宮に同会している、または本命星が兌宮に回座しているといいます。

〈例〉本命星・一白水星の人が平成二十八年の年運を知りたい場合

巻末の「九星循環表」をみると、平成二十八年は二黒土星の年です。それから198〜199ページの「九星盤」で二黒土星が中宮になったものをみると、本命星の一白水星は、巽宮に回座（同会）していることがわかります。これを巽宮同会といいます。

本文、本命星・一白水星→巽宮同会の項を読んでください。

さて、同会占術によって明かされた運勢が主運なら、被同会占術によって明かされた運勢はいわば副運です。そして、主運と副運とは自らつくりだす自動的運勢、他から働きかけられる他動的運勢という表裏一体の関係を保ちつつ、互いに干渉し合ってひとつの総体的な運勢を知らせてくれることになります。

本書の〝同会法〟では、とくに同会占術と被同会占術の組み合わせによる複合的鑑法を強調してあります。これは、単に同会占術だけで運勢をみていくのにくらべて、被同会占術を導入した場合、適中率が格段に高くなるという、経験と事実にもとづいたものです。

本命星がその年の九星盤（年盤）上で、何宮に遁甲しているかをみていく同会占術に対して、被同会占術では、定位盤であなたの本命星があった宮に、年盤では何星が遁甲しているか、ということをみていきます。つまり、定位盤上で本命星がある宮に、年盤では何星が回座しているのかをみるわけです。

さきの本命星・一白水星の人の例で話をつづけると、この人の、平成二十八年の運勢は次ページの図のように、巽宮同会になっていると同時に七赤金星被同会ということになります。なぜなら、定位盤で一白水星がある坎宮（北）に、七赤金星が回座（同会）しているからです。だいたいの目安としては同会占術七割、被同会占術三割とみて、あとはケース・バイ・ケースで判断していきます。

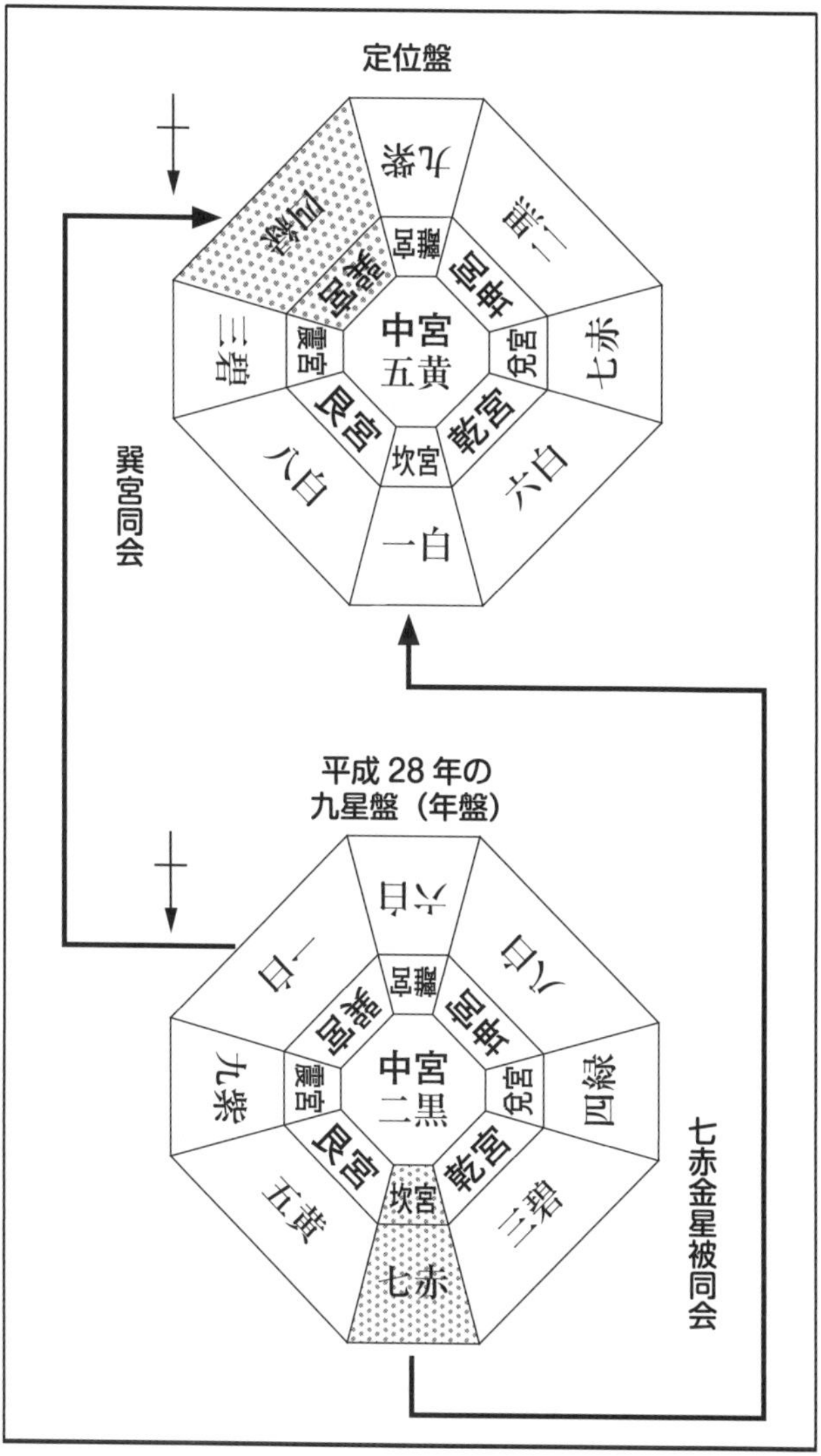
定位盤
中宮
五黄
九紫
四緑
巽宮
離宮
坤宮
二黒
七赤
兌宮
三碧
震宮
艮宮
八白
坎宮
一白
乾宮
六白
巽宮同会
平成 28 年の
九星盤（年盤）
中宮
二黒
六白
一白
八白
九紫
四緑
五黄
七赤
三碧
七赤金星被同会

本命星・一白水星のあなたの年運

※本文中、暗剣殺とは気学最大の凶神のひとつ。くわしくは134ページを参照してください。

★本命星・一白水星→震宮同会（同時に八白土星被同会）◎中宮星・三碧木星の年

本命星が震宮に回座したあなたは、同時に坎宮に入った八白土星に被同会されることになります。この年は、はっきりいっていい年ではありません。あなたの気持ちとしては、積極的にあれこれ新しいことに手を出したくなるときだし、また外部からもそのようなお膳立てがいろいろとそろってきます。仕事、住居、対人関係などで大きな変化の気運がもたらされます。でも、決してうかつにとびつかないこと。

とくに家屋や土地といった不動産にからんだ話がでてきた場合には要注意、甘い話にのるとかならず後で泣きをみます。日ごろのあなたはなにごともじっくりと考えるタイプなのに、この年ばかりはちょっとした思いつきで重大なことに手を出してしまいます。その結果、思わぬ落とし穴に自ら落ちこむことになってしまうのです。今年、新規のことを手がけて成功することは、まず不可能です。

くわえて、東に回った一白水星は暗剣殺の凶作用を受けますから、思いもかけない見込みちがいや旧悪の露見に悩まされることもあります。こんな年は、あなた本来の地道なねばり強さにものをいわせ、いままでどおりの道を守るべきです。

★本命星・一白水星→巽宮同会（同時に七赤金星被同会）◎中宮星・二黒土星の年

本命星が巽宮に回座したあなたは、同時に坎宮にはいった七赤金星に被同会されることになります。この年は公私ともに忙しく、そしてなかなか実りの多い日々をすごすことになります。前年やりたいのにできなかったという計画は、どしどし実行にうつしてください。それが軌道にのるまで多少時間はかかるかもしれませんが、そこはもち前の冷静な態度であせらず待ってください。かならず、いい結果がでます。

本命星が回座した巽宮のはたらきで、交際範囲が広がり信用も増します。営業活動にはもってこいで、とくに遠方との取り引きが有利です。プライベートな交友関係も、手紙や電話で連絡を密にとることから、親しみもこれまで以上に増して、いろいろ心たのしいことがおこります。

坎宮に回座した七赤金星は、あなたにすばらしい恋のチャンスを約束します。思わぬ異性に、熱い胸のうちを告白されるかもしれません。旅行も吉。旅さきで生涯の伴侶にめぐり会うという、ロマンチックなこともありそうです。この年の縁談は、見合い・恋愛、ともに受けて可。若い男女には、とくに重大な年になります。

ただし、異性からの誘惑も多い年ですから、ラブ・プレイには十分気をつけること。この年秘密の恋にのめり込むと、腐れ縁となって後々悔やむことになります。

★本命星・一白水星→中宮同会(同時に六白金星被同会)◎中宮星・一白水星の年

本命星が中宮に回座したあなたは、同時に坎宮にはいった六白金星に被同会されることになります。この年はあなた自身の精神状態が高揚し、大きなことをしてみたくなります。昨年の巽宮同会の年にひとまず仕事を軌道にのせたという人は、とくにもっともっとと、上を見たくなる年なのです。目上の人や取り引き先などからも、大きな話が持ちかけられるはずです。

でも、いまのあなたはちょうど高い山の頂上に立っているようなものですから、油断するとたいへん。うまい話に目をうばわれる前に、足元に気をつけるべきです。

もともと本命星・一白水星のあなたには、ちょっと人を見くだす悪いくせがあります。この年はとくにそれが強調されますから、あなた自身の言動に気をつけて、くれぐれも上司や仕事上大切な人とけんかなどしないように注意してください。

移転、転職、開業など新しいことに着手してはなりません。仕事にからんだ一見よさそうな話が不意にやってきた場合には、とくに要注意。なぜなら、坎宮に回座した六白金星に暗剣殺がついているからです。それは、仕事上の突然のトラブルを予告しています。

交通事故や、海・山での遭難にも十分すぎるほど警戒しなければなりません。

★本命星・一白水星→乾宮同会（同時に五黄土星被同会）◎中宮星・九紫火星の年

本命星が乾宮に回座したあなたは、同時に坎宮にはいった五黄土星に被同会されることになります。この年は前年につづいてやる気まんまん、仕事関係でも積極的な態度が上司や同僚に認められます。ただし、旺盛な活動力もこの年の前半までで、後半はなんとなくとりとめのない日々をすごすことになりそうです。

人によっては、前半あまりに自己過信して思いのままにやりすぎて周囲の人々と衝突、その結果、せっかくの仕事をなくしてしまうということもあります。また、オーバーワークから体をこわすというおそれもあります。本命星・一白水星のあなたは、極端な重労働には耐えられないタイプです。坎宮に回座した五黄土星が、心身の疲労を暗示しています。

オーバーワークに要注意

一方、プレイボーイや妖婦《バンプ》型の女性に言いよられる危険もあります。セクシーな魅力あるあなたですが、不倫の恋に傾斜しやすい面はいましめるべきでしょう。

★本命星・一白水星→兌宮同会（同時に四緑木星被同会）◎中宮星・八白土星の年

本命星が兌宮に回座したあなたは、同時に坎宮にはいった四緑木星に被同会されることになります。この年は仕事でめざましい発展や飛躍はないかわりに、趣味や社交上の喜びの多い一年間となります。パーティーや喜びごとに招待したりされたり、とにかく飲んだり食べたりの華やかな席に縁ができます。友だちと食べ歩いたりウィンドショッピングをしたり、また恋人とのデートも、たのしい会話のはずむ満たされたものとなります。ただし、享楽的な気分がやや強く、とかくセクシャルな快楽にのみ走る傾向は否定できません。人によっては、至上の喜びと背中合わせのさびしさを味わうことにもなります。恋の甘さのなかで、自分自身を見失わないように。

仕事の面では、ちょっと気分がゆるみがちです。そして楽しみの多い一方、交際費がかさみます。でも、これは将来の仕事や人間関係をスムーズにするための潤滑油と考えて、ケチらないこと。また、趣味を生かしたアルバイトで収入を得るという暗示もありますから、飲み代くらいは浮くでしょう。

若い人には、結婚のチャンスがあります。多くの場合は恋愛結婚で、しかも、坎宮に回座した四緑木星が、周囲の人々に祝福されたすばらしい結婚を暗示しています。

旅行に誘われたら、ＯＫして吉。でも、あまりハメをはずさないこと。

★本命星・一白水星→艮宮同会（同時に三碧木星被同会）◎中宮星・七赤金星の年

本命星が艮宮に回座したあなたは、同時に坎宮にはいった三碧木星に被同会されることになります。この年はよくも悪くも、とにかく変化の多い一年となります。

そして、もともとの変化の気運に追いうちをかけるようにして、坎宮に回座した三碧木星があなたをせきたてます。かならず周囲から、仕事や不動産に関する新しい話が持ちかけられます。ただし、それをうけた結果は、吉とも凶とも断じかねるとてもむずかしい年まわりなのです。

ズバリ言ってしまえば、これまでのあなたがもし不運つづきで、どうにも身動きがとれないような窮地に追い込まれているのだったら、思いきって新しい話を受けてみること。起死《きし》回生《かいせい》のチャンスです。

でも、これまでなにごともスムーズにやってきた人は、決して新しい話にのってはいけません。失敗する可能性が高く、その場合、受けるダメージが大きすぎます。とくに不動産関係での甘い話に、十分警戒してください。

また、この年はいろいろな面で欲がでてきますが、目先の欲にとらわれて行動した結果は、はじめよくても、後でかならず都合の悪いことがでてきます。

過去に大きな病気をしたことのある人は、再発の暗示がありますから、要注意。

★本命星・一白水星→離宮同会（同時に二黒土星被同会）◎中宮星・六白金星の年

本命星が離宮に回座したあなたは、同時に坎宮にはいった二黒土星に被同会されることになります。この年はこれまでじっくりとあたためてきたこと、内密にしてきたことのいっさいが、明らかにされます。ですから、地道な努力家のあなたは、かならず日頃のねばり強い精進ぶりが周囲の人々に認められて、地位の昇進や重要なポストをあたえられることになります。くわえて、坎宮に回座した二黒土星が仕事量の増加を暗示し、とにかく忙しい年になるはずです。

頭の回転がすばらしくよくなって、カンがさえます。土地、家屋、株、宝くじなど投機的なことに関心がでてきます。それ自体は悪くはありませんが、ただ、文書・印鑑などの扱いは、慎重の上にも慎重を心がけてください。

一方、これまで脱税や浮気などこっそりとしていた人にとっては、冷や汗ものの一年間。要するに、よいことも悪いことも大っぴらになってしまうのです。

人間関係では、別れと出会いがこもごもに生じます。結婚や転勤で家をはなれるというケースも、よくあります。また、腐れ縁となった男女関係の清算にもよいときです。不倫の恋なら、思いきって別れること。失った大切な恋をとりもどすチャンスもあります。ただし、恋の成就は正攻法の場合のみ。

★本命星・一白水星→坎宮同会(同時に本命星被同会)◎中宮星・五黄土星の年

本命星が坎宮に回座したあなたは、定位盤における一白水星、つまりあなた本来の座所にやってきました。ですから、この年はよくも悪くも本命星・一白のあなたの性格的特徴がもろにでることになります。

本来、あまり強運のときとはいえませんが、冷静な判断力と、なにごとも最後まで食いさがるねばり強さでことにあたれば意外に収穫の多い一年になるかもしれません。とくに、学問や芸術、またはなにか特殊な技術を研修・マスターするのにはうってつけのときです。それも、もちろん一歩一歩あせらずすることです。この年に研鑽《けんさん》を積んだことはかならず将来の大きなチャンスを約束してくれることになります。

一方、この年はなにかと気苦労が多く、親戚や家族のことでなにかトラブルが生じることもあります。知人から、やっかいな依頼を受けたりもしますが、とにかくあせらず、気ながにしていくことです。また、友人や部下など頼りきっていた人に裏切られるという暗示もありますから、注意してください。

しかし、とくに気をつけてほしいのは、異性問題と健康についてです。この年のラブ・プレイは禁物。後々、深いきずあとを残すことになります。健康については、あちこちに小さな故障がでてきます。持病のある人は決して無理をしてはいけません。

★本命星・一白水星→坤宮同会（同時に九紫火星被同会）◎中宮星・四緑木星の年

本命星が坤宮に回座したあなたは、同時に坎宮にはいった九紫火星に被同会されることになります。この年はあなた自身の勤労意欲がわいてきて、落ちついて仕事に取り組むことになります。とくにこの年は、周囲の人々や現在の立場に不平をいわず、従順な態度で接することが大切です。ちょっと人を甘くみるくせのあるあなたですが、そんなところがあなたの運気を殺す原因になってしまうことを、決して忘れないでください。

とにかく、今年は坤宮のあらわす〝従順〟〝致役〟の象にしたがって、もくもくと努力することです。決して自己主張せず、なにごとも押さえぎみでいってください。そうすると、おもしろいほど、先生や目上の人々、または上司に認められ評価されることになるのです。成績の向上、地位の昇進が得られます。あなたは、いつの間にか大勢の中で頭角をあらわしているでしょう。坎宮に回座した九紫火星が、あなたの骨惜しみない努力に見合っただけの輝かしい結果をもたらしてくれるのです。

仕事では、スーパーマーケット、顧客本位の良心的な食堂、雑貨屋など広く大衆を相手にする職種に好暗示。不動産に関する手頃なよい話がでてくるでしょう。

働きすぎからくる疲労に気をつけてください。適度なスポーツをすること。

本命星・二黒土星のあなたの年運

※本文中、暗剣殺とは気学最大の凶神のひとつ。くわしくは134ページを参照してください。

★本命星・二黒土星→震宮同会(同時に一白水星被同会)◎中宮星・四緑木星の年

本命星が震宮に回座したあなたは、同時に坤宮にはいった一白水星に被同会されることになります。この年はやる気まんまん、なにごとも積極的にアタックしてみたくなるときです。おそらく、働き者のあなたは、あれもこれもしてみたくなることでしょう。もちろん、それはそれでたいへんけっこうです。もともと、運気は悪くありません。これまで温めてきた計画を実行に移すのにも、よいときなのです。

ただ、どうしても注意してほしいのは、あなたに持ちかけられる一見よさそうな話です。坤宮に回座した一白水星が、前進しようとするあなたの運気に乗じて、甘い話に乗せようとする、ずる賢い人物を暗示しています。

今年急にでてきた話や計画には、手をつけないほうが賢明です。あなたに近づいてくる人物の人柄を、よく見きわめてください。あなたの人を信じやすい性格に目をつけて、あなたを利用しようとしている人がいるかもしれません。

また、あらゆる面で〝一件落着〟となったことがらが、蒸しかえされることがあります。とくに、浮気、仕事上のミスなど、うやむやにしてあったことには要警戒。

★本命星・二黒土星→巽宮同会（同時に九紫火星被同会）◎中宮星・三碧木星の年

本命星が巽宮に回座したあなたは、同時に坤宮にはいった九紫火星に被同会されることになります。この年は、仕事や交遊をふくむすべての人間関係がとても活発になって、巽宮の象意どおり、信用も増してきます。

仕事上ではとくに、遠方との取り引きが有利。多少お金はかかっても、少し遠くに足をのばすと、それだけよい結果が得られます。

対人関係全般について、連絡を密にとってください。長い間疎遠になっていたような遠くの友人に、電話か手紙で声をかけてごらんなさい。意外な喜びごとが、舞い込んでくるかもしれません。

くわえて、坤宮に回座した九紫火星が、地位の昇進を約束します。が、一方、文書問題のトラブルや親しい人との別れという暗示もありますから、適度に手綱を引き締めながらいくことです。移転、転職、新築などは、大丈夫です。

若い人の場合、この年に結婚して家をはなれるケースがたいへん多いものです。いずれにしても、この年の恋愛は、周囲に祝福された幸せなものとなります。

旅行に縁ができます。旅先ですばらしい恋をつかんだり、生涯の友人にめぐり会うチャンスがあります。今年知り合った人は、あなたにとって重要な人物となります。

★本命星・二黒土星→中宮同会(同時に八白土星被同会)◎中宮星・二黒土星の年

本命星が中宮に回座したあなたは、同時に坤宮にはいった八白土星に被同会されることになります。この年はあなたにとって、要注意の年となります。気分的には、自信が出てきて、なにか新しいことがしてみたくなります。日頃は十分慎重なあなたなのに、つい軽はずみに大きなことに手を出してしまったりするのです。

しかし、今年は、どんなにあなたが意欲的になっていても、新しいことや大きなことに手をつけてはなりません。なぜなら、坤宮に回座した八白土星に暗剣殺がついているからです。とくに、この年持ちかけられた不動産がらみのうまい話は、あなたの気をそそるでしょうが、絶対に受けてはなりません。失敗が目にみえています。

とにかく、今年は慎重第一、今までの状態を平穏に維持することに全力をそそいでください。欲ばることと、エラそうな顔をすることは禁物です。

移転、転職、新築など、してはいけません。

あなたの持ち味であるゆったりとした心、苦労を苦労と思わず黙々と働く勤労精神、周囲の人々に対する従順な態度を十全に生かすようにしてください。そうすれば、かならず満足のいく一年間となるはずです。

健康面では、胃腸、関節、骨、鼻の病気に気をつけてください。

★本命星・二黒土星↓乾宮同会(同時に七赤金星被同会)◎中宮星・一白水星の年

本命星が乾宮に回座したあなたは、同時に坤宮にはいった七赤金星に被同会されることになります。この年は、仕事面でも交遊面でも充実したすばらしい一年間となります。運気は最高潮、あまりハメをはずして遊んだりギャンブルに深入りしないかぎり、まず失敗はありません。

仕事や勉強は、やりたいようにやって、とんとん拍手にはかどります。かならず上司や目上の人、先生に高い評価を受けることになります。あなたの実力のほどが認められるチャンスのときですから、労を惜しまず全力をつくすこと。

一方、上司や仕事仲間にさそわれて、酒の席にでる機会も多くなります。会話がはずんで心たのしいひとときとなりますが、あまりいい気になって自慢話などはしないこと。せっかくの運気が、逃げていってしまうことにもなりかねません。

また、華やかな恋の誘惑もありそうですが、ほどほどに。相手は案外、プレイボーイ、プレイガールかもしれません。

とくに女性は、先生や上司といった目上の人から愛を迫られる暗示があります。決定権はあなたの心ひとつにありますが、彼はかならずしもあなたとの結婚までを考えているとはかぎりません。あなたの恋心には、後で泣かない決心も必要かも……。

★本命星・二黒土星→兌宮同会（同時に六白金星被同会）◎中宮星・九紫火星の年

本命星が兌宮に回座したあなたは、同時に坤宮にはいった六白金星に被同会されることになります。この年はパーティーや会食といった、華やかな喜びごとの多い一年となります。学校や仕事が終わると、いつもまじめに家に帰ってしまうあなたも、今年ばかりは、ちょっと寄り道して友だちと飲んだり、ショッピングを楽しむことになります。

気分はなんとなく緩んで遊びたいのに、意外に仕事はハードです。学生は、レポートの提出を急かされたりもしそうです。

坤宮に回座した六白金星が、仕事や勉強の上に圧力をかけると同時に、援助もしています。結果は良好のはず。

金運は、ツイています。支出の多いわりに、遊び金に困ることはありません。

ただし、アバンチュールと交通事故には要注意。恋人とのおしゃべりに熱中しすぎて、車にはねられたりしないように。

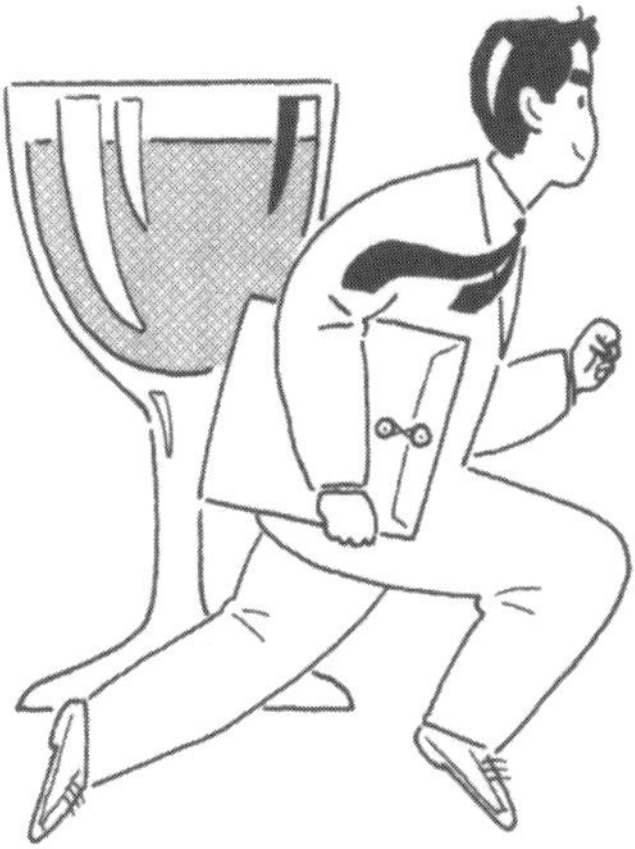

遊びと仕事が両立する一年

★本命星・二黒土星→艮宮同会（同時に五黄土星被同会）◎中宮星・八白土星の年

本命星が艮宮に回座したあなたは、同時に坤宮にはいった五黄土星に被同会されることになります。この年ははっきりいって、とても危険な一年となります。なぜなら、本命星には暗剣殺がつき、定位盤で二黒のいる坤宮は〝破壊の星〟たる五黄土星に被同会されているからです。しかも、艮宮（北東）自体、家相学などでもともと〝鬼門《きもん》〟とよばれて恐れられている宮で、それらを考え合わせ判断すると、とにかく警戒を要する一年だということになります。

この年、あなた自身はいろいろな方面に欲がでてきて、新しいことに手を出したくなります。そして、周囲からもあれこれと変化の気運がおこってくるはずです。不動産などにからんだ大きな話も、持ちあがってくるでしょう。

でも、決してそれらの話にのってはいけません。新しいことに手をだしてはいけません。移転、新築、転職など、もちろん不可。土地・家屋など、大きな買い物をするのもいけません。

とにかく、今年は変わったことをしようとしたり、積極的にでることを控えて、おとなしくしていることです。対人関係では、身内とのトラブルと悪い異性に注意しなければなりません。いかがわしい異性に言いよられる凶暗示もあります。

★本命星・二黒土星→離宮同会(同時に四緑木星被同会)◎中宮星・七赤金星の年

本命星が離宮に回座したあなたは、同時に坤宮にはいった四緑木星に被同会されることになります。この年はあなたがこれまで地道に培ってきたことのすべてが公にされ、しかもそれが大きな評価を受けるというすばらしい一年になります。たとえばサラリーマンなら日頃の実績が認められ昇進・栄転、自由業なら有利な仕事への進出がかないます。小説家や絵描きのタマゴが、雑誌や公募展の新人賞の栄誉に輝くのもこの年。こつこつと小説を書きためているあなた、運気は上々、内容さえよければ認めてもらえます。思いきって、翔んでごらんなさい。

対人関係は活発になって、とくに遠方との行き来がさかんになります。そして、この一年を境に、あなたをめぐる人間地図はだいぶ変わるはずです。いい具合に、縁を切りたいと思っていたような人は自然に遠ざかり、あなたが本当に大切に思っている人や、あなたにとって有益な人だけ残ることになるのです。

今年知り合った知人・友人は、とくに大切にしてください。なんらかの意味で、将来かならずプラスになる人物です。また、若い人にとっては、結婚のチャンスの年まわりです。坤宮に回座した四緑木星がしあわせな結婚の気運をはこんできます。

旅行や出張で、家をあけることが多くなります。

★本命星・二黒土星→坎宮同会（同時に三碧木星被同会）◎中宮星・六白金星の年

本命星が坎宮に回座したあなたは、同時に坤宮にはいった三碧木星に被同会されることになります。この年はあなたのすごし方いかんで、だいぶ運気のちがってくるむずかしい一年です。

これまで順調にやってきた人、とくに前年の離宮同会のときに輝かしい栄誉を得た人ほど、そのツキにストップがかかって沈滞してしまいます。とかく気ばかりあせってイライラしがちですが、派手なことをしようとせずに地道にコツコツやっていくことです。今までのつづきで、目立ったことをすると収支が合わなくなります。

一方、なにをやってもうまくいかなかったという人にとっては、まさに復活のとき。すべてをご破算にして、持ちまえの謙虚な気持ちで一からやり直してごらんなさい。かならず、うまくいきます。坤宮に回座した三碧木星が、あなたの前進を援助します。

ただ、いずれの人もこの年注意しなければならないのは、異性問題と健康のこと。とくに浮気をしている人は、それがバレて一騒動おこりそうです。また、一度終わった恋が再燃するという暗示もあります。

健康面については、とくに持病の悪化や、過去の病気の再発が考えられますから、検査は怠りなく受けてください。

★本命星・二黒土星→坤宮同会（同時に本命星被同会）◎中宮星・五黄土星の年

本命星が坤宮に回座したあなたは、定位盤における二黒土星、つまりあなた本来の座所にやってきました。ですから、この年はよくも悪くも本命星・二黒のあなたの性格的特徴がもろにでることになります。

運気的には地味ですが、悪くありません。あなたの長所である謙虚な態度、従順さ、おおらかな包容力といったところを十全に発揮すれば、充実した一年が約束されます。反面、あなたの欠点である決断力のにぶさとか、なにごともちょっともったいぶるくせが強調されると、運気は足ぶみ状態にとどまってしまいます。

いずれにしても、働き者のあなたです。無理なくマイペースでやっていけば、来年はもっとよい年になります。

でも、とくに今年前半はあなたの現在の立場がどんなものであっても、不平を言わず一生懸命働くことを心がけてください。見方によっては、今年のすごし方いかんで、来年以降の運気が大きくちがってしまう節目となる重要な年まわりなのです。

移転、新築はしても大丈夫。転職については、信用のおけるところからよい話があれば受けても構いませんが、欲ばって少しでも条件のよい方にいこうなどと思うと、かえって失敗してしまいます。とにかく、欲ばることと無理は禁物です。

本命星・三碧木星のあなたの年運

※本文中、暗剣殺とは気学最大の凶神のひとつ。くわしくは134ページを参照してください。

★本命星・三碧木星→震宮同会（同時に本命星被同会）◎中宮星・五黄土星の年

本命星が震宮に回座したあなたは、定位盤における三碧木星、つまりあなた本来の座所にやってきました。ですから、この年はよくも悪くも本命星・三碧のあなたの性格的特徴がもろにでることになります。

進取の気象にとんだ活動的なあなたは、その持ち味を十分に発揮して大いに活躍が期待できます。ただし、ちょっと早とちりでせっかちなところのあるあなたですから、あまり調子にのって突っ走らないこと。また、ものごとに飽きやすくとかく尻切れトンボに終わることが多いので、ひとつのことに手をつけたら、最後まできちんとやりぬく忍耐力を養うことが成功につながるということを忘れてはいけません。

移転や転職は、何年も前からじっくりと計画を立ててきたことであれば大丈夫。でも、今年急にでてきた話だったらやめてください。実の伴わない、いわゆる〝甘い話〟の可能性が濃厚です。

また、これまで胸に秘めてきた行いのすべてが明らかにされてしまう年まわりですから、不倫の恋・脱税など、身に覚えのある人は覚悟を決めてください。

★本命星・三碧木星→巽宮同会(同時に二黒土星被同会)◎中宮星・四緑木星の年

本命星が巽宮に回座したあなたは、同時に震宮にはいった二黒土星に被同会されることになります。この年はあちこち動き回ることの多い忙しい一年となります。でも、はっきりいってよい年とはいえません。本命星についた暗剣殺が、人間関係のトラブルを暗示しているのです。

公私ともに人間関係の出入りが多くなって、ちょっと見には活気にあふれて、そんなに悪い年とは思われません。が、妨害は思わぬときにやってきます。なにごとも、あと一歩のところでご破算といった憂き目をみる可能性が強いのです。それも、かならずといってよいほど人間関係が原因となりますから、とくに共同事業などしている人は注意が肝要。今年知り合った人には、警戒してください。

新規の計画は、すべてすえおいてことなきを得ます。くれぐれも、落ちついた慎重な態度を忘れないでください。

また、震宮に回座した二黒土星が身内に関するやっかいな問題、不動産がらみのゴタゴタに巻きこまれるといったことを教えています。

旅行のチャンスがあるはずですが、スリにあったり思わぬ事故にあったりして不愉快な思いをするハメになりますから、行きたくても今年はがまんしてください。

★本命星・三碧木星→中宮同会(同時に一白水星被同会)◎中宮星・三碧木星の年

本命星が中宮に回座したあなたは、同時に震宮にはいった一白水星に被同会されることになります。この年は、なにか新しいことや思いきったことに気をひかれて、考えることも口にだすことも、すべて大きくなってきます。そして、なんとなく活気を呈している運気の中で、あなたはすこしいい気になってしまうようです。日頃から積極的で、考えるより先に行動してしまうといったところのあるあなたにとって、仕事や対人関係で、ワクワクするような状況がそろっているのです。

でも、残念ながら運気は上々とはいきません。震宮に回座した一白水星には暗剣殺がつき、対人関係と健康について暗いカゲを落としています。

人を疑えないという性格はあなたの美点ですが、この年はとくに部下や自分より若い人に気をつけてください。甘い顔をみせていると、飼い犬に手ひどくかまれることにもなりかねません。

一方、異性問題にも要注意。セックスをともなった恋の誘惑の暗示がありますが、その恋は、結果的にあなたにマイナスをもたらすことになってしまいます。

人によっては、健康を害して仕事を中断せざるを得なくなる場合もままあります。とくに、過去に大病をした人や持病のある人は、健康管理を厳重にすること。

★本命星・三碧木星→乾宮同会（同時に九紫火星被同会）◎中宮星・二黒土星の年

本命星が乾宮に回座したあなたは、同時に震宮にはいった九紫火星に被同会されることになります。この年はあなたの行動力と活動力にますます拍車のかかる、いわゆる強運期にあたっています。言葉にも行動にも自信があふれて、とにかくじっとしていることができません。

あなたが社会人なら、大きな仕事にぶつかります。そして、かなり地位の高い人たちと活発な交渉が生まれます。結果、あなたの仕事ぶりと実績が大きく評価されて、うれしい栄誉に輝きます。震宮に回座した九紫火星が、昇進、栄転、受賞といった華やかなものを暗示しています。

あなたが学生なら、大きな研究課題にぶつかるでしょう。あなたが全力をつくして打ち込めば、かならず満足のいく結果が得られます。

また、スポーツに縁ができる年で、ふだん〝運動なんて……〟と言っているような人までが、テニスや水泳に凝りはじめます。とくに、スポーツ選手にとっては大躍進のチャンス到来。胸にトロフィーをいだく可能性も大いにあります。

ただ、いずれの場合もこの年は、あまりがむしゃらにやり過ぎないこと。目上の人にたてついたり、仕事仲間とのけんかにはとくに気をつけてください。

★本命星・三碧木星→兌宮同会(同時に八白土星被同会)◎中宮星・一白水星の年

本命星が兌宮に回座したあなたは、同時に震宮にはいった八白土星に被同会されることになります。この年はパーティー、会食、音楽会などといったちょっとぜいたくな喜びごとに縁のある、心おどる一年になります。友人と飲みにいったり、すてきな異性とデートをする機会も、だんぜん多いはず。友人や知人の家に遊びにいけば、すばらしい歓待を受け、ごちそうを食べながらの楽しいおしゃべりに花が咲きます。震宮に回座した八白土星が、心のこもったもてなしを暗示しているのです。

とはいえ、喜びの多い一方、支出もかさむ年です。不思議におこづかいに困ることがないのはさいわいですが、人によってはやまっ気をだしてギャンブルに凝ってしまう場合もあります。ギャンブル運は、出たり入ったりの激しい変動運。

仕事運は、まずまずです。でも、気分はややゆるみがち。新しい大事業に着手するといった時期ではありません。それよりも、今年は家庭サービスを大切にして、家族と食事やショッピングにでかけたほうが、実りがありそうです。

それから、注意しなければならないのが、酒席での会話と落とし物です。調子にのって上司や先生の悪口を言いすぎて、シラフになって後悔することのないように。くれぐれも、帰りのタクシーにサイフやカバンを忘れないようにしてください。

★本命星・三碧木星→艮宮同会（同時に七赤金星被同会）◎中宮星・九紫火星の年

本命星が艮宮に回座したあなたは、同時に震宮にはいった七赤金星に被同会されることになります。この年は前年からのつづきでいろいろな遊びごとにさそわれる機会が多く、また、あなたの気持ちもひとつシャッキリとしません。そのくせ、じっとしていられないあなたは、なにか新しいことをしなければいけない、とあせりを感じるときなのです。

去年の兌宮同会の年に遊びすぎてしまった人ほど、この年になって仕事や勉強上でのブランクを埋めようとして、あれこれの策を講じようとするものです。

でも、悪あがきは禁物。今年は、まだ、スタートの時ではないのです。

親戚や知人から不動産上の相談を受けることがあります。欲ばらず、その人の身になって考えてあげてください。

震宮に回座した七赤金星が健康上の妨害を意味していますから、健康管理を十分に。

今年はゆったりといきましょう

★本命星・三碧木星↓離宮同会(同時に六白金星被同会)◎中宮星・八白土星の年

本命星が離宮に回座したあなたは、同時に震宮にはいった六白金星に被同会されることになります。この年はいよいよあなたの実力をフルに発揮できる、すばらしい一年です。

頭の働きがひじょうによくなって、カンが冴えます。どんどんインスピレーションがわいてきます。ですから、とくに音楽家やデザイナー、コピーライター、工芸家といった特殊な感覚を必要とする職種についている人にとっては、黄金の年。化学者や物理学者が学術上の大発見をするのも、この年です。

くわえて、震宮に回座した六白金星が、あなたの飛躍のかぎりなく大きなことを暗示しています。あなたは、自分がもっている力の最高のものをだすべく努力をすればよいのです。天はあなたに味方します。強運とは、こうしたものをいうのでしょう。

でも、それは決してあなたがやりたい放題にしていてよいというのではありません。この年、あなたはますます積極的になって雄弁になってくるはずですから、とくに言葉には気をつけてください。上司や仕事で世話になっている大切な人と争いをおこして決裂するという、よからぬ暗示もあるのです。

自己過信をいましめて、言うより聞くといった態度を心がけることです。

★本命星・三碧木星→坎宮同会(同時に五黄土星被同会)◎中宮星・七赤金星の年

本命星が坎宮に回座したあなたは、同時に震宮にはいった五黄土星に被同会されることになります。この年はあなたにとって要注意の年です。病気、セックスがらみの恋愛問題、部下や仲間との紛争といった嫌なことが、星の遁甲から読みとれます。

運気的にはもともと沈滞気味なのですが、あなたは前進しようともがきます。そして、その足を引っぱろうとする存在があらわれて、あなたはますます悪あがきすることになってしまうのです。今年は、仕事の拡張や新規の計画に着手するのは、いっさいあきらめてください。そして、現状維持を手堅く守ってください。それが、この年を平穏無事にすごすための、最大のポイントになるのです。

かぞえ年で女性33歳、男性42歳は、厄年《やくどし》で、いずれも坎宮同会の年にあたります。もし、あなたがこの年齢だったら、とくに健康面に気をつけなければなりません。震宮に回座した〝破壊の星〟五黄土星が、大きな警告を発しています。

また、この年はいかがわしい異性からのセックスの誘惑も多いのですが、一時の快楽をむさぼると、人生の敗北者ともなりかねません。相手は夜の世界に生き、アルコールやドラッグとも縁の深いような危険人物の可能性大です。

そして、あなたのウィークポイントである短気と舌禍に要注意。

★本命星・三碧木星↓坤宮同会（同時に四緑木星被同会）◎中宮星・六白金星の年

本命星が坤宮に回座したあなたは、同時に震宮にはいった四緑木星に被同会されることになります。この年は、地味ながら落ちついて仕事に身のはいる平穏な日々が戻ってきます。昨年の坎宮同会でつらい思いをして、ようやくそれを乗り越えた人にとっては、ホッと一息といったところです。もちろん、まだあなた本来の飛躍的な馬力を発揮できるときには至っていませんが、人間関係もスムーズであなたに協力的、あなた自身の仕事への意欲も着実にわいてきます。

でも、新しいことに着手したり、欲ばってあれこれに首を突っ込んではいけません。せっかく戻りかけてきた運が、逃げていってしまいます。

仕事や勉強の上で少々きびしいことがあっても、がまんして不平を言わないこと。この年はどうしても、仕事にしろ研究にしろ努力をしても結果がでるのが遅くなります。でも、震宮に回座した四緑木星は〝成就の星〟でもありますから、かならずあなたの努力はむくわれます。忍耐が、幸運へのワン・ステップだということを忘れないでください。

遠くの知人からなにか不動産に関する話が、持ちかけられるかもしれません。よい話です。無理をせず手がでる程度だったら、家や土地の購入も悪くありません。

本命星・四緑木星のあなたの年運

※本文中、暗剣殺とは気学最大の凶神のひとつ。くわしくは134ページを参照してください。

★本命星・四緑木星→震宮同会（同時に五黄土星被同会）◎中宮星・六白金星の年

本命星が震宮に回座したあなたは、同時に巽宮にはいった五黄土星に被同会されることになります。この年は本来最高の運気のときで、あなたの柔軟な社交性には適度な積極性がでて仕事もスムーズにはこぶはずなのです。

でも、ちょっと気になるのは、巽宮に回座した五黄土星の存在です。ご存じのように、五黄土星は〝壊乱・腐敗の星〟。それに被同会されているのですから、せっかくのツキにストップがかかってしまうことも考えられます。

とくに気をつけてほしいのは、過去に大きな病気をした人と、こじれた恋愛問題を抱えている人です。

病気の再発、恋愛問題の悪化、浮気の発覚などが、もっとも気にかかります。心当たりのある人は十分に用心して、人生の足止めをくらわないようにしてください。

それ以外の人は、まず大きな心配はありません。ただし、対人関係であまりでしゃばらないようにしてください。縁談は、今年急にでてきたものは不可。

旅行はひかえたほうが無難。スリにあったり、体調をくずすおそれがあります。

★本命星・四緑木星→巽宮同会（同時に本命星被同会）◎中宮星・五黄土星の年

本命星が巽宮に回座したあなたは、定位盤における四緑木星、つまりあなた本来の座所にやってきました。ですから、この年はよくも悪くも本命星・四緑のあなたの性格的特徴がもろにでることになります。

多くの場合、人当たりのよいやわらかな社交性と素直な態度が、とくに目上の人たちに気に入られ、それが仕事をはじめとする、いっさいのことがらによい影響をおよぼします。でも、あちらこちらであまりうまく立ち回っていると、友人や同僚から〝ゴマすり〟などとカゲ口をたたかれることもありますから、ほどほどに。

また、なんでもものごとを延び延びにさせるくせがありますから、これはぜひ改めてください。あなたは、これまで決断力のにぶさと優柔不断な点とで、ずいぶん損をしてきました。今年はそれで後悔することのないように、まず行動計画をきちんと立てて、かならずそれを実行するように心がけてみてください。

仕事運はツイています。遠方との取り引きがとくに有利で、出張も多くなります。

旅行運、吉。とくに若い人は、旅先で思いがけない恋のチャンスをつかむこともあります。そして、その恋はフレンドシップのほほえましいものになるはずです。今年中に婚約、結婚という可能性も大。いずれにしても、今年の結婚はラッキーです。

★本命星・四緑木星→中宮同会(同時に三碧木星被同会)◎中宮星・四緑木星の年

本命星が中宮に回座したあなたは、同時に巽宮にはいった三碧木星に被同会されることになります。この年は一見すると運気さかんなようですが、実はあまりいい年ではありません。

対人関係や仕事上のことなど、あなたをめぐる環境全体になにか新しい動きや変化のきざしが見えているはずです。そして、あなたはなんとなく周囲の人々から持ちあげられるかたちになって、なにか変わったことをしてみようという気になっているかもしれません。でも、ちょっと待ってください。巽宮に回座した三碧木星には暗剣殺がつき、不意のアクシデントを予告しています。おそらく、あなたが行動をおこしたとき、横ヤリが入るかたちで凶意をあらわしてくると予測されます。

新築、移転、転職、結婚など人生上の大きな動きは、いっさい控えてください。若い人には縁談が生じそうですが、今年でてきた見合い話はあまり信用しないこと。いわゆる〝仲人口〟というもので、会ってがっかりすることが多いものです。

残念ながら、旅行も据えおきです。今年はとにかく欲ばらず、じっくりとこれまでどおりの仕事なり勉強なりを研鑽《けんさん》する気持ちでやってください。これは、なにもせずに怠けろ、というのとは違いますからはき違えないように。

★本命星・四緑木星→乾宮同会（同時に二黒土星被同会）◎中宮星・三碧木星の年

本命星が乾宮に回座したあなたは、同時に巽宮にはいった二黒土星に被同会されることになります。この年はとにかく仕事や勉強に忙しく、それだけ充実感のある一年となります。

仕事は、相当ハードです。それに、かなりまとまった大きなことに取り組むことになるはずです。でも、あなた自身やる気まんまんですから、それほどたいへんだとも思わずに、着々とこなしていくことでしょう。そんなあなたの姿は、かならず上司や目上の人の目にとまり、あなたの努力は十分に評価されることになるのです。

くわえて巽宮にはいった二黒土星が、あなたに忍耐を必要とする仕事をせまっているようです。

あなたは、周囲の人たちの意見に忠実に、黙々と働くことになるでしょう。おかげで、遊ぶ暇はあまりありません。本当に忙しくて、物理的にも遊ぶ時間を捻出するのが不可能、といったありさまなのです。

その結果、あなたは昇進や栄転にめぐまれます。これは、もちろんあなたの努力と忍耐のたまもの。でも、周囲の人たちの引き立てあってこその幸運だということを忘れないでほしいところです。あまり手ばなしで得意になっていると、せっかくのところで世話になった人や上司と争いをおこして、後悔のホゾを噛むことになります。

★本命星・四緑木星→兌宮同会(同時に一白水星被同会)◎中宮星・二黒土星の年

本命星が兌宮に回座したあなたは、同時に巽宮にはいった一白水星に被同会されることになります。この年はお酒とごちそうの数々、華やいだ会話、めくるめくような恋の誘惑といったことに縁のある、楽しくも危険な一年です。

昨年の仕事一本やりのハードスケジュールとはうって変わった今年の雰囲気に、あなたははじめすこし戸惑いながら、パーティーの席に着くかもしれません。結婚披露宴、同窓会、誕生パーティー……と、さまざまの会や集まりに出席する機会がふえてきます。

そして、楽しみが多い分だけ出費もかさみます。でも、ないと思っていたら、どこか意外なところから臨時収入が入ってきたりして、遊ぶお金に不自由はしません。

この年とくに注意しなければならないのは、異性問題です。あなたの気持ちのすきに乗じて、色気たっぷりの異性が近づいてきそうです。あなたは案外異性に弱いところがあって、ずるずると深い仲になってしまうようなことがあるので、要注意。今年の恋は、セックスにウェイトの置かれた享楽的色彩の濃いものとなるはずです。

また、巽宮に回座した一白水星は、秘密の恋と同時に病難をも暗示しています。兌宮のあらわす〝手術〟の象意と考え合わせて、健康管理に気をくばってください。

★本命星・四緑木星→艮宮同会（同時に九紫火星被同会）◎中宮星・一白水星の年

本命星が艮宮に回座したあなたは、同時に巽宮にはいった九紫火星に被同会されることになります。この年は、よくも悪くも変化の多い一年となります。

その変化がよくあらわれるのか、悪くあらわれるのかは、あなたのこれまでのすごしかたしだいでだいたいわかります。おかしなことに、この年はこれまでとんとん拍子にうまくやってきた人にとってはあまりよい年にはならず、これまで苦労と不運に泣いてきた人ほど、よい変化に恵まれます。

今年までの不運をボヤく前に、まず希望をもってなにごとかにチャレンジしてみてください。思いがけない人の助けで、チャンスをつかむことになります。巽宮に回座した九紫火星が、あなたの前途に明るい光をなげかけています。

また、これまでどうにも好きになれないでイヤだと思っていた仕事仲間や上司が、転勤や部署の移動で自然にあなたから離れていくという暗示もあります。

逆に、この年あまり欲ばったり我をとおそうとすると、大切な友人や恩人、恋人を失うことになりますから、言動には十分気をつけてください。

移転や転職は、よほどしっかりとした計画がなされていたもの以外は不可。

不動産にからんだ文書問題には、とくに厳重警戒が必要です。

★本命星・四緑木星→離宮同会（同時に八白土星被同会）◎中宮星・九紫火星の年

本命星が離宮に回座したあなたは、同時に巽宮にはいった八白土星に被同会されることになります。この年は、あなたがこれまでしてきたことのすべてが明るみにだされてしまう年まわりにあたっています。もちろん、それがよいことであれば大いにけっこうなのですが、そうとばかりもかぎりません。とくに本命星に暗剣殺がついているので、油断を許さぬ状況と読めます。

もし、これまでの日々を顧みて、なにか不安なことがあるのだったら早めに手を打っておくこと。

今年は何事も慎重にしたい年

また、後継者や不動産、親戚に関する難問が持ちあがるという暗示があります。この場合、印鑑や文書の管理をとくに厳重にしてください。知人に借金など申し込まれても、今年は断ったほうが無難。あとでトラブルのタネとなります。

また、親しい人との別れがあるかもしれません。

★本命星・四緑木星→坎宮同会（同時に七赤金星被同会）◎中宮星・八白土星の年

本命星が坎宮に回座したあなたは、同時に巽宮にはいった七赤金星に被同会されることになります。この年はどっしりと構えて、地道に一歩一歩やっていくと意外な人からのカゲの援助や、ツキの得られるときです。逆に、あまり派手に立ち回って一儲けしてやろう、などと思うとまったく収支が合わなくなります。

だいたいがあまり気分は晴れ晴れとせず運気さかんとはいえないときですが、副業運がよく小金が入るという暗示があります。なにか特技を役立てて、余暇にアルバイトすることをおすすめします。

対人関係では、部下やあなたより若い人のことで心を痛めるようなことが生じそうです。また、あなた自身は深い恋の淵に沈んでいきそうな危険もあります。スナックやクラブでの甘いささやきが、あなたの心をとろかせます。本命星の回座したセックス運の宮・坎宮の象意に加勢するように、巽宮にはいった恋愛の星・七赤金星が、あなたのうえに紅の光を放っています。けれど、深い情緒と悩ましい官能にゆらめくようなあなたの恋は、はかない悲恋に終わってしまうでしょう。

健康面にも、気をつけてください。体力が落ちこんでいますから、無理をすると寝こむようになってしまいます。手術の暗示もありますから、くれぐれも要注意。

★本命星・四緑木星→坤宮同会（同時に六白金星被同会）◎中宮星・七赤金星の年

本命星が坤宮に回座したあなたは、同時に巽宮にはいった六白金星に被同会されることになります。この年は地味ながら安定したよい年になるか、または黙々と働くことを強いられる忙しい年になるかのどちらかです。でも、いずれにしても充実したよい年であることに変わりありません。

多くの場合、家族とのコミュニケーションが密接になって、平凡なしあわせというもののありがたさをしみじみと感じることになります。

仕事は順調です。人によっては、かなり大きな任務を任されます。そうなると、ただ素直に、ひたすら働くことになるわけです。そして、そうした努力と忍耐はかならず実を結びますから、とにかくあたえられた仕事にベストを尽くすことです。

この時期に目上の人にたてついたり、不平を言ったりするとせっかくの運気が壊れてしまいます。どんな環境にもうまく適合できるあなたの性格の長所を大いに生かして〝郷に入っては郷に従え〟、つまり、その場の状況と目上の人たちの意見に従ってやっていくようにしてください。

健康面では、働きすぎからくる疲労や、それから派生する病気に気をつけること。休養、健康管理ということは、働くことと同じくらい大切なことです。

本命星・五黄土星のあなたの年運

★本命星・五黄土星→震宮同会（同時に七赤金星被同会）◎中宮星・七赤金星の年

本命星が震宮に回座したあなたは、同時に中宮にはいった七赤金星に被同会されることになります。この年は、リーダーシップにすぐれた、あなたの強い個性が存分に発揮されるエネルギッシュな年まわりにあたっています。あなたのよい意味での押しの強さと行動力が、周囲の人々を引きつけます。

義理にあつく、内面におどろくほどのやさしさを秘めたあなたをたよって、たくさんの人が集まってくるはずです。そんなところから、仕事や交際も自然活発になって、休むひまもないといった日々を送ることになるでしょう。でも、一方でおだてられるとすぐにのぼせあがったり、横暴な態度をとりたがる悪いくせがありますから、気をつけてください。それがとんでもない失敗につながることがあります。

また、中宮に回座した七赤金星がお金と異性に関する喜びを暗示しています。それだけに、人によっては遊ぶことのみに熱中して身をもちくずしてしまう場合もありますから、ご用心。もともと、あなたはギャンブルや色恋といったことに縁があるのです。くれぐれも、あぶない橋は渡らないようにしてください。

★本命星・五黄土星→巽宮同会（同時に六白金星被同会）◎中宮星・六白金星の年

本命星が巽宮に回座したあなたは、同時に中宮にはいった六白金星に被同会されることになります。この年はやり手のあなたにとって、いよいよ本領発揮のとき。スタートは快調です。あなたのビジネス面での才腕やめんどう見のよい人柄が高くかわれて人間関係がスムーズにはこび、それにともなって公私ともに忙しくなってきます。

中宮に回座した六白金星が、なにか大きな仕事を暗示しているようです。海外赴任や、海外出張が考えられます。結果は満足のいくものになるはずですから、少々むずかしい任務でも思いきって受けることを提案します。

貿易や通信に関する仕事をしている人にとっては、とくにチャンスのとき、有利な契約が成立します。なるべく遠方との交渉に目星をつけてアタックするのがコツです。ただし、契約成立までは多少時間がかかって、もたつくことがあります。これは巽宮の作用ですから、あせってヘタに動くことは禁物。巽宮には、なにごとも長びいた後で成就するという象意があるのです。

移転、新築、転職、旅行は吉。すべて、じっくりと着実にすすめてください。

また若い人にはすばらしい結婚の喜びも、もたらされます。うわついたところのない、生涯にわたる幸福を約束してくれる愛の契《ちぎ》りとなります。

★本命星・五黄土星→中宮同会（同時に本命星被同会）◎中宮星・五黄土星の年

本命星が中宮に回座したあなたは、定位盤における五黄土星、つまりあなた本来の座所にやってきました。ですから、この年はよくも悪くも本命星・五黄のあなたの性格的特徴がもろにでることになります。

あなたを支配している慈悲深い神のような心と、すべてを破壊する悪魔的な心とが葛藤します。そして、あなた自身心が落ちつかず、気ぜわしい日々を送ることになります。くわえて、あなたをめぐる状況にも種々の変動が生じるとみられます。

この年は大きな行動を控えて、新しいことには手をつけないでください。失敗の確率の高い年まわりです。仕事も順調にいっているようにみえながら、案外、根幹部分にむずかしい問題を蔵しているような場合が多いので、足もとの安全に注意をはらうように気をつけてください。

対人関係ではあなた自身の言動に注意して、少しでもおごり高ぶったようなところがあると思ったら、すぐ改めること。また、ちょっと策謀《さくぼう》家的なところのあるあなたですが、へんに考えをめぐらすと自分がワナにかかることになってしまいます。

誰にでも親切でおおようなあなたの長所を全面的に打ちだして、よけいな気をつかわないようにしていれば、周囲からも引き立てられて安泰な一年がすごせます。

★本命星・五黄土星→乾宮同会（同時に四緑木星被同会）◎中宮星・四緑木星の年

本命星が乾宮に回座したあなたは、同時に中宮にはいった四緑木星に被同会されることになります。この年は仕事や勉強をふくむあなたの人生に対するパワーが十分に発揮されて、しかもそれが大きな結果として実を結ぶ強運期にあたっています。

かなり大きな思いきった計画でも実現可能です。ただし、この年の成功はとくに周囲の人々の協力と後援によるところが大きいので、あなたは自分ひとりで成したのだという得意な顔をしてはいけません。

中宮に回座した四緑木星が豊富な人材を暗示していますが、あなたの態度いかんでは、優秀な人材を敵にまわすことにもなってしまうのです。

また、海外や遠方によいコネクションができます。なにか大きなチャンスが、遠方からやってくるでしょう。そんなわけで、外出、遠出の機会が増え、家を留守にすることも多くなります。家族とのコミュニケーションを忘れないでください。あまりに仕事一本やりだと、家の人たちは不満をもらし、ついには争いが生じないともかぎりません。

外出先での事故に注意してください。とくに交通事故には厳重な警戒をして、遠回りでも安全な道、安全な方法を選ぶようにしてほしいところです。

★本命星・五黄土星→兌宮同会（同時に三碧木星被同会）◎中宮星・三碧木星の年

本命星が兌宮に回座したあなたは、同時に中宮にはいった三碧木星に被同会されることになります。この年は、仕事よりは趣味、レジャーに身のはいる心たのしい一年間となります。交際が活発になって、パーティーや酒席にでる機会がグンと増えます。それだけに、あれよあれよという間に財布は軽くなっていきますが、よいことにまたどこかから小金が入ってくるという暗示もあります。

仕事や学校の帰りの、みち草がふえます。夜が白むまでハシゴをしたり、ブティックを歩き回って洋服やアクセサリーをやたら買いこむのも、この年。それはそれで悪くはありませんが、とかく度がすぎると後で思いのほか手詰まり感にさいなまれることになります。

また、アルコールがはいったときの会話には気をつけてください。自慢話や他人の中傷はご法度。中宮に回座した三碧木星が、軽はずみな言動に警告を発しています。

もうひとつ注意したいのは、異性関係。あなたの個性とセックスアピールに魅かれた異性が、甘い告白をしてきます。相手は、かなり積極的です。〝魚心に水心〟といったところで意気投合しそうですが、アバンチュールはほどほどに。相手は案外気まぐれで、あなたは陶酔のなかにも一抹のさびしさを噛みしめることになります。

★本命星・五黄土星→艮宮同会（同時に二黒土星被同会）◎中宮星・二黒土星の年

本命星が艮宮に回座したあなたは、同時に中宮にはいった二黒土星に被同会されることになります。この年は友人、知人、親戚などにからんだ大小さまざまの問題が生じてくる、ちょっとやっかいな年まわりにあたっています。もちろん、悪い問題ばかりが起こるわけではありませんが、よいことがあったからといって、油断のできる年ではないのです。

とくに、これまで順風満帆といった調子で人生を難なくすごしてきた人は要注意。さらに仕事を拡張したり、新しいことをしてやろうなどと欲をだすと、かならず失敗します。土地、家屋、山林など不動産にからんだ問題がでてきますが、こちらも少しでも欲ばると、後々たいへん都合の悪い事態に追いこまれます。

でも、これまでの日々が苦労と困難の連続だったような人にとっては、復活の曙光輝くチャンスのとき。計画は綿密に、そして家族や知人の理解と協力を得たうえで、思いきって翔んでください。とくに、結婚している男性は奥さんの内助の功が得られます。奥さんの意見を尊重してください。かならず、事はスムーズにはこびます。逆に、奥さんや母親をないがしろにすると、手ひどいパンチをくらいます。中宮に回座した二黒土星が、妻、母親の重要性を暗示しています。

★本命星・五黄土星→離宮同会(同時に一白水星被同会)◎中宮星・一白水星の年

本命星が離宮に回座したあなたは、同時に中宮にはいった一白水星に被同会されることになります。この年はあなたにとって輝かしい栄誉にあずかるか、または脱税や愛情問題にからんだ裁判沙汰、警察沙汰といった不名誉な事態に陥るかのどちらかです。そのどちらになるかは、あなたのこれまでのすごし方にかかっているわけで、決して運命のいたずらというわけではありません。

要するに、今年はよいことも悪いこともすべて明らかにオープンにされてしまう年なのです。ですから、これまであなたが仕事なり研究なりでコツコツと努力と研鑽《けんさん》を積み重ねてきたようなことがあれば、それが一時にパッと大輪の花を咲かせます。昇進、栄転、受賞、マスコミからの大好評といった、夢のような喜びごとがあなたの身のうえに降りそそぎます。中宮に回座した一白水星が、カゲの援助・引き立てを暗示しています。あなたを愛してくれる異性の、強力な助けも得られるでしょう。

逆に、これまで人生の裏街道を歩んできたり、ずるいことをして大もうけしていた人、浮気をしていた人にとっては、当然の報いがもたらされる恐怖のとき。じたばたしても、自然の流れに逆らうばかりで、事態は決してよい方向にはいきません。観念して、懺悔《ざんげ》することです。

★本命星・五黄土星→坎宮同会（同時に九紫火星被同会）◎中宮星・九紫火星の年

本命星が坎宮に回座したあなたは、同時に中宮にはいった九紫火星に被同会されることになります。この年は、昨年・離宮同会の年の影響が強く残ります。中宮に回座した九紫火星が、端的にそれを語っています。

でも、運気的にはやや沈んで不調です。去年大きなチャンスをものにした人は、それも一段落してなんとなく気がぬけてしまうか、あるいはかえって栄誉の重荷に四苦八苦するかもしれません。

病気と色情問題に要注意

去年旧悪が発覚して泣いた人は、今年もひきつづいて苦難の年。トラブルは、決着をみず、あなたを苦しめているようです。しかし、ここであなたが大いに反省し自分自身を見つめなおせば、それがかえってプラスになり、人間的にも一段と成長することになります。

また、いずれの人も病気と色情問題を警戒してください。

親しい人との別れの暗示があります。

★本命星・五黄土星→坤宮同会(同時に八白土星被同会)◎中宮星・八白土星の年

本命星が坤宮に回座したあなたは、同時に中宮にはいった八白土星に被同会されることになります。この年はすべてにわたって徐々によくなってくる、開運期のはじまりです。ながらく苦しんでいた人にも、ようやく春がもどってきました。環境も落ちつき、それにつれて働く意欲も回復してきました。

坤宮があらわす〝従順〟〝労働〟の徳が生きるときです。ですから、この時期はとくに目上の人や周囲の人々に素直に従い、そして文句を言わずに現在の仕事に打ち込んでください。ちょっと目立ちたがりのところのあるあなたですが、それは絶対禁物です。せっかく好転しかかっている運気が、とどまることになってしまいます。中宮に回座した八白土星が、派手に立ち回ろうとするあなたの運気にストップをかけます。

大きなことの好きなあなたには、全体にやや物足りない年かもしれませんが、ささやかな家庭の幸福、人と人とのあたたかい心の交流といったものが味わえる一年でもあります。とにかく、今年は基礎固めのときです。労を惜しまず地道な精進をつづければ、かならず近い将来の大きな幸運が約束されるのです。

不動産に関するよい話もあります。無理のない範囲でなら、受けて可。

本命星・六白金星のあなたの年運

※本文中、暗剣殺とは気学最大の凶神のひとつ。くわしくは134ページを参照してください。

★本命星・六白金星→震宮同会（同時に九紫火星被同会）◎中宮星・八白土星の年

本命星が震宮に回座したあなたは、同時に乾宮にはいった九紫火星に被同会されることになります。この年はあなたの活動力と聡明さ、先見の明といったものがフルに発揮される楽しみな年です。

気力も、実力も充実しています。そのうえ、乾宮に回座した九紫火星が明敏な知性、華やかな評判といった象意を盾に、あなたの一年間をガードしています。

これまであなたが着々と準備していた計画があるのだったら、いまこそそれを実行に移す最善のときです。あなたの心の青写真は、みごとに現実のものとなって結実します。あなたをめぐるよい評判が、八方に拡がります。

ただし、ひとつ気をつけたいのは、なにごとも締めくくりをきちんとするということです。最後まで気を抜かないで事にあたってください。へたをすると、かけ声ばかりで終わってしまうようなことも、ままあるのです。

また、過去の浮気が発覚したり、仕事上のちょっとしたミスが再び取り沙汰されたりすることがあります。健康面では、古い病気の再発に気をつけてください。

★本命星・六白金星→巽宮同会（同時に八白土星被同会）◎中宮星・七赤金星の年

本命星が巽宮に回座したあなたは、同時に乾宮にはいった八白土星に被同会されることになります。この年は人間関係が活発になって、行動範囲がたいへん広くなります。公私ともに多忙の一年で、それだけに得るところも多いといえます。

貿易・通信、とくに人との折衝にたずさわる職業の人にとって、絶好のチャンスです。普段は少しぶっきらぼうで愛きょうがなく、それで損をしているあなたですが、今年は大丈夫。飾り気のない実直な性格に適度な社交性がくわわって、仕事や対人関係全般がスムーズに展開されます。信用が、今まで以上に増します。

遠方には、とくに強いツキを発揮します。遠方との取り引き、遠方からの友人、遠方からのニュースが、あなたに幸運をもたらすことを忘れないでください。

また、仕事がはかどる一方で、友人、知人からパーティーや食事に誘われたり、招待される機会が多くなります。乾宮に回座した八白土星が、嬉しいもてなしの数々を暗示しています。

若い人には、よい縁談が持ちあがります。相手はちょっと頑固なところがありますが、根は温厚で実直な人のはずです。

旅行運、吉。かならず、なにか得るところのある旅になります。

★本命星・六白金星→中宮同会（同時に七赤金星被同会）◎中宮星・六白金星の年

本命星が中宮に回座したあなたは、同時に乾宮にはいった七赤金星に被同会されることになります。この年は前年・巽宮同会の年につかんだチャンスや幸運がそのまま引き継がれて、意気揚々とスタートします。でも、残念ながらその勢いも今年の前半までで終わりです。

仕事や人間関係をいま以上に広げたり、移転や転職といった新規のことに手をだすと、思わぬ不満足な結果に泣くハメとなります。なぜなら、乾宮に回座した七赤金星が暗剣殺の凶意を帯びているからです。七赤金星には〝不足〟とか〝壊れる〟という基本的暗示があるのです。そこへもってきて暗剣殺がついているのですから、どうしてもいい運気とはいえません。

気分的にはぼんやりしていられず、なにかやりたいときでしょうが、へたに焦らず、むしろのんびりしていることです。

とくに、他人から持ちかけられた一見よさそうな話に警戒してください。また、やたら口のうまい、いわゆる調子のよい人にも油断をしてはなりません。酒席にでる機会が多くなりますが、口論などせぬうちに早々に引きあげるのが得策。

異性関係のトラブル、健康面での妨害にも万全の注意をはらってください。

★本命星・六白金星→乾宮同会（同時に本命星被同会）◎中宮星・五黄土星の年

本命星が乾宮に回座したあなたは、定位盤における六白金星、つまりあなた本来の座所にやってきました。ですから、この年はよくも悪くも本命星・六白のあなたの性格的特徴がもろにでることになります。

澄みわたった秋空のように公明正大なあなたの心、そして正々堂々とものごとにぶつかっていく、よい意味での闘争心が、あなたをより大きな仕事へと駆りたてます。もともとぼんやりしていることがきらいで、しかも実力のあるあなたですから、当然周囲の人々にもその実力が買われて、重要な仕事を任されたり、高いポストにつくことになります。

また、目下の人や自分より立場の弱い人をよくかばうので、あなたを頼っていろいろな人がやってきます。反面、ゴマすりとか人の顔色をうかがうのを潔しとしないあなたは、とかく上司や先生、目上の人々との争いが絶えないことにもなってしまいます。もちろん、ゴマすりをしろというわけではありませんが、もう少しやわらかな態度を心がけて、時には相手を喜ばせる言葉のひとつも言うようにしてください。人間関係がスムーズになって、毎日がもっと楽しくなるはずです。

交通事故、ギャンブル、投機的なことといっさいに気をつけてください。

★本命星・六白金星→兌宮同会（同時に五黄土星被同会）◎中宮星・四緑木星の年

本命星が兌宮に回座したあなたは、同時に乾宮にはいった五黄土星に被同会されることになります。この年はパーティーや会食、仲間との飲み歩き、といったちょっとした心たのしいことがいろいろ待っています。でも、おかげで仕事や勉強のほうは、ちょっとお留守になってしまいます。

また、出歩いて遊んだ分だけ、お金の逃げ足も速くなります。しかし、これはすってんてんになって困ったと思っていると、またどこかからこづかい銭が入ってくるといった調子で金運も悪くはありません。

ただ、もっとも不安なのは病気と異性問題です。乾宮に回座した五黄土星が、今年の運気にいやなカゲを落としています。遊ぶ機会が多いだけに体を壊したり、悪い異性に引っかかるということが考えられます。それも、ここでつまずくと、そのダメージはかなり大きなものになってしまうのです。

恋やアバンチュールが悪いというのではありませんが、相手に注意してください。どこか崩れたようなところがあったり、夜の世界に生きているような人は絶対にいけません。ひょっとしたら、あなたはうまく利用されかかっているのかもしれません。

官能の淵に沈む前に、本来のあなたの冷静な判断力を取り戻してください。

★本命星・六白金星→艮宮同会（同時に四緑木星被同会）◎中宮星・三碧木星の年

本命星が艮宮に回座したあなたは、同時に乾宮にはいった四緑木星に被同会されることになります。この年はなにかと一身上の変化が多く、親戚や知人からの相談ごとや、揉めごとなどを持ちこまれます。もちろん、相談ごとも悪いことばかりではありませんが、とにかくこの年は人生のひとつの節目になるときですから、慎重にすごしたいものです。

これまでなにごともなく順調にやってきた人や、とてもうまくいっていた人は気をつけるべき年まわり。ここでさらに欲をだして新しい計画を実行にうつしたり、株や相場といった投機的なことに手をだすと、かならず失敗の憂き目にあいます。しかも、この年の隆盛は長続きしないといわれていますから、たとえ一時的にうまくいっているようにみえても、ぬか喜びに終わる公算が大きいのです。

反面、これまで不遇の日々をすごしてきた人にとっては、起死回生のチャンスのときです。しっかりとした計画と準備のもとになされたことであれば、今年の変化運はあなたによい変化をもたらしてくれるはずです。その場合、かならず親戚や友人・知人が大きな力になってくれますから、エラそうな顔をせずに柔軟な態度で接するように気をつけてください。とりわけ、遠方の知人が幸運のカギをにぎっています。

★本命星・六白金星→離宮同会（同時に三碧木星被同会）◎中宮星・二黒土星の年

本命星が離宮に回座したあなたは、同時に乾宮にはいった三碧木星に被同会されることになります。この年はよい悪いはいっさいお構いなしに、あなたがこれまでしてきたこと、胸の奥深くに秘めていたことなどが、一挙に明らかにされる年まわりにあたっています。

ですから、これまでの日々よいことずくめの行いをしてきた人にとっては実にうれしい年です。

あなたがサラリーマンなら、日頃の努力が認められてかならず地位の昇進や栄転の誉れにあずかります。自由業者なら、より条件のよい仕事のアポイントメントがとれます。とくにデザイナー、ライター、書家、工芸家、音楽家といった感覚を生かす職種の人や、スポーツ選手にとってチャンスのときです。あなたの努力次第で、受賞や優勝の喜びも目前です。乾宮に回座した三碧木星が、あなたに強い前進力をつけてくれます。

一方、これまでギャンブルや悪徳商法でどぎつい儲け方をしてきた人にとっては、悪運の尽きるとき。いかさまや脱税がバレて、手ひどいパンチをくらいます。自業自得《じごうじとく》とはいえ自然の運行とは恐ろしいものです。

また、秘密の恋に身を焦がしている人も要注意。決着をつけるべきときです。

★本命星・六白金星↓坎宮同会(同時に二黒土星被同会)◎中宮星・一白水星の年

本命星が坎宮に回座したあなたは、同時に乾宮にはいった二黒土星に被同会されることになります。この年ははっきりいって、運気も体力も落ちこんだあまりいい年ではありません。いちばん気にかかるのは、健康面です。乾宮に回座した二黒土星は、仕事がかなりハードであることを暗示しています。そして、あなたの本命星には暗剣殺がついています。坎宮がもともと〝困難〟〝病気〟といった象意をもった宮だということを考え合わせると、オーバーワークからの病気が考えられます。

すこしくらい気分が悪くても気力で押し通し、仕事を休むようなことをしないあなたですが、今年ははたから「大げさだ」といわれるくらい大事をとってほしいところです。とくにかぞえ年で女性33歳、男性42歳は、ともに坎宮同会の年で厄年《やくどし》にあたっていますから、あなたがこの年齢だったら、なにをおいても健康管理に万全を尽くしてください。

つぎに気がかりなのが、人間関係。部下や同僚、それに家族や親戚に関するやっかいな問題が起こりそうです。その上、色恋沙汰のトラブルの暗示も濃厚ですから、くれぐれも悪い異性に引っかかったり、また逆の立場になったりしないようご用心。

★本命星・六白金星→坤宮同会（同時に一白水星被同会）◎中宮星・九紫火星の年

本命星が坤宮に回座したあなたは、同時に乾宮にはいった一白水星に被同会されることになります。この年は、地味ながら平和で落ちついた一年となります。今年前半はまだ昨年・坎宮同会の年の影響が尾を引いているので油断なりませんが、後半からはホッと一息といったところで、ようやく運気も好転してきます。

とはいえ、今年いっぱいなにごとも抑えぎみに、ただあたえられた仕事に精一杯の努力をしてください。〝従順〟〝致役〟といった坤宮の象意にかなった生き方をしてこそ幸運がやってくるのです。くわえて乾宮に回座した一白水星が、粘り強い忍耐力をあなたに授けます。

その結果、あなたは思わぬ人からの助けを受けることになります。

既婚者は夫婦生活が円満にいき、新たな愛の芽ばえさえ感じられます。

ただ、働きすぎからくる健康上の妨害には、前年どおり気をつけること。

今年の努力は大いに報われる

本命星・七赤金星のあなたの年運

※本文中、暗剣殺とは気学最大の凶神のひとつ。くわしくは134ページを参照してください。

★本命星・七赤金星→震宮同会(同時に二黒土星被同会)◎中宮星・九紫火星の年

本命星が震宮に回座したあなたは、同時に兌宮にはいった二黒土星に被同会されることになります。この年はもちまえの弁舌と才気で、意気揚々と世の中を渡っていく開運期にあたっています。あなたは、新しい計画に着々と手をつけ始めます。

仕事や勉強はすこしハードだけれど、それだけに手応えのあるものとなります。兌宮に回座した二黒土星が、あなたのまじめな精進に加勢しています。

人間関係もなかなか順調です。世話好きで愛きょうのあるパーソナリティーが、とりわけ上司や先生といった目上の人たちに愛されて、いろいろな面で得をします。でも反面、同僚や仲間からは、やっかみ半分の意地悪をされたりすることもあります。にぎやかなことが好きで、ちょっと目立ちたがりなところのあるあなたは、それがあまり度をすごさないように気をつけなければなりません。

また、すでに時効となって忘れていたようなことが、再び蒸しかえされるという暗示があります。友だちから昔の借金の返済をせまられたり、別れたはずの元恋人から復縁の申し出を受けたりします。

★本命星・七赤金星→巽宮同会（同時に一白水星被同会）◎中宮星・八白土星の年

本命星が巽宮に回座したあなたは、同時に兌宮にはいった一白水星に被同会されることになります。この年はとにかく対人関係が活発になって、交際の輪が拡がります。それにつれてあなた自身の行動半径も広くなり、自然、遠方に縁ができます。

広い交際のなかから仕事のチャンスをつかんだり、あなたの人生に力を貸してくれるような有能な人と知り合ったりもします。

貿易、通信、直接人と折衝する職業の人にとっては、とくに有利な年まわり。遠方との取り引きに、強いツキを発揮します。また、クラブや飲み屋でのリラックスした会話のなかから、予想外に大きな仕事上の契約が成立する場合もあります。兌宮に回座した一白水星が、カゲの取り引き、根まわし作戦を有利に導きます。

若い人には、またとない結婚のチャンスのときです。周囲から祝福された正式な結婚で、しかも本人同士の結びつきはかなり濃厚、といったしあわせな門出になるはずです。兌宮に回座した一白水星が、深い愛の喜びを暗示しています。

反面、既婚者は新しい愛の誘惑に悩ましい日々をすごすことになりそうです。たとえ遊びのつもりでも、いったん深い仲になってしまうとなかなか別れられないのが、この時期の恋愛の特徴。セクシーな異性の接近には、くれぐれもご用心。

★本命星・七赤金星→中宮同会(同時に九紫火星被同会)◎中宮星・七赤金星の年

本命星が中宮に回座したあなたは、同時に兌宮にはいった九紫火星に被同会されることになります。この年はあなたの人をそらさぬ巧みな社交性と、またちょっとわがままなところとが強調されて、あまり平穏な一年とはいえません。環境的にも、変化運のとき。思いがけない事のなりゆきに、あなたは戸惑ってしまうかもしれません。くわえて、兌宮に回座した九紫火星が暗剣殺の凶意を帯びているので、変化の多くは喜ばしいものとは思われません。まず、株や証書、手形、その他書類いっさいについて、管理に抜かりがないか点検してみてください。もし、不安材料が少しでもあったら、早めに手をうって安全を保つこと。ほうっておくと、やっかいなトラブルが生じて、あなたはたいへんな苦境に立たされることになります。

また、薬品にまつわる悪い暗示もありますから、すぐに売薬を買って飲む習慣のある人、化学薬品を扱う仕事についている人は厳重な警戒が必要です。女性の場合、化粧品によるかぶれなども考えられますから、気をつけてください。

移転、新築、転職など、新規の計画にはいっさい手をつけてはなりません。

親しい人との別れがあるかもしれません。

★本命星・七赤金星↓乾宮同会（同時に八白土星被同会）◎中宮星・六白金星の年

本命星が乾宮に回座したあなたは、同時に兌宮にはいった八白土星に被同会されることになります。この年はあなた自身の気分も高揚し、また仕事や不動産にからんだ大きな話が不意に持ちあがってきたりして、ちょっと見には活気のある年まわりのように感じられるはずです。

でも、気をつけてください、あなたが意気込んで、ここ一番、と身を乗りだした途端に、それをひっくり返すような突然の災難が降りかかってくる可能性が大です。

というのも、今年はあなたの本命星が暗剣殺の凶意を帯びているからです。七赤金星には〝壊れる〟〝刃物〟といった基本的暗示があり、昔から七赤金星についた暗剣殺はもっとも破壊力が大きいといわれています。ですから、あなたがこれまで築いてきた計画を実行に移すには、まったく不適当な時期だといえます。しかも、途中まではとんとん拍子に事がはこび、急に悪化するというのが今年の特徴ですから、ゆめゆめ油断はなりません。

また、目上の人や兄弟、親戚とのコミュニケーションをうまく保ってください。余分なおしゃべりやですぎた態度は、トラブルのもととなります。

交通事故にも要注意。ドライブのデートは、一年間がまんしてください。

★本命星・七赤金星→兌宮同会(同時に本命星被同会)◎中宮星・五黄土星の年

本命星が兌宮に回座したあなたは、定位盤における七赤金星、つまりあなた本来の座所にやってきました。ですから、この年はよくも悪くも本命星・七赤のあなたの性格的特徴がもろにでることになります。

頭の回転がよくて社交上手、仲間と集まって飲んだり食べたりといったことが大好きなあなたにとって、今年はとてもうれしい年。仕事よりは、遊びに身がはいります。でも、それでなんとかかんとか安泰にやっていくのですから、悪くありません。ただ、今年前半はどうしても昨年の凶運が、多少の尾を引きます。

仕事は、あまり大きなことに手をつけないでください。ちょっと気がゆるんでいるので、つまらないミスをしてしまいます。また、あまり小才を弄するようなまねは慎むこと。かえって、あなたの評判を落としてしまいます。

ネオン輝く夜の都会と魅惑的な異性があなたのハートを熱くさせるのも、この年。甘いささやきと深い吐息、恋のムードは満点です。それなのに、二人だけの愛の契《ちぎ》りのなかでさえ、なぜかあなたの心に忍びよる一抹のさびしさは、この恋があまりに現実味を欠いたものだからかもしれません。享楽の色彩濃い、忍ぶ恋に終わってしまう可能性もあります。兌宮が暗示する恋は、精神的充実を欠いているのです。

★本命星・七赤金星→艮宮同会(同時に六白金星被同会)◎中宮星・四緑木星の年

本命星が艮宮に回座したあなたは、同時に兌宮にはいった六白金星に被同会されることになります。この年はあなたが望むと望まざるとにかかわらず、一身上の変化が生じてくるときです。それも、かなり大きな変化になるはずです。それにともなって、あなた自身もいろいろ身の処し方を決断しなければならなくなってきます。

仕事や不動産に関することで、なにか大きな話が持ちあがりそうです。でも、あまり欲をださないでください。とくに、これまで順調にやってきた人は控えめにして、なるべく現状維持の方向へもっていくように心がけることです。いままでの快調な人生航路に、ストップがかかるときでもあります。新しいことを、あえて敢行する時期ではありません。

反面、これまでなにをやってもうまくいかなかったという人にとっては、うれしい新生のチャンス到来。思いきって計画を実行に移して、予想以上の好結果を得ることになるでしょう。その場合、欲ばったり我を通したり、また独断で行動にでることを堅く慎んでください。かならず、家族、知人と十分な相談のうえ行うことです。兌宮に回座した六白金星が、とくに上司や先生といった目上の人、年長の人の力と引き立てを暗示しています。長上の意見を尊重することによって、開運成ります。

★本命星・七赤金星→離宮同会(同時に五黄土星被同会)◎中宮星・三碧木星の年

本命星が離宮に回座したあなたは、同時に兌宮にはいった五黄土星に被同会されることになります。この年はあなたがこれまでしてきたことのすべてが、世間に公表されてしまう年まわりにあたっています。ですから、この年がよくなるも悪くなるも、すべて今日までのあなたの行いにかかっているといえるわけです。

過去よい種ばかりをまいてきた人にとっては、美しい花と豊かな実りという果報《かほう》に恵まれるうれしい一年。あなたがサラリーマンなら昇進、栄転があります。自由業者のあなたには、待ち望んでいた仕事の到来と、よい評判が約束されます。ライター、デザイナー、カメラマン、ダンサー、歌手、役者といった特殊な感性を生かす職についている人にとっては、とくに華やかな名声や受賞に輝くチャンスのときです。ただし、思わぬ名誉にはしゃぎすぎたり、まして傲慢な態度をとったりは決してしないこと。兌宮に回座した〝破壊の星〟五黄土星が、あなたを得意の絶頂から奈落の底へと突き落とします。親しい人との別れがあるかもしれません。

一方、これまで脱税、あくどいやり方の商売、浮気などといった悪い種ばかりをまいてきた人にとっては、地獄の審判にかかるとき。悪あがきせず、よくよく自分自身を見つめ直し反省し、そしてぜひとも新生を誓ってほしいところです。

★本命星・七赤金星↓坎宮同会(同時に四緑木星被同会)◎中宮星・二黒土星の年

本命星が坎宮に回座したあなたは、同時に兌宮にはいった四緑木星に被同会されることになります。この年はあまり派手な動きはみられないとはいえ、人間関係が活発になって、意外に仕事ははかどります。ただ、極端に大きなことや表だったことには手をだすべきではなく、豊富で幅広い交際関係のなかからすぐれた人材を見つけ出してコネクションをつけたり、それらの人々から知識を吸収する程度にとどめたほうが賢明。将来のあなたに、大きな成功と幸運とを約束することになります。遠くの知人から、よい知らせがきそうです。

また、異性関係が活発になります。それもどちらかというと官能的方面に強く、夜ごとの甘くせつない経験をすることになります。でも、人によってはそのおかげで大きな苦悩を背負ってしまったり、その気はなかったのに結婚を迫られてどうにもならず式をあげてしまった、などということもあります。もちろん、この年の幸福な結婚も多く、夫婦の結びつきは身も心も堅固なものとなるはずです。兌宮に回座した四緑木星が、恋人たちに正式な結婚を暗示しています。

ただ、体力的にはこの年やや落ちこんでいますから、健康管理には十分気をつけてあまり無理をしてはいけません。恋人との逢瀬《おうせ》もほどほどに、といったところです。

★本命星・七赤金星→坤宮同会(同時に三碧木星被同会)◎中宮星・一白水星の年

本命星が坤宮に回座したあなたは、同時に兌宮にはいった三碧木星に被同会されることになります。この年は、地に足のついたやり方でじっくりと仕事に身がはいるときです。仕事や勉強に対する意欲も徐々にわいてきて、今年の中ごろからは運気も本調子になってきます。それにつれて、外部からもなにかと頼みごとや相談ごとを受けるようになって、ますます忙しくなります。

兌宮に回座した三碧木星が、あなたに若々しい活動力を約束しています。また、ちょっとびっくりするようなことが、もたらされます。それは、おそらく家族に関するささやかな喜びごとでしょう。

忙しいが、嬉しいことも多い年

今年は基礎がための年とわきまえて、欲ばらず地道な努力をつづけていれば、まずは安泰。多少の苦労は、将来の幸運の布石と考えて甘んじて受けること。

オーバーワークで疲労ぎみです。睡眠を十分にとってください。

本命星・八白土星のあなたの年運

※本文中、暗剣殺とは気学最大の凶神のひとつ。くわしくは134ページを参照してください。

★本命星・八白土星→震宮同会（同時に四緑木星被同会）◎中宮星・一白水星の年

本命星が震宮に回座したあなたは、同時に艮宮にはいった四緑木星に被同会されることになります。この年はようやく運気回復、いよいよ新しい目標に向かってスタート、といったときです。

ただ、この年の前半はどうしても前年、坤宮同会の年の凶運が尾を引きますので、あまりはかばかしくないかもしれません。

でも、人間関係は活発になって好ましい交際の輪が着実に拡がっていきます。そして、あなたの冷静沈着な態度、実直な人柄が高く評価されて、これまで以上に信用が増してきます。艮宮に回座した四緑木星が、豊富な人脈と遠方からのよい便りを暗示しています。

移転、新築、転職、開店、大旅行など、新規の計画を実行に移すのによいときです。ただし、事の進展にはやや時間がかかりますから、焦らずじっと待つ余裕が必要。本命星・八白土星の人のなかには、ときどきひどく飽きっぽい人がいますから、思いあたる節のある人は気をつけてください。気長に、それでいて着実に事にあたるようにすれば、かならず満足のいく結果が得られます。

★本命星・八白土星↓巽宮同会(同時に三碧木星被同会)◎中宮星・九紫火星の年

本命星が巽宮に回座したあなたは、同時に艮宮にはいった三碧木星に被同会されることになります。この年は昨年・震宮同会の年から引きつづき好調。対人関係がますます活発になって、あなたの行動半径もグンと拡がります。そして、あなたの身についた信用というものが功を奏して、思いがけないよい仕事が転がりこんできたりします。多少むずかしい仕事でも、いまのあなたにはそれを成し遂げるだけの気力と運気とが備わっています。思いきって、大きなことに挑戦してごらんなさい。艮宮に回座した三碧木星が、あなたに若々しい進取の気象をもたらします。

商売をしている人は、遠方との取り引きが有利。めんどうくさがらずに、小まめに連絡をとったり、実際に足をのばしたりするのが成功のコツ。

移転、新築、転職など、新規の計画を実行に移すのにはもちろんよい年です。来年になると、運気がちょっと落ちこみますから、なにか計画のある人は、今年もあまり押しつまらないうちにしてしまわなければなりません。

若い人には、すばらしい結婚のチャンスがあります。見合いにしろ、恋愛にしろ、すがすがしいフレンドシップの愛です。旅行運にツキがありますから、旅先で生涯の伴侶となるすてきな異性にめぐり会う可能性も大。

★本命星・八白土星→中宮同会（同時に二黒土星被同会）◎中宮星・八白土星の年

本命星が中宮に回座したあなたは、同時に艮宮にはいった二黒土星に被同会されることになります。この年は、あなたにとって油断のならない年です。運気的にはかなり活発で、仕事は忙しく対人関係もさかんなはずです。そして、あなたの身の回りでは、大小さまざまな変化のきざしがみえてきます。

これまでの運勢が好調だっただけに、あなたはつい軽い気持ちで、なにか新しいことに手をだしてしまうかもしれません。でも、気をつけてください。今年の変化は、あまりよい方向への変化にはならないはずです。艮宮に回座した二黒土星が暗剣殺の凶意を帯びて、あなたの計画をひっくり返そうとしています。

移転、新築、転職といった新しいことや、大きなことに手をつけてはなりません。そして、あなたのやや慢心した気持ちをすぐに改めてください。家族、親戚をふくむあらゆる人間関係での、トラブルの原因になりかねません。

また、不動産に関する問題がでてくるはずですが、話にのってはいけません。

今年は、もちまえのしんぼう強さと、なにごとも丁寧にこなす長所を十分に生かして、事にあたるようにしてください。我を通そうとしたり、へんに理屈をこねたりすると、ますます運気は傾いていってしまいます。

★本命星・八白土星→乾宮同会(同時に一白水星被同会)◎中宮星・七赤金星の年

本命星が乾宮に回座したあなたは、同時に艮宮にはいった一白水星に被同会されることになります。この年は公私ともに多忙で、それだけに実のあがる満足のいく一年になります。なにか大きな仕事に縁ができ、おかげであちこち走り回らなければならなくなり、あなたはうれしい悲鳴をあげることになるでしょう。

それにともなって、クラブや料亭で飲んだり食べたりといった機会が増えます。適度にアルコールなど入って打ちとけた雰囲気のなかで、仕事上の大きな話がまとまることがあります。今年は、表だった活動、取り引きとともに、カゲの取り引きにも強いツキを発揮するという、仕事をしている人にとってとても有利なときです。艮宮に回座した一白水星が、内密の交渉成立と強い部下の協力とを暗示しています。

ただ、いくらうまくいっているからといって、独断や横柄な態度は決してとらないように注意してください。とくに、目上の人や上司との争いは、部下や年下の人たちとあなたの関係にも、ひびを入れることになり、そうなると一白水星の〝困難〟という象意が、もろにでてくることになってしまいます。

移転、新築、転職など新規の計画の実行も悪くありません。ただ、本命星・八白の人のなかには、ときどき山師のような人がいますから、ギャンブルには要注意。

★本命星・八白土星→兌宮同会（同時に九紫火星被同会）◎中宮星・六白金星の年

本命星が兌宮に回座したあなたは、同時に艮宮にはいった九紫火星に被同会されることになります。この年は結婚式、クラス会、祝賀パーティーといったいろいろな集まりや、会食のチャンスの多い心たのしい一年となります。日頃ちょっと気むずかしがり屋のあなたも、今年はリラックスして思いっきり他愛ないおしゃべりに花を咲かせ、陽気な笑い声のなかですごすことになります。

艮宮に回座した九紫火星が、あなたのこの一年に、より一層の明るさと華やかさを添えます。九紫には〝安泰〟という意味もあり、今年はその意をくみたいとき。

さて、喜びごとに招待したりされたり、外出がふえれば楽しい反面、出費も当然かさみます。でも、よいことにボーナスが予想外に多かったり、知人からアルバイトを頼まれたりして、遊ぶお金に不自由はありません。

一方、頭の回転はよくなりますが、仕事や勉強には身がはいりません。にぎやかなこと、きらびやかなことに気をひかれて、とても落ちついて机に向かう気分にはなれないのです。仕事上でのケアレス・ミスに気をつけてください。

ムード満点の豪華なロマンスが、あなたを待っています。でも、意外に家庭的なあなたにとって、やや享楽的なその恋は悩みのタネになってしまうかもしれません。

★本命星・八白土星→艮宮同会（同時に本命星被同会）◎中宮星・五黄土星の年

本命星が艮宮に回座したあなたは、定位盤における八白土星、つまりあなた本来の座所にやってきました。ですから、この年はよくも悪くも本命星・八白のあなたの性格的特徴がもろにでることになります。

運気的には、変化運。あなたの一身上に、さまざまの変化が生じてきます。それも、かなり大きな変化になりそうです。このときのあなたの対処のし方いかんで、運気もガラリと変わってしまうので慎重にしたいところです。

具体的にどうするかといえば、もしあなたがこれまでなにごとも順調にやってきたのだったら、あえて変化の気運に振りまわされることなく、退守の姿勢をつらぬいてください。今年の変化は、悪い方向への変化となる可能性が高いのです。

移転や新築、転職なども、いっさいいけません。一見よさそうに思える話でも後でトラブルのタネとなるような要素を含んでいる場合が多いので、あれこれ迷わず、スッパリ切りすてることです。

一方、これまで不運つづきだった人にとっては、起死回生《きしかいせい》のチャンスのとき。強い決断力で変化を受けとめてください。かならず、よい変化となります。でも、やまっ気だけで、出たとこ勝負の甘い見通しで事をなすと大失敗に終わりますから要注意。

★本命星・八白土星→離宮同会（同時に七赤金星被同会）◎中宮星・四緑木星の年

本命星が離宮に回座したあなたは、同時に艮宮にはいった七赤金星に被同会されることになります。この年は酒食をともなった華やかな交際が活発になる、なかなか楽しい一年となります。

しかも、仕事にしろ趣味にしろ、これまで一生懸命なにごとかに打ち込んできた人にとっては、それが広く世間に認められるという、満足できる年でもあります。とくに踊りや歌、芝居といった芸ごとに関係のある人、学者やデザイナー、ライターといった頭脳や感性を生かす職業についている人にとっては、ラッキー。思わぬ受賞やよい評判に、周囲がざわめきます。

反面、文書に関するトラブル、訴訟問題といった暗示もありますから、心あたりのある人は気を引き締めてください。

また、心ときめく甘い誘惑があります。駆け落ちという暗示もありますが、ここは結婚して家をはなれる、とみたいところ。

努力が認められる大満足の年

★本命星・八白土星→坎宮同会（同時に六白金星被同会）◎中宮星・三碧木星の年

本命星が坎宮に回座したあなたは、同時に艮宮にはいった六白金星に被同会されることになります。この年は体力、気力ともになんとなく沈んだすっきりとしない一年になります。でも、その割に仕事は案外順調で、とくにカゲの取り引きが功を奏したり、会食中のよもやま話からよい話が転がりこんできたりします。

ただし、あなたの態度やことばつきには十分な注意が必要で、目にあまるハッタリや欲ばったようすは決して見せないこと。

この年、人間関係で対立が生じると、にっちもさっちもいかないところまで追いつめられてしまいます。艮宮に回座した六白金星が、争いごとを暗示していますから、くれぐれも用心のほどを。

一方、プライベートな人間関係もなかなかさかんで、酒を酌み交わしながらじっくりと話しこんだりする機会がふえます。でも、他人の悩みごとや相談ごとにあまり深く首をつっこむと、あなたもその問題に巻き込まれて、とんでもない苦境に立たされることになってしまいます。酒の席でのつきあいは、尾を引かないようにサラリとかわしてください。

くわえて、異性関係がたいへんデリケートになります。官能の誘惑に溺れやすいときで、喜びと苦悩が背中合わせです。女性は妊娠しやすくなります。

★本命星・八白土星→坤宮同会(同時に五黄土星被同会)◎中宮星・二黒土星の年

本命星が坤宮に回座したあなたは、同時に艮宮にはいった五黄土星に被同会されることになります。この年は、あなたにとってもっとも警戒を要する年まわりにあたっています。なぜなら、あなたの本命星には暗剣殺がつき、一方、艮宮に回座しているのは〝破滅の星〟五黄土星です。

ですから、今年はとにかく現状維持の方向でいくしかありません。移転や増改築、転職といった大きな変化をともなうことや、新しいことに着手するのは、いっさい差し控えてください。困ったことに、あなた自身は案外意欲的であれこれやりたい気分になっているはずですが、結果の保証はまったくありません。

また、仕事や勉強がかなりハードで、オーバーワーク気味です。実は、今年いちばん心配なのは健康面についてなのです。無理をしていると、回復に時間のかかる頑固な病気にかかるおそれがあります。とにかく、今年は仕事よりなにより〝健康第一〟をモットーに、健康管理に万全を尽くしてください。

不動産に関するトラブル、家族とのいざこざといったいやな暗示もありますが、あまりびくびくして毎日を送るのも、かえってよくありません。むしろ、のんびり今年いっぱいなにもしないで休養しよう、というくらいの気持ちでいるとよいでしょう。

※本文中、暗剣殺とは気学最大の凶神のひとつ。くわしくは134ページを参照してください。

本命星・九紫火星のあなたの年運

★本命星・九紫火星→震宮同会(同時に六白金星被同会)◎中宮星・二黒土星の年

本命星が震宮に回座したあなたは、同時に離宮にはいった六白金星に被同会されることになります。この年は活動力旺盛、なにごともスピーディーにはかどる盛運期です。いままで胸のなかで温めていたことや、してみたいと思っていたことを実行に移すのに最良のときです。

移転、新築、転職、開業など人生上の大改革を行うのも、もちろん可。上司や先生といった目上の人たちの強い援助が得られます。離宮に回座した六白金星が、あなたに長上の引き立てを約束しています。

でも、すこし派手好きでわがままなところのあるあなたは、ときに目上の人たちと争いをおこしてとんでもないドジを踏んでしまうことがあるので、軽率な言動に気をつけてください。また周囲の環境に影響されやすいというのもあなたの特徴なので、つねに信頼のできる人格的に高い人のそばにいるように心がけることです。

仕事は、たいへん忙しくなります。そして、あなた自身率先して仕事や勉強に取り組むことになりますが、あまり一時に熱中しすぎるとまっとうできなくなります。

★本命星・九紫火星↓巽宮同会（同時に五黄土星被同会）◎中宮星・一白水星の年

本命星が巽宮に回座したあなたは、同時に離宮にはいった五黄土星に被同会されることになります。この年はあなたの機知に富んだ会話や華やかな雰囲気が大いに功を奏して、快調にすべりだします。交際関係が活発になって、あなたも西へ東へと走り回らなければならないことになります。

仕事、レジャーの両面で遠方に縁ができます。とくに仕事面では海外やはじめての土地、家からずっと離れたところでよい話にぶつかることが多いものです。ただ、今年の運勢で気にかかるのは、離宮に回座した五黄土星の存在です。ご存じのように、五黄土星は、腐敗・破滅の星。この星の凶意が強くでると、旅先であなたを利用しようと企んでいるずるい人物に出会ったり、健康面での妨害にあうことになりますから、うまくいっているからといって慢心してはなりません。

また、この年はちょっと決断力がにぶるときでもありますから、いったん決めたことはすぐに実行に移すように心がけてください。

若い人には、縁談が持ちあがります。ただし、相手は相当の遊び人かもしれませんから、くれぐれも人柄をよく見定めてから決めてください。また、相手は過去に大恋愛の経験のある人の場合が多いのも特徴です。再婚を願う人には、チャンスのとき。

★本命星・九紫火星→中宮同会（同時に四緑木星被同会）◎中宮星・九紫火星の年

本命星が中宮に回座したあなたは、同時に離宮にはいった四緑木星に被同会されることになります。この年はあなたの身のまわりに大なり小なり変化のきざしがみえるときで、あなた自身の気持ちも落ちつかず、なにか変わったこと、珍しいことがしてみたくなります。

人間関係は昨年・巽宮同会の年に引きつづき、活発。ただし、交際面でのトラブルに気をつけなければならない点も昨年同様で、当時気づかなかった人間関係にまつわる困難な事態が、この年になって表面化してくることがあります。また、昨年からのつき合いの人にペテンにかけられるようにして、金品を巻きあげられたりすることもありますから、要注意。離宮に回座した四緑木星が暗剣殺の凶意を帯びて、対人関係に暗いカゲを落としています。大切な友人、知人との別離という暗示もあります。

移転、新築、転職など、新しい大きなことにはどれも着手してはなりません。運気的には人間関係が活発になっていますが、その実、波乱含みのものですから、できるだけ控えめにすること。共同事業は、絶対不可。

また、ときにはあなたの調子にのったですぎた態度が、長いつき合いの友人や家族にまで、嫌がられることがありますから、自分の言動にも要注意です。

★本命星・九紫火星↓乾宮同会（同時に三碧木星被同会）◎中宮星・八白土星の年

本命星が乾宮に回座したあなたは、同時に離宮にはいった三碧木星に被同会されることになります。この年は運気盛大、もちまえの先見の明にすばらしい行動力がプラスされて、どんどん仕事をこなしていきます。

公私ともに忙しく、出歩く機会がグンと多くなります。仕事に関しても順風満帆、思いどおりに進展していきますが、あまりに仕事一本やりだと、家族や友人から〝ワーキング・マシーン〟などといわれてしまうかもしれません。

移転、新築、転職、事業の拡張など新規の計画の実行、大いに吉。

でも、忙しさにかまけて健康管理がおろそかになりがちなときですから、とくに過去大病をした人や持病のある人は、再発や悪化を警戒してほしいところです。離宮に回座した三碧木星が、若々しい推進力をあなたに授けるとともに、病気や悩みごとの再燃をも警告しています。

周囲の人々との口論、けんかに要注意。舌先三寸のうまいことばは、ご法度《はっと》です。とかく軽率な行動にでやすいときですから、とりわけ上司、先生、年上の親戚といった長上に対する態度には気をつけてください。

注意力が、やや散漫になっています。外出中は、とくに交通事故にご用心。

★本命星・九紫火星→兌宮同会（同時に二黒土星被同会）◎中宮星・七赤金星の年

本命星が兌宮に回座したあなたは、同時に離宮にはいった二黒土星に被同会されることになります。この年は酒、異性、ギャンブル、けんかといったことに縁のある困った年まわりにあたっています。もちろん、アルコールも適度だったら人生の潤滑剤になるし、すてきな異性はいたほうがいいに決まっています。でも、今年のあなたはついていません。とかく、そういったものすべてが、トラブルにつながってしまうのです。

精神的にも不安定で、落ちついて仕事や勉強に身がはいりません。やや躁鬱ぎみで、むっつりと沈み込んでいるかと思えば、急にそわそわ遊びじたくを始めたりします。そのうえ、午前さまがつづいたり、へべれけになって帰ってきたりするので、家庭内での争いも絶えないようなことになってしまいます。

兌宮に遁甲したあなたの本命星は暗剣殺の凶意を帯び、離宮にはいった二黒と相まって家庭運に暗いカゲを落とします。

この年の恋は、どんなに燃えるようなものであっても成就はむずかしいとみます。当人同士に問題がない場合は、なんらかの横ヤリがはいると判断されます。

精神的にも重圧のかかる年ですから、さらに体をこわしたりしないよう要注意。

★本命星・九紫火星→艮宮同会(同時に一白水星被同会)◎中宮星・六白金星の年

本命星が艮宮に回座したあなたは、同時に離宮にはいった一白水星に被同会されることになります。この年は進むか止まるか、といったふたつにひとつのことを迫られるようなことが、しばしば生じます。あなたの一身上に関することで、いろいろな変化がおこってくるのです。

この時期には、優柔不断な態度は禁物。やるかやらないかいったん決断したら、もう迷ってはいけません。しかし、その決断は今後のあなたの人生に大きな影響を及ぼすひとつの節目となるはずですから、慎重を期さなければなりません。

もし、あなたがこれまでなにごとも思いどおりにうまくやってきたのであれば、今年の変化運はよい方向への変化とはなりません。できるだけ現状の維持に力を尽くしてください。移転、転職など、新しいことにはいっさい手をつけてはいけません。

でも、これまで不遇の日々を送ってきたような人は、思いきって事をなし、意外な成功をみるときです。いわば、起死回生《きしかいせい》のチャンスなのです。プライベートな人間関係に、大いに期待がもてます。離宮に回座した一白水星が、内輪の交際による幸運と部下や年下の人たちからのあたたかい援助を暗示しています。頑固な言動、不遜な態度を改めて、心を割って相談に応じてもらうとなにごともうまくいきます。

★本命星・九紫火星→離宮同会(同時に本命星被同会)◎中宮星・五黄土星の年

本命星が離宮に回座したあなたは、定位盤における九紫火星、つまりあなた本来の座所にやってきました。ですから、この年はよくも悪くも本命星・九紫のあなたの性格的特徴がもろにでることになります。

運気的には、隆盛運。とくに直感やひらめきにいいものがあり、コピーライター、デザイナー、ミュージシャン、ダンサーといった特殊な感性と個性をうりにする職業の人にとっては、うれしい躍進の年。なんらかの受賞の栄誉に輝くかもしれません。

もちろんサラリーマン、OL、家庭の主婦、学生といった人たちにも、昇進やよい評判にめぐまれるラッキーな年です。これまでコツコツと努力をしてきた人にとっては、まさにそれが大輪の花を咲かせるときなのです。

ただし、この年は密かにあたためていたことや、秘密にしていたことのすべてが顕在化するときですから、過去悪いことばかりをしてきた人は、おのが罪業《ざいごう》に苦しめられる試練のときとなります。浮気、脱税、ギャンブルなどの不始末がある人は覚悟を決めてください。

総体によいことの多い華やかな一年になりますが、あなたの派手好みで見栄っぱりな部分があまり強調されると、意外に内容の空疎な日々になってしまいます。

★本命星・九紫火星→坎宮同会（同時に八白土星被同会）◎中宮星・四緑木星の年

本命星が坎宮に回座したあなたは、同時に離宮にはいった八白土星に被同会されることになります。この年はプライベートな人間関係が親密になって、そんなところから仕事上の意外にいい話や、割のいいアルバイトの口などがかかったりするときです。でも、運気絶好調とはいかず、気分もなんとなく沈みがち。クラブやスナックで、とりとめもなくすごす時間が多くなりそうです。

甘い誘惑にご用心

異性関係にも要注意。あなたのなんとなく物足りない心が、そしてあなたのそこはかとないアンニュイな雰囲気が、男と女、お互いに引き合ってしまうのです。ズバリ、セックス重視のプレイ・ラブ。相手は意外にお天気屋です。

離宮に回座した八白土星が、あなたになにか二者択一を迫るような事態と、不動産に関する問題を暗示しています。しかし、今年は大きな動きを避けて、地道にじっくり、という姿勢をつらぬいてください。

★本命星・九紫火星→坤宮同会(同時に七赤金星被同会)◎中宮星・三碧木星の年

本命星が坤宮に回座したあなたは、同時に離宮にはいった七赤金星に被同会されることになります。この年は、じっくりと、仕事や勉強に打ちこめる平穏な一年になります。成果は、地味ながら着実にあがってきます。とかく熱しやすく冷めやすいところのあるあなたですが、この時期はとくにそれをいましめてください。コツコツと一歩一歩、ていねいにやっていくのがよいのです。なにごとについても、手抜きをしてうまくごまかしたりするのは最悪です。坤宮には〝従順〟〝労働〟という象意があるので、その意にかなったようにやっていけば間違いないのです。

また、人間関係での喜びも多く、とくに家族団らんといった、ほのぼのとしたもののありがたさを噛みしめるときです。夫婦は恋人同士のように甘く、恋人同士は夫婦のように打ちとけ仲むつまじく寄り添います。離宮に回座した七赤金星が、あたたかいマイホームの絵を暗示しています。

ただひとつ心配なのは、健康面。働きすぎによる疲労や、それに誘発されるさまざまな病気に気をつけなければなりません。あまりこんをつめずに、すこしリラックスして働くようにしてください。そして、ちょっとでも具合の悪いところがあったら、早めに医師の診断を仰ぐことです。

3章　あなたにとっての吉方・凶方を明かす

祐気法の実際

❖あなたの欲望をかなえる祐気法とは

他の多くの占術にくらべて、気学のきわだった特徴は後天的開運術にある、と本書のはじめで述べました。それがこれから説明する祐気法《ゆうきほう》で、方位のつかい方ひとつで運はよくも悪くもなります。〝吉凶、動より生ず〟といわれますが、まさに気学が方位学ともよばれるゆえんです。

祐気法とは一言でいえば、人間の欲望にこたえる方術です。どの方向へいけばどのような幸運がつかめるか、また、どの方向へいけば病気や事故といった災厄《さいやく》に見舞われてしまうのか、これらすべてをズバリ教えてくれるのです。

しかし、〝吉凶、動より生ず〟とはいっても、いったいどうして旅行や移転をすることによって人の運勢が変わってしまうのでしょうか——。それは、同会法のところでも少しいいました地球をとりまく磁気作用によります。

年・月・日といった時間的なへだたりでも磁気のはたらきは大きく変わりますが、また、方向・距離といった空間的なへだたりでも磁気のはたらきは大きく変化します。これを利用して、あらかじめ調べておいた吉方へ旅行や移転をするのが祐気法です。よい方向へいった人は、天地自然のよい気《き》を十分に受けるわけで、当然運気は向上します。

❖〝気〟ということ

ここで〝気《き》〟ということについて、ちょっと考えてみましょう。気学の〝気〟であり、気学は別名〝大気学〟ともいわれています。すると、大気＝空気が連想され、目には見えないけれど、なにかしら霊妙なはたらきのあるもの、というイメージがなんとなくわかります。でも、ほんとうはもう少し複雑です。

中国では昔から、〝精気神《せいきしん》〟ということをいいました。〝精《せい》〟とは、肉体をさします。そして〝神《しん》〟は心です。その〝精〟と〝神〟をつなぐものが、〝気〟、すなわち、肉体と心とをつなぐ目には見えない、〝なにものか〟です。現代科学は、これらについていろいろな角度から研究をすすめています。

けれども、この宇宙には、現代科学をもってしてもまだまだ説明のつかないことがたくさんあります。実のところ、宇宙的視野からみれば、現代の科学など未熟なものかもしれません。物理学、電子工学、心理学、超心理学、宗教学などの分野で、いま少しずつこれらのことが解明されてきています。

あなたの望みをかなえる〝祐気法〟の基本

気学の基本は、九星盤と本命星です。九星盤は、祐気法の場合、とくに方位盤《ほういばん》ともよばれます。

祐気法では、方位盤のそれぞれの宮にめぐった九星から、吉方・凶方を割りだします。つまり、あなたの本命星にとって相性のよい星がめぐった宮（方位）が、あなたにとっての吉方です。この見方は、年盤、月盤、日盤とも同様です。

❖五行の相生と相剋が明かすあなたの吉方・凶方

さて、では自分の本命星にとって相性のよい星とはなにか、考えてみることにしましょう。

すでにご存じのとおり、気学で使用する星は九種類です。そして、気学の基本に陰陽五行説《いんようごぎょうせつ》があることも第一章で述べました。この五行説では、宇宙のすべてを木《もく》・火《か》・土《ど》・金《ごん》・水《すい》という五つの要素で説明します。

ですから、気学の九星も、それぞれ五行のいずれかに属することになります。すなわち、つぎのとおりです。

一白水星↓五行の〝水性〟に属する。

二黒土星・五黄土星・八白土星↓五行の〝土性〟に属する。
三碧木星・四緑木星↓五行の〝木性〟に属する。
六白金星・七赤金星↓五行の〝金性〟に属する。
九紫火星↓五行の〝火性〟に属する。

そして、これら木・火・土・金・水の五行には〝相生《そうじょう》〟といって互いに助け合うような相性のよい関係と、〝相剋《そうこく》〟といって互いに対立し、傷つけ合う相性の悪い関係とがあります。

五行の相生と相剋は、つぎのようなはたらきをします。

木《もく》生《しょう》火《か》（木は火を生みだす）
火《か》生《しょう》土《ど》（火は土を生みだす）
土《ど》生《しょう》金《きん》（土は金を生みだす）
金《きん》生《しょう》水《すい》（金は水を生みだす）
水《すい》生《しょう》木《もく》（水は木を生みだす）

木《もく》剋《こく》土《ど》（木は土を剋する）
土《ど》剋《こく》水《すい》（土は水を剋する）
水《すい》剋《こく》火《か》（水は火を剋する）
火《か》剋《こく》金《きん》（火は金を剋する）
金《きん》剋《こく》木《もく》（金は木を剋する）

さらに、これを九星にあてはめて表にしたものが、次ページの「九星相生相剋表」です。祐気《ゆうき》というのは〝助け合う気〟という意味ですが、この祐気のなかにも生気《せいき》・和気《わき》・退気《たいき》とあって、吉の度合いは生気がいちばん強いのです。これに対して、剋気《こっき》は〝傷つけ合う気〟という意味で、これには死気《しき》と殺気《さっき》があり、殺気は大凶です。

九星相生相剋表

吉凶／九星	祐気			剋気	
	生気	和気	退気	死気（凶）	殺気（大凶）
一白水星	六白・七赤		三碧・四緑	九紫	二黒・五黄・八白
二黒土星	九紫	八白	六白・七赤	一白	三碧・四緑
三碧木星	一白	四緑	九紫	二黒・五黄・八白	六白・七赤
四緑木星	一白	三碧	九紫	二黒・五黄・八白	六白・七赤
五黄土星	九紫	二黒・八白	六白・七赤	一白	三碧・四緑
六白金星	二黒・八白	七赤	一白	三碧・四緑	九紫
七赤金星	二黒・八白	六白	一白	三碧・四緑	九紫
八白土星	九紫	二黒	六白・七赤	一白	三碧・四緑
九紫火星	三碧・四緑		二黒・八白	六白・七赤	一白

右の表は、祐気法を知るうえでもっとも大切なもののひとつです。なぜなら、この表をもとにして、方位の吉と凶を割りだすからです。たとえば、あなたの本命星が一白水星だとします。表をみますと、六白と七赤が生気となって、大吉であることがわかります。この場合、あなたは年盤（月盤・日盤）をみて、六白か七赤が回座した方位へいけば、幸運に恵まれることになるのです。

❖もっとも恐ろしい災厄をもたらす七大凶殺方位

さて、五行の相生と相剋から割りだす吉凶の方位については、わかりました。あなたの本命星にとって、剋気の星がめぐった方位が凶方で、とくに殺気が大凶であることもわかりました。

が、凶方はこれだけではありません。気学では〝七大凶殺方位《しちだいきょうさつほうい》〟というのを、とくに定めているのです。そして、この凶方は前述の剋気の凶意よりもよほど凶意の強いもので、たとえ九星の相生による吉方であっても、決してつかってはなりません。

①五黄殺《ごおうさつ》

九星盤（年盤・月盤・日盤）上で、五黄土星が回座した方位。これは本命星のいかんにかかわらず万人共通の凶方です。この方位に移転や大旅行をすると、五黄土星の腐敗作用によって、自ら不幸に足をつっこむようなことになります。とくに心身の健康を害する強烈な作用がありますから、健康に自信のない人や精神的に不安定な人は絶対に五黄殺方位をつかってはなりません。

方災《ほうさい》（凶方位を犯して受ける災難）の大きさは、それまでの方位のつかいかたやもともとの運勢の強弱によって個人差があります。しかし、五黄殺を年盤でつかった場合、六十年間はその凶作用から抜けでられないといわれています。これを犯して死亡した人の例は、実にたくさんあります。

一方、五黄土星は万物を壊滅させるはたらきもあるかわりに、また万物を育成するはたらきもあります。そこで、五黄殺方位をつかって苦難にあい、しかもそれを乗り越えた場合には、大きな発展をみるという説もあります。

なお、五黄土星が中宮に回座しているときは、五黄殺はありません。

②暗剣殺《あんけんさつ》

九星盤上で、五黄土星が回座している正反対の方位。たとえば平成二十八年は二黒土星の年です。二黒中宮の九星盤をみますと、五黄土星は北東に回座しています。そこで、北東の正反対の南西が、平成二十八年の暗剣殺方位だということがわかります。この方位も、万人共通の凶方です。

五黄殺が自動的に災難を引きおこすのに対して、暗剣殺は他動的な災難をつかさどります。

偶然性の強い盗難や交通事故などは、暗剣殺を犯した方災として、よく耳にするところです。

暗剣殺にしろ他の凶方にしろ、もし間違ってつかってしまった場合には、善後策として、すぐに最大吉方をつかって、凶意を消滅させなければなりません。ただし、年盤の暗剣殺方位に移転して三年以上定住してしまった場合には、その後大吉方に移転しても、凶意は容易に消えません。

なお、五黄土星が中宮に回座しているときは、暗剣殺はありません。

③破《は》（歳破《さいは》・月破《げっぱ》・日破《にっぱ》）

九星盤上で、その年（月・日）の十二支の正反対の方位。たとえば平成二十八年は申《さる》の年です。九星盤をみますと、申は南西に位置しています。そこで、南西の正反対の北東が平成二十八年の歳破方位だということがわかります。月破・日破も、それぞれ月盤・日盤の十二支をもとにして、同様に割りだします。

破は、すべてに破れをきたす作用をします。五黄殺や暗剣殺にくらべて、破を軽視する人がよくいますが、これはたいへんな間違いです。気学家のなかには、破をもって最大凶方としている人もたくさんいます。とくに、歳破と月破の重なりの方位は、その方災も大きいものとなりますから、絶対つかってはなりません。

④本命殺《ほんめいさつ》

九星盤上で、自分の本命星が回座した方位。たとえば、本命星・一白水星の人の平成二十八年の本命殺方位は、南東です。なぜなら、この年の九星盤上では一白水星が南東に回座しているからです。

本命殺は、主に健康面に打撃をあたえる凶方です。本命殺方位に移転をすると、十年以内に大病にかかるといわれています。

⑤本命的殺《ほんめいてきさつ》

九星盤上で、自分の本命星が回座した正反対の方位。たとえば、本命星・一白水星の人の平成二十八年の本命的殺方位は本命殺方位（南東）の正反対の北西になります。

本命的殺は、主に精神面に打撃をあたえる凶方といわれ、蓄積された心労が引きがねとなって、病気になることもあります。また、事故など他動的災難にあう凶方でもあります。

⑥定位対冲《じょういたいちゅう》

定位盤の位置の正反対に星が回座したとき、その方位を定位対冲といいます。たとえば、定位盤上では北に一白水星がいます。ところが、六白金星が中宮に回座する年（月・日）は、この一白水星が北の正反対である南に回座します。このとき、南は定位対冲の凶方となります。

定位対冲は、運命の歯車を狂わせ、思わぬ困難や災難にあう方位です。ただし、凶方にもいろいろからめ手の利用法があります。とくにこの定位対冲は、これまで不運つづきでどん底生活を余儀なくされていたような人にとっては、運気回復のチャンスをあたえる方位でもあります。でも、もちろん自分の本命星にとって相生になる星が回座している場合以外はつかえませんから、注意してください。

⑦小児殺《しょうにさつ》

満九歳以下の子供にのみ作用する凶方。本命星にかかわりなく、表のように定められています。たとえば子《ね》や午《うま》の年には月盤上で八白土星の回座した方位が小児殺となります。

小児殺方位	年	
八白	午	子
九紫	未	丑
二黒	申	寅
三碧	酉	卯
五黄	戌	辰
六白	亥	巳

注：小児殺は月盤の方位にのみつきます。

これまでの説明で、自分にとっての吉方と凶方ということが、だいたいわかっていただけたと思います。方位盤をみたら、まず七大凶殺方位に気をつけてください。

でも、本書では巻末200〜217ページに本命星別吉方表を掲げてありますから、この表にしたがって方位を決めれば、間違いはないわけです。ただし、この表には破（歳破・月破・日破）の方位は示されていませんから、定位盤の十二支の方位をもとに割りだしてください。くりかえしますが、たとえ吉方でも破がついた場合には凶方に転じますから、決してつかってはいけません。

❖確実な方位効果を得るために

さて、吉方というのは移転はもちろん、旅行や買い物など、どんな場合でもつかえばかならずその方徳によって運気が向上することになります。ただし、方位効果というものは、遠くにいけばいくほど、また長時間とどまればとどまるほど顕著にあらわれてくるものです。

もともと気学は〝動〟ということを究め尽くした学問です。動とは〝運動〟、つまり時間と距離の積です。運動は大きければ大きいほど、結果である方位効果も大きくあらわれます。

方位効果を十分に発揮させるためには、あなたが現在いる位置（住まい）から百キロメートル以上離れる必要があるといわれています。しかし、百キロ以内、たとえ一キロであってもかならず方位効果がでることは、実験上証明されています。小さな外出でも、迷わず吉方をつかうようにしてください。その積みかさねが、やがて大きな幸運につながることになるのですから。

なお、開運のためや旅行を楽しくしたり、よい買い物をするために吉方をつかう場合、つぎの約束を守ってください。

●日帰りの外出や、小さな交渉ごとの場合は、日盤の吉方をつかうこと。

●五日以内の旅行や、仕事上のやや重要な交渉ごとの場合は、月盤と日盤両方が吉方になる日を選ぶこと。

●五日以上の旅行や移転、入院、開業、人生上の大きな交渉ごとなどの場合は、かならず年盤と月盤の吉方を選ぶこと。とくに、手術を要する病気で入院する場合には、日盤まで吉方であることが大切です。

❖方位効果のあらわれる時期

用いた方位の効果は、吉方・凶方によらず、つぎの時期にとくに強く発現します。

●自分の本命星が、つかった方位の宮に回座したとき。たとえば、本命星・一白の人が南西（坤宮）の吉方を年盤でつかって移転したとします。その場合、本命星の一白水星が坤宮に回座した年に、きわだった幸運に恵まれるのです。月盤・日盤で吉方をつかった場合には、もちろん月盤・日盤上の本命星の動きで判断します。

●方位を用いた年をふくめて、一年目（つまり、用いた当年）、四年目、七年目、十年目、十三年目に、きわだった方位効果があらわれます。月盤・日盤で用いた場合には、もちろん当月（当日）、四か月目（四日目）、七か月目（七日目）、……とあらわれます。方位効果は、年盤で六十年、月盤で六十か月、日盤で六十日間効力を保ちますが、年盤で十三年目、月盤で十三か月目、日盤で十三日目をすぎると効果は弱まっていきます。

❖正しい方位の決定

最後に、方位をみるうえで大切なことがあります。それは、正確な地図をつかって方位を決定する、ということです。

よく観光地などにあるガイド・マップや雑誌の旅行案内のページに載っている地図、その他、各種パンフレットなどに載っている地図は、本来の目的が、正確な方位を示すためのものではないことが多いので、気学で方位を決定する場合に用いるのには、適当ではありません。

方位を決定する際に用いる地図は、書店や地図の専門店などで、きちんとしたものを求めるようにしてください。

方位をみる場合の中心は、ふつう自宅です。その人の活動の根拠地が、中心となるわけです。ですから、私生活上のことではなく、とくに仕事上の取り引き、交渉ごとなどについてみたいというときには、会社や事務所など、仕事場を中心とします。

ただし、一般の地図は北を上にして作られていますが、気学の方位盤は北が下方にきていますから、方位盤の吉方表などと一般の地図とを引き合わせてみる場合には、間違えないように注意してください。

さらに、実際に吉方を決定する場合には、各方位の境のぎりぎりのところは使用しないことです。方位の取り方による誤差が生じやすいことと、なにより方位効果がでにくいという難点があります。

とくに方位効果がでにくいという点については、南東・南西・北西・北東のはずれをつかった場合にいえることです。東・西・南・北の三〇度ずつは、方位の取り方さえしっかりしていれば、まず方位効果は期待できます。

なお、八方位の東西南北の三〇度ずつを四正《しせい》、南東・南西・北西・北東の六〇度ずつを四隅《しぐう》といい、四隅より四正のほうが吉凶ともに方位効果はでやすいものです。

吉方をつかっての旅行や移転の場合、交通機関などの都合でいったん他の方位へ回り道をしなければならないこともあるでしょうが、これは、そこに長くとどまらなければ影響はありません。ただし、二、三泊の旅行の途中で他方位にとどまって一泊したりすると、方位による象意が変わってきます。なるべく、ぐずぐずせずに目的地へいき、そこでゆっくりと吉方の祐気を呼吸してくることです。

八方位と八星（五黄土星＝五黄殺をのぞく）があなたにもたらす方位効果

♧北30°（坎宮）または一白水星が回座した方位――セックス・部下運を支配

《吉方でつかった場合》

この方位を吉方として用いたあなたは、まずセックスをふくむ異性関係や部下や使用人、またはあなたより年の若い友人に関するトラブルが解消します。そして、セックスをともなった濃厚な恋愛のチャンスにめぐまれたり、仕事上では頼りになるねばり強い有能な部下に縁ができます。

一方、あなた自身もひじょうに思慮深くなり、じっくりと事にあたるようになります。その上かけひき上手になりますから、バーやクラブでの内輪の交際から意外な仕事のチャンスをつかんだりもします。ただ、どうしても異性に対する関心は、普段より高くなります。

もしあなたが性愛中心の官能的な恋を望むのなら、一白水星が回座した北30°をつかってください。結婚を前提としたまじめな恋を願うのなら、四緑木星が回座した北30°（または、南東60°に回座した一白水星）、二黒土星が回座した北30°（または、南西60°に回座した一白水星）をつかってください。恋にやぶれたあなたは、八白土星が回座した北30°（または、北東60°に回座した一白水星）、三碧木星が回座した北30°をつかえば、愛をとり戻せます。にぎやかで楽しいちょっと享楽的な恋を望むあなたには、七赤金星が回座した北30°（または、西30°に回座した一白水星）が効果抜群。

また、仕事上では、地味ながらねばり強い縁の下の力持ち的な部下を望む場合には、一白水星が回座した北30°をつかいます。なまけ者の部下を更正させて働き者にさせるのには、二黒土星が回座した北30°(または、南西60°に回座した一白水星)が効果的。あなたが、部下にもっとエネルギッシュな前進力を願っているのだったら、三碧木星が回座した北30°をつかいます。かけひき上手で社交性のある部下がほしければ、四緑木星が回座した北30°（または、南東60°に回座した一白水星）です。

なお、北30°と一白水星の吉方には、病弱な人や腺病質な人を健康に導くという基本的暗示があります。とくに、婦人科系、性器・泌尿器など下半身の病気と、耳鼻科系の病気によい効果が期待できます。もちろん、医師もこの方位の医師を選べば最良で、さらに中年の地味な感じの先生であれば文句なしです。

《凶方でつかった場合》

この方位を凶方として用いてしまったあなたは、前述の吉方の作用とは逆にセックスをともなった異性関係や部下のことで、さまざまの不運におそわれることになります。とくに、五黄殺や暗剣殺（北30°に回座した六白金星、東30°に回座した一白水星）といった大凶方をつかってしまった場合、事態は深刻で、すぐに大吉方位を用いることによって凶意を軽減させなければなりません。

また、北30°の五黄殺には水難、北30°の六白暗剣には交通事故や火災、東30°の一白暗剣は火災や性病などの伝染性疾患という暗示もありますから、要注意。

ただし、凶方でもとくにそれを逆手にとった利用法もあります。

九紫火星が回座した北30°と一白水星が回座した南30°は、ともに定位対冲の凶方です。でも、こじれた男女間の別れ話や悪質な部下に長年悩まされていたような人にとっては、効果の期待できる方位となります。つまり、別れたいと思っていたいやな異性が離れていく、悪い部下が自然に去ってゆき、よい部下だけが残る、という効果があるのです。

しかし、あくまでも凶方は凶方。副作用がまったくでないという実証はされていませんから、とことん進退きわまったときにのみつかうようにしてください。

♧南西60°(坤宮)または二黒土星が回座した方位——家庭・勤め・妻運を支配

《吉方でつかった場合》

この方位を吉方として用いたあなたは、まずなごやかで落ちついた家庭的雰囲気に縁ができ、働く意欲も自然にわいてきます。そして、家庭内や職場でのトラブルが解消します。既婚の男性にとっては、とくに妻の内助の功が期待できます。未婚の男女の場合、母親の存在がよい意味で大きくなってきます。

また、不良少年や定職をもたないようななまけ者を更正する場合、とくに大きな力を発揮する方位です。だいたいに、努力とか忍耐・従順といったことを意味する地味な方位なのですが、若い人は大いにこの吉方をつかって精神力を培い、将来の大発展に備えてほしいところです。

もし、あなたがいま就職や転職を願っているのだったら、希望職種に合わせてそれぞれ、つぎのようにつかってください。

飲食店・バー・スナックなど水商売、塗装業、印刷業、水産業、著述業、産婦人科医(以上、すべて一白象意の職業)などを望む人は、一白水星が回座した南西60°(または、北30°に回座した二黒土星)をつかってください。

スーパーマーケットや一膳飯屋といった大衆的な商売、不動産業、古本屋、骨董屋（以上、すべて二黒象意の職業）などを望む人は、二黒土星が回座した南西60°をつかってください。

音楽や楽器に関する仕事、アナウンサー、広告業、電気関係の仕事（以上、すべて三碧象意の職業）などを望む人は、三碧木星が回座した南西60°（または、東30°に回座した二黒土星）をつかってください。

建築業、旅行代理店、運輸業、繊維業、直接人と折衝をする企業の営業部の社員（以上、すべて四緑象意の職業）などを望む人は、四緑木星が回座した南西60°（または、南東60°に回座した二黒土星）をつかってください。

公務員、大企業の社員、機械業、貴金属業、スポーツ選手（以上、すべて六白象意の職業）などを望む人は、六白金星が回座した南西60°（または、北西60°に回座した二黒土星）をつかってください。

タレント、水商売一般、金融業、弁護士、外科・歯科医（以上、すべて七赤象意の職業）などを望む人は、七赤金星が回座した南西60°（または、西30°に回座した二黒土星）をつかってください。

タレント、ジャーナリスト、美容・ファッション関係の仕事、ライター、デザイナー、教師、眼科医（以上、すべて九紫象意の職業）などを望む人は、九紫火星が回座した南西60°（または、南30°に回座した二黒土星）をつかってください。

なお、南西60°と二黒土星の方位での買い物は、吉方であっても、あまり実用的でない高級品に手をだしてはいけません。いい品物にあたりません。この方位は、あくまでも大衆的なもの、実質本位のものにいい品物があるのです。

《凶方でつかった場合》

この方位を凶方として用いてしまったあなたは、前述の吉方の作用とは逆に家庭内にトラブルがおきたり、職場でさまざまのいやな目にあうことになります。既婚の男性は、奥さんとけんかしたり、または奥さんが病気や事故にあうといったこともあります。とくに、五黄殺や暗剣殺（南西60°に回座した八白土星、北東60°に回座した二黒土星）といった大凶方をつかってしまった場合は、すみやかに大吉方を用いて凶意を軽減させてください。八白と二黒の暗剣殺は、同時に定位対冲の凶方でもありますから、よくよく注意しなければなりません。

南西の五黄殺方位は、欲にからんだ仕事上の失敗や不動産に関する致命的事態を暗示します。相手も欲深く、また、あなた自身もいつになく強欲になる方位ですから要注意。八白・二黒暗剣は、ともに相続問題、消化器系の病気、盗難などに関する最悪の事態が予想される大凶方です。

♧東30°（震宮）または三碧木星が回座した方位――才能・発展運を支配

《吉方でつかった場合》

この方位を吉方として用いたあなたは、とにかくあなた自身が積極的になって、なにごとに対しても果断に行動するようになります。そして、あなたのもっている才能や個性のよい部分が、百パーセント花開くことになります。その結果、あなたは自分の体のまわりに一種の磁場をつくるようにして、どんどんとよいことを引きつけはじめます。

発明家、技術開発にたずさわる人、物理や化学の研究者には、ぜひつかってほしい吉方。なにか、学術上の大発見を暗示する方位です。

同時に、この方位は入学試験や就職試験といったここ一番というときにも、強いツキを発揮します。

もしあなたが活動力とともに、じっくりと研究や勉強に打ちこめる忍耐力がほしいのなら、二黒土星が回座した東30°（または、南西60°に回座した三碧木星）をつかってください。また、日頃十分に努力をしているのに、どうしてもテストのときにかぎってしくじってしまうという、いわゆる要領のよくない人は、三碧木星が回座した東30°、六白金星が回座した東30°（または、北西60°に回座した三碧木星）、九紫火星が回座した東30°（または、南30°に回座した三碧木星）をつかってみてください。

この東にまわった九紫火星と、南にまわった三碧木星は、とくに瞬間の判断力、直感、ひらめきにも強烈な効果を発揮する方位なので、アイデア商品の考案者や物理や化学の研究でいき詰まっている人にももってこいです。

また、あなたが人間関係を大切にして、よいコネクションをつけながら、研究や事業を進めていきたいのなら、四緑木星が回座した東30°をつかってください。

ただ、東30°と三碧木星の吉方は、効果がすぐにあらわれて急速に発展しますが、慢心しているとすぐにもとの木阿弥《もくあみ》になってしまうという難点があります。

それから注意してほしいのは、ご存じのように震宮と三碧木星には〝顕現〟という象意があります。ですから、この方位をつかうと吉方であっても、過去知らずにつかった凶方の作用や、これまでしてきたことのすべてが表沙汰になってあらわれてくるのです。

そこで、東30°と三碧木星が回座した吉方を移転や遠方への長期にわたる大旅行というかたちでつかう場合には、あらかじめ他の吉方を使用して、運気を開運・安定させたうえで用いるようにしてください。

《凶方でつかった場合》

この方位を凶方として用いてしまったあなたは、あなた自身軽率な行動、うそ、はったりといった震宮と三碧木星のネガティブな象意にのみこまれて、とんでもないケアレス・ミスを連発するようになります。そして、そんなあなたをめぐって、悪いうわさが立ってしまうかもしれません。

とくに、五黄殺や暗剣殺（東30°に回座した一白水星、南東60°に回座した三碧木星）といった大凶方をつかってしまった場合は、すぐに大吉方を用いて凶意を軽減させなければなりません。東30°の五黄殺には病気の再発、肝臓病、火災、新規の事業の大失敗という暗示があります。東30°の一白暗剣からは部下や仕事仲間とのこじれた関係、南東60°の三碧暗剣からはあなたの信用に傷がつくような事態が予測されます。

なお、凶方も特別な場合には、それを逆手にとって利用できます。七赤金星が回座した東30°と、西30°に回座した三碧木星はともに定位対冲の凶方です。しかし、過去に口論や酒の上での失敗、はては恋愛沙汰などでいちじるしく信用を落としてしまって、せっかくの才能を発揮できないでいるような人にとっては起《き》死《し》回《かい》生《せい》の吉方となります。が、むやみにつかえる方位でないのはもちろんです。

♧南東60°（巽宮）または四緑木星が回座した方位——対人関係・信用・結婚運を支配

《吉方でつかった場合》

この方位を吉方として用いたあなたは、いやみのない程度にかけひきに長じて交際上手になります。あなたの柔軟なバランスのとれた対応が、周囲の人々にはいい印象をあたえて、信用を増すことになります。その結果、商売をしている人は取り引きがうまくなり、営業成績がぐんぐんあがってきます。事業不振に悩んでいる人や、またとくに貿易など遠方との取り引きの多い職業の人にもってこいの方位です。

一方、結婚を願っている人にとっても効果抜群の方位。あなたの人柄を信用した周りの人たちが、すばらしい縁談をもってきてくれることになりそうです。どちらかといえば、恋愛結婚より見合い結婚に強いツキを発揮します。

もしあなたが対人関係で内輪の人といっそう仲よくなりたかったり、仕事のうえで部下や秘書の援助がほしいのなら、一白水星が回座した南東60°（または、北30°に回座した四緑木星）をつかってください。共同事業をはじめたり、大衆的な商品を扱う商売をするのなら、二黒土星が回座した南東60°（または、南西60°に回座した四緑木星）をつかってください。商売で資金繰りに困っていたり、運転資金の融通をつけたいあなたは、七赤金星が回座した南東60°

（または、西30°に回座した四緑木星）をつかいます。

事業拡張、海外進出、事業内容の充実をねらうあなたは、四緑木星が回座した南東60°、九紫火星が回座した南東60°を、ぜひつかってください。また、事業が経営不振におちいって困っているのだったら、八白土星が回座した南東60°（または、北東60°に回座した四緑木星）が挽回のチャンスをくれます。

では、すばらしい結婚を願うあなたに。

もしあなたが結婚の相手に、地味だけれど芯のしっかりとした人、それでいてクールな色気のある人を望むのだったら、一白水星が回座した南東60°（または、北30°に回座した四緑木星）をつかってください。心やさしく働き者の相手を願うのなら、二黒土星が回座した南東60°（または、南西60°に回座した四緑木星）。

すべてに整った教養人を相手に選ぶつもりなら、四緑木星が回座した南東60°。これは、文句なしに身綺麗な見合い結婚の最大吉方。

おいしいものを食べたり、にぎやかにおしゃべりをしたり……、明るく楽しい家庭を築きたいあなたには、七赤金星が回座した南東60°（または、西30°に回座した四緑木星）をつかってもらいます。先見の明があって、機知に富んだゴージャスな雰囲気の相手がほしいなら、九紫火星が回座した南東60°が抜群です。

また、よい結婚をしたいと思っているのに一方で腐れ縁を抱え込んで困っている人や、いったん結婚話があったのに相手の態度がうやむやになってしまって悩んでいる人は、ぜひ八白土星が回座した南東60°（または、北東60°に回座した四緑木星）をつかってみてください。

《凶方でつかった場合》

この方位を凶方として用いてしまったあなたは、前述の吉方の作用とは逆に対人関係が不調になってきます。その結果、信用もなくなり商売がうまくいかなくなってしまいます。また、結婚を願ってもよい縁にめぐまれません。とくに、五黄殺や暗剣殺（南東60°に回座した三碧木星、南30°に回座した四緑木星）といった大凶方をつかってしまった場合は、すぐに大吉方を用いて凶意を軽減させなければなりません。

しかし、凶方にもつかい方はあるもので、当人同士は結婚したいのに周囲からの猛反対にあっているというときには、六白金星が回座した南東60°（または、北西60°に回座した四緑木星）の定位対冲をつかうと驚くべき効果があります。また、この方位はどうしても別れたい異性と縁を切るのにも絶好の方位となります。

♧北西60°(乾宮)または六白金星が回座した方位——成功・独立・夫運を支配

《吉方でつかった場合》

この方位を吉方として用いたあなたは、万事に自信がでてきて、それにともなって実際の行動も堂々としたものになってきます。しかも、自然に大きな仕事のチャンスがやってきたり、目上の人々にも一目置かれるといった、強い運気にめぐまれます。行動力と独立心が育まれ、どっしりとした風格もでて人格がひとまわり大きくなります。

とくに、独立自営の商売や事業をしている人、自由業者には仕事を成功・発展させるためにつかってほしい方位です。また、既婚の女性には、夫の昇進や栄転といった仕事運に大きく響く方位なので、うまく活用してほしいものです。

もしあなたが事業をしていて、部下や有力な内輪の人々からのコネやアドバイスがほしいと思ったり、運営全体にねばり強さがほしいと願うのだったら、一白水星が回座した北西60°をつかってください。この方位は、なにごとも徐々によくなるという暗示があり、とくにバー、スナック、クラブといった水商売をしている人に幸運をもたらします。

また、温厚で実直な従業員を育てたいと考えたり、あなた自身が従順な態度で仕事や勉強に身を入れたいと願うのなら、二黒土星が回座した北西60°(または、南西60°に回座した六白金星）をつかいます。営業状態がなんとなくマンネリ状態で沈滞していたり、若々しい動きに欠けている場合には、三碧木星が回座した北西60°（または、東30°に回座した六白金星）。感覚やアイデア、奇抜な発想を必要とする仕事や官公庁関係の仕事をしている人には、九紫火星が回座した北西60°（または、南30°に回座した六白金星）が最高です。

ズバリ、大きな事業をくわだてたり、大きな投資で成功したい人は六白金星が回座した北西60°を用います。有力な人物・企業のバックが得られます。

あなたが事業の改革や、会社再建にのりだそうとしているのなら、八白土星が回座した北西60°（または、北東60°に回座した六白金星）が、効果大。

なお、北西60°と六白金星を吉方でつかった場合は、くれぐれもこせこせした物の考え方や、変に策略をめぐらすことはやめてください。正々堂々と、そして目上や周囲の人々の援助をあおぐ謙虚な態度を心がけることです。

それから注意しなければならないのは、いくら吉方でもこの方位は重病人にはつかえないということです。どうしても用いたいのであれば、他の吉方でひとまず小康を得た後につかうようにしてください。

《凶方でつかった場合》

この方位を凶方として用いてしまったあなたは、さまざまな争いごとや突発的な事故に見舞われるようになります。とくに独立して事業をしている人などは、労働争議による経営難におちいったりしやすい方位です。その上、あなた自身なぜか自信過剰になって、実力以上の大きなことをたくらんで失敗する可能性もあります。とくに五黄殺や暗剣殺（北西60°に回座した七赤金星、北30°に回座した六白金星）といった凶方をつかってしまった場合、すみやかに大吉方を用いて災難を回避しなければなりません。

北西60°の五黄殺には、盗難、脳溢血、山師的人物、北西60°の七赤暗剣には交通事故によるケガ、手術、北30°の六白暗剣には色情問題の大混乱という暗示もありますから十分警戒しなければなりません。

なお、凶方も特別な場合にはとくに使用することがあります。四緑木星が回座した北西60°と、南東60°に回座した六白金星はともに定位対冲の凶方です。でも、ながらくこじれた人間関係をかかえて困っている人や、部下たちが団結してあなたに反旗を翻して経営が窮地に追い込まれているような場合には、この方位を用いると驚くべき効果が得られます。ただし、軽はずみの使用は厳禁。

♧西30°(兌宮)または七赤金星が回座した方位——金銭・恋愛運を支配

《吉方でつかった場合》

この方位を吉方として用いたあなたは、まず人づき合いが上手になり、思ったことがすなおに表現できるようになります。ウィットに富んだ会話、愛きょうたっぷりの笑顔といったことが功を奏して、仲間たちのあいだで人気者となり、異性にも大変モテるようになります。

また不思議にお金にツイてくる方位で、事業などの運転資金のやりくりに困っているような人にとっては効果大。ただし、この方位での金運は流動的なもので、ながくとどまって一財産築くということにはなりません。この方位をつかうと、公私ともに金銭の出入りが激しくなるのが特徴なのです。

もしあなたが、だれか個人的な知りあいに借金をたのみこんだり、またはアルバイトでおこづかいを得たいと考えているのだったら、一白水星が回座した西30°(または、北30°に回座した七赤金星)をつかってください。

あなたがヘソクリをふやしたいとか、なにかの目的のために積み立て貯金をしていて、その足しにしたいと望んでいるのなら、二黒土星が回座した西30°(または、南西60°に回座した七赤金星）をつかいます。この方位では、お金の逃げ足がにぶり、比較的身につくことになります。

だれか仲介人を通して事業資金をどこかから借りたいと考えている人は、四緑木星が回座した西30°（または、南東60°に回座した七赤金星）を用います。

もしあなたが事業家で設備投資のための資金が必要だったり、ちょっと投機的な金銭に関するあぶない橋を渡りたいとたくらんでいるのなら、六白金星が回座した西30°に期待がもてます。この方位は、とくに競馬やギャンブルにも強いツキを発揮します。

あなたが恋人とのデートや旅行といった、いわゆる遊ぶためのお金を望んでいるのだったら、七赤金星が回座した西30°が効果抜群。ただし、この方位での収入は逃げ足も早いので覚悟すること。

不動産、住居のことで資金繰りに困った場合は、八白土星が回座した西30°（または、北東60°に回座した七赤金星）をつかってください。

さて、恋愛について。もしあなたがズバリ、セックス重視の濃艶な恋におちいりたいなら、一白水星が回座した西30°をつかってごらんなさい。また、地味だけれど心あたたまる誠実な愛を望むなら、二黒土星が回座した西30°（または、南西60°に回座した七赤金星）をつかいます。結婚を前提とした節度ある愛を願うあなたは、四緑木星が回座した西30°（または、南東60°に回座した七赤金星）をつかってください。また、高尚な会話や知的な雰囲気を楽しめるゴージャスな大人の恋がほしいあなたは、六白金星が回座した西30°をつかってください。あなたがとことん楽しい派手やかな恋を望むなら、七赤金星が回座した西30°をつかうことです。一方、やぶれた恋をどうしても取り戻したいあなたは、八白土星が回座した西30°（または、北東60°に回座した七赤金星）をつかうと効果大。

《凶方でつかった場合》

この方位を凶方として用いてしまったあなたは、金銭や恋愛にからんださまざまのトラブルにまきこまれる他、手術を要する病気に悩まされるようなこともあります。とくに五黄殺や暗剣殺（西30°に回座した九紫火星、北西60°に回座した七赤金星）といった大凶方をつかってしまった場合、すぐに大吉方を用いて災難を軽減させてください。

なお、三碧木星が回座した西30°と、七赤金星が回座した東30°はともに定位対冲の凶方ですが、いちじるしく停滞した社運挽回や、どうしても攻め落とせなかった異性を思いがけないやり方で落城せしめるには、利用できる方位です。しかし、あくまで凶方は凶方ですから、遊び半分には決してつかわないこと。

♧北東60°（艮宮）または八白土星が回座した方位——不動産・兄弟運を支配

《吉方でつかった場合》

この方位を吉方として用いたあなたは、優柔不断な態度が改まり臨機応変の判断力が身につきます。また、蓄財心がでてくる方位でもありますから、とくに無駄づかいをしやすい人にはよい方位といえます。

一方、不動産によい縁ができ、家や土地を求めている人に朗報がもたらされます。家の相続問題などで悩んでいる人は、それが解消されます。後継者をさがしている人、養子がほしい人なども、ぜひつかいたい方位です。

ただ、この方位はつかい方がもっともむずかしく、下手につかうと大失敗というおそれもあります。北東といえば、家相などでいう鬼門《きもん》にあたります。鬼門だから特別恐ろしいというわけではありませんが、とにかく変化の多い方位なのです。うまくいったと思って喜んでいたら急にダメになってしまった、といったことがよくあるのです。ですから、とくに、この方位を用いた場合は慎重を期して、遊び半分に方位効果の実験など決してしないようにしてください。

さて、あなたが不動産に関する悩みをかかえていて兄弟や友人、知人の援助がぜひともほしいと思ったら、一白水星が回座した北東60°（または、北30°に回座した八白土星）をつかってください。これは同時に、復縁や離縁の方位ですから、けんかをした兄弟や友人・恋人と仲なおりしたり、また、たちの悪い知人と縁を切るのにも効果を発揮します。

家や土地を売ったり買ったりという不動産に関する取り引きをしたいと考えている人は、四緑木星が回座した北東60°（または、南東60°に回座した八白土星）をつかいます。この方位をつかうと、同時に、兄弟や友人とのコミュニケーションもスムーズにいくようになります。

もしあなたが不動産に関する投機や、イチかバチかのような取り引きをしようとしているのだったら、六白金星が回座した北東60°（または、北西60°に回座した八白土星）、九紫火星が回座した北東60°（または、南30°に回座した八白土星）を用いることです。

よい後継者、養子を願うあなたは、八白土星が回座した北東60°をつかってください。

なお、北東や八白土星の方位をつかうと、いずれの場合も、方位現象として太って体重がふえます。吉方でつかった場合は、それによって健康がましますが、凶方で用いた場合は体を損ねることになります。

《凶方でつかった場合》

この方位を凶方として用いてしまったあなたは、不動産や兄弟・友人に関するさまざまの悪い変化に苦しめられることになります。

あなた自身の生活もだらしなくルーズになり、しかも強欲になってずるい考えをもつようになります。山師的なことをしてしまうのも、この方位の凶方現象のひとつです。

とくに五黄殺や暗剣殺（北東60°に回座した二黒土星、南西60°に回座した八白土星）といった大凶方をつかってしまった場合は、すぐに大吉方を用いて災難を軽減させなければなりません。この方位での暗剣殺は、二黒暗剣、八白暗剣ともに定位対冲の凶方でもありますから、その災厄は暗剣殺だけの場合より大きくなるとみられます。しかも、五黄土星をはじめとして二黒、八白といった土性に属する星は、変化の激しい扱いの難しい星だから、なおさらです。

北東60°の五黄殺には、長年にわたる相続問題に関する骨肉の争いという暗示の他に、不動産にからんだ詐欺・ペテン、山での遭難、子供の不良化、骨や消化器に関する悪性の病気などという意味もあります。また、二黒・八白暗剣にも同様な象意があり、とくに家族のことで心痛するようなことが生じます。

♧南30°（離宮）または九紫火星が回座した方位――名誉・頭脳運を支配

《吉方でつかった場合》

この方位を吉方として用いたあなたは、頭の回転がひじょうによくなって目先がきくようになります。斬新なイメージ、珍しいアイデアといったことにも強くなって、なにごとも世間より一歩先をいくようになります。ですから、ファッション関係の仕事をしている人、発明家、コピーライター、広告関係の仕事にたずさわっている人にとっては、とくによい方位となります。

また、これまで全力を尽くして努力してきたのに、どうもひとつパッとしない、自分の実力を周囲の人々が認めてくれない、といったことで悩んでいる人にとっても、強い力となってくれる方位です。そして、もうひとつ。裁判や訴訟問題などのトラブルをかかえている人には、絶大なる効果を発揮します。

もしあなたが土地問題や家庭内トラブルで悩んでいるのだったら、二黒土星が回座した南30°（または、南西60°に回座した九紫火星）をつかってください。これは、同時に共同経営にもよい方位です。

あなたがこれまであたためてきたプランや研究をいよいよ発表したり、小説や絵画を雑誌や公募展に応募しようというときには、三碧木星が回座した南30°（または、東30°に回座した九紫火星）、六白金星が回座した南30°（または、北西60°に回座した九紫火星）を用います。これをつかうと、不思議と勝負運も強くなってギャンブルでひともうけしたりします。

また、芸ごとや芸能界、水商売一般に強いツキを発揮するのは、七赤金星が回座した南30°。さらにこの方位は、こじれた愛情問題に決着をつけるのにも、かなりの効力があります。

しかし、どうにも動きがとれなくなってしまったような癒着したトラブルを一気に解決しようとするときは、九紫火星が回座した南30°が驚くべき効果を発揮します。しかも、この方位のみは九紫火星方位が吉方とならない人であっても、緊急の場合にはつかえるのです。たとえば、画家やデザイナーが作品を詐欺に取られてしまったり、私文書偽造の罪をなすりつけられてしまったようなときです。ただし、この場合あなたの方にもやましい部分がすこしでもあれば、それも暴かれてしまいますから潔白な人のみがつかえる方位といえます。

また、あなたが株や不動産で上手にもうけたいと考えているのだったら、八白土星が回座した南30°（または、北東60°に回座した九紫火星）をつかってください。同時に、不動産や相続に関するトラブルも解消されます。

《凶方でつかった場合》

この方位を凶方として用いてしまったあなたは、文書上の失敗ややっかいな訴訟問題にまきこまれることになります。そして、親しい人との生別死別といった悲しい事態がおこり、困ったことにあなたにとっていやな人だけが、ついてきたりすることになります。また、あなた自身の生活がやたら派手になって、外見ばかりを飾りたがるようになります。

とくに五黄殺や暗剣殺（南30°に回座した四緑木星、西30°に回座した九紫火星）といった大凶方をつかってしまった場合は、すぐに大吉方を用いて災難を回避しなければなりません。南30°の五黄殺には名誉失墜、別離などの暗示のほかに、男性の女性にからんだトラブル、脳溢血、心臓疾患、眼病などという象意もあります。暗剣殺にも同様な象意がありますが、とくに南30°の四緑暗剣では徹底的に信用を失うような事態が生じたり、結婚詐欺にあったりします。西30°の九紫暗剣は色情問題にまきこまれたり、手術を要する病気にかかったりします。

ただし、一白水星が回座した南30°と、九紫火星が回座した北30°という定位対冲の凶方は、悪事のぬれぎぬを着せられたとか、または恋人に不当に棄てられてしまったような場合の解決には、吉方としての効果が期待できます。

4章　あなたも気づかなかったあなた自身を明かす

傾斜法の実際

❖〝傾斜法〟のカギをにぎる月命星とは

これまでの章で説明してきた同会法、祐気法は、それぞれ九星盤(定位盤)上のいずれの宮かに回座した自己の本命星が判断のポイントになっていました。

ところが、これから説明する〝傾斜法《けいしゃほう》〟はすこしちがいます。本命星もつかいますが、それ以上に自己の生まれた月の九星盤が判断に際しての重要な要素となってくるのです。

あなたが生まれたとき、その月の九星盤(月盤)の中宮に回座していた星を月命星《げつめいせい》といい、本命星とともに重要なものです。とくに、二十歳以下の若い人の場合は、月命星の影響が大きくなります。

ただし、本章の傾斜法では、月命星それ自体で性格判断や運勢判断をすることはありません。傾斜法はあくまでも、あなたが生まれた月の九星盤上の各宮にどんな星が遁甲しているのかをみることによって、性格・チャンスの時期・恋愛運・相性・金銭運・仕事運・健康運などを判断します。

さて、これで同会法、祐気法、傾斜法の三つの鑑法がそろい、ほぼ気学の全貌があらわれるわけです。とくに最後の傾斜法は、気学の歴史からみたら比較的近年確立されたもので、しかも気学家たちが秘伝として公開をはばかってきたものです。

〝傾斜法〟が明かすあなたの先天的運勢のすべて

❖月命盤は本命星・生まれ月によって決定される

傾斜法をつかう場合は、まず自分が生まれた月の九星盤を知らなければなりません。この九星盤は自分にとって〝月命盤《げつめいばん》〟といわれるもので、このとき中宮に回座していた星が、自分の月命星になることは前にのべました。

月命星を知るには、あなたの生まれた年の暦《こよみ》をみればもちろんわかるのですが、何年、何十年前の暦を手に入れるというのは、なかなかたいへんです。そこで、本書では巻末218〜223ページに「九星月命盤」を載せました。この表をみれば、昔の暦がなくても生まれ月の九星盤が、すぐにわかるようになっているのです。

月命盤は、本命星、そして生まれ月という要素によって決定されます。

218〜219ページをみてください。12種類の九星盤がでていますが、そのうえに〝本命星・一白、四緑、七赤の人の月命盤〟とかかれています。ですから、このページでは本命星が一白、四緑、七赤の人にとっての月命盤がわかるようにできているのです。

あなたが右のいずれの本命星だったにしても、あとはあなたの生まれ月さえわかれば、月命星は一目でさがしだせるのです。

たとえば、あなたが本命星・一白水星だったとします。まず、これであなたの月命星が218ページか219ページのいずれかにあることがわかりました。さらにあなたは何月生まれですか。もし、あなたが二月生まれだとしたら、218ページの〝2月生まれ〟とかかれた九星盤が、あなたの月命盤です。つまり、月命星・八白土星ということがわかります。もちろん、一白・四緑・七赤以外の本命星の人も、それぞれの箇所で同様の見方をして月命星をだします。

ただし、その月の節がわり以前の生まれの人は、前月の中宮星が月命星になります。

ここでだされた月命盤は、傾斜法の要となります。月命盤には、あなた自身の先天的運勢のすべてがあらわれているのです。この盤だけをみて、あなたがどんな人生を歩むか、また、どんな方面にすすんだらもっとも成功率が高いのか、といったことまで推測できるのです。

❖月命傾斜宮のだしかた

傾斜法の基本は、傾斜宮《けいしゃきゅう》（月命《げつめい》傾斜宮）をだすことから始まります。これをだすためには、前述の本命星と月命星を知っていなければなりません。あなたの月命盤をみればわかるはずですが、月命盤上のどの宮かにかならずあなたの本命星がはいっています。そして、その本命星のはいった宮があなたの傾斜宮となります。つまり、傾斜宮とは月命盤における本命星の位置をいうのです。

たとえば、あなたが本命星・四緑木星で月命星・八白土星だったとします。左の図をみてください。八白土星が中宮に遁甲した月命盤では、本命星の四緑木星は坎宮に遁甲しています。ですから、あなたの傾斜宮は坎宮です。この状態を坎宮傾斜《かんきゅうけいしゃ》といい、本命星、月命星とともに運勢判断の重要なポイントとなります。

傾斜宮は、あなたのパーソナリティーの一面を知らせています。本命星による性格判断と合わせて考察すると、適中率は完璧に近くなります。

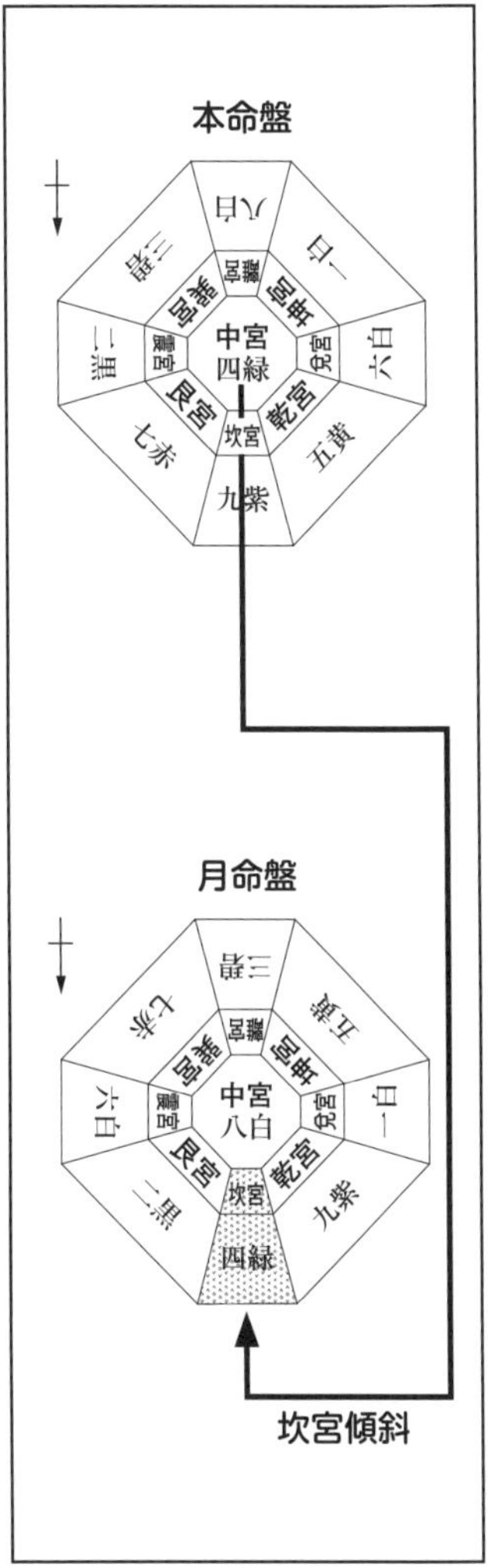

❖傾斜の例外（中宮傾斜）

傾斜には、ひとつ特殊なものがあります。中宮傾斜《ちゅうぐうけいしゃ》がそれで、本命星と月命星が同じ星だった場合です。

たとえば、本命星が七赤金星で月命星も七赤金星の人は、月命盤上における本命星の位置は、中宮になります。ですから中宮傾斜となるのですが、このように中宮に傾斜をもったかたちは、特殊なものとみなされます。

なぜなら、定位盤で五黄土星という〝帝王の星〟が据えられた中宮というものは、九星盤上では、ひとつのきわまった特別な宮と考えられているからです。〝もの、きわまれば変ず〟という易の考えにのっとって、この傾斜の人は右の表のように、中宮傾斜以外にもう一つの傾斜宮をもつようになります。さきの例につづけて、本命星・月命星ともに七赤金星の人をみれば、中宮傾斜であると同時に艮宮傾斜《ごんきゅうけいしゃ》でもあることがわかります。

本命星と月命星	傾斜宮
一白水星	離宮傾斜
二黒土星	乾宮傾斜
三碧木星	巽宮傾斜
四緑木星	震宮傾斜
五黄土星	男・兌宮傾斜
	女・乾宮傾斜
六白金星	坤宮傾斜
七赤金星	艮宮傾斜
八白土星	兌宮傾斜
九紫火星	坎宮傾斜

傾斜法による性格判断などの場合は、ふつう、右の表によってわかる変化した傾斜宮で鑑定します。ただし、中宮傾斜の人はふつうの傾斜の人にくらべて、運勢的に浮沈が激しく波乱万丈な人生を歩むことになります。

なお、本命星・月命星ともに五黄土星の人は男性と女性で傾斜がちがいます。

❖月命盤につく吉凶神の意味

ところで、月命盤をみていくうちに天道とか天徳、あるいは暗剣殺とか五黄殺とかかかれているのに気づかれたと思います。これは吉凶神《きっきょうじん》（吉神《きちじん》・凶神《きょうじん》）といわれ、それがついた宮や星に大きな影響をあたえます。

もちろん吉神がつけば、その宮や星の本来の意味をよい方に強めますし、逆に凶神がつけば、その宮や星本来の意味を悪い方に強めたり、またよい部分をつぶすことになります。

場合によっては、同じ宮に吉神と凶神が同座することがあります。このようなときは、すこし判断がむずかしくなります。吉と凶で、単純にプラス・マイナス・ゼロとはいきません。かならず、吉神と凶神とがこもごもにその力をあらわすことになります。

ただ、重要なことは、吉神や凶神がついた宮でも過去のその宮（方位）に関する吉方・凶方のつかいかたいかんで、吉凶神の影響力がかなりちがってくるということです。かりに、あなたの月命盤の離宮（南）に凶神がついていたとしても、過去に祐気法による南の大吉方をつかっていれば、凶神の力は弱くなります。

こういったことを無視して月命盤の吉凶神のみにとらわれていると、生きた気学の判断はできなくなってしまいます。ひじょうに難しいところですが、易にしろ気学にしろ、あらゆる占術で〝活断《かつだん》〟（その場、その場における適切な生きた判断）の重要性が叫ばれるわけです。

何度もいいますが、とくに気学は後天運開運の術ですから、この〝活断〟の精神を忘れると、判断を間違うことになってしまいます。

吉凶神の意味するところは、つぎのとおりです。

◎吉神――

【天《てん》道《どう》】 すべての災難を吉にかえる力をもつ最高の吉神。この吉神をもった宮（星）は、どんな場合にも表面からの守護をうけます。

【天《てん》徳《とく》】 天道とならぶ吉神。天道同様、凶を吉に転ずるはたらきがあり、これのついた宮（星）を表面から援助します。

あなたの月命盤上で天道・天徳のついた宮は、あなたのもつもっとも優れた部分、そして、もっとも運の強い部分をあらわしています。

左の図をみてください。これは、それぞれ八つの宮がつかさどる事象をあらわしたものです。もし、あなたの巽宮に天道・天徳がつけば、ラッキーな結婚運が約束されていることがわかるのです。

【天徳合《てんとくごう》】天道・天徳の合神。裏面から思わぬ援助があたえられます。

【月徳合《げつとくごう》】天徳・月徳の合神。裏面から思わぬ援助があたえられます。

【月《げっ》　徳《とく》】凶意を調伏《ちょうぶく》し、吉に導《みちび》きます。

【生《せい》　気《き》】その宮に、活気と輝きをあたえます。

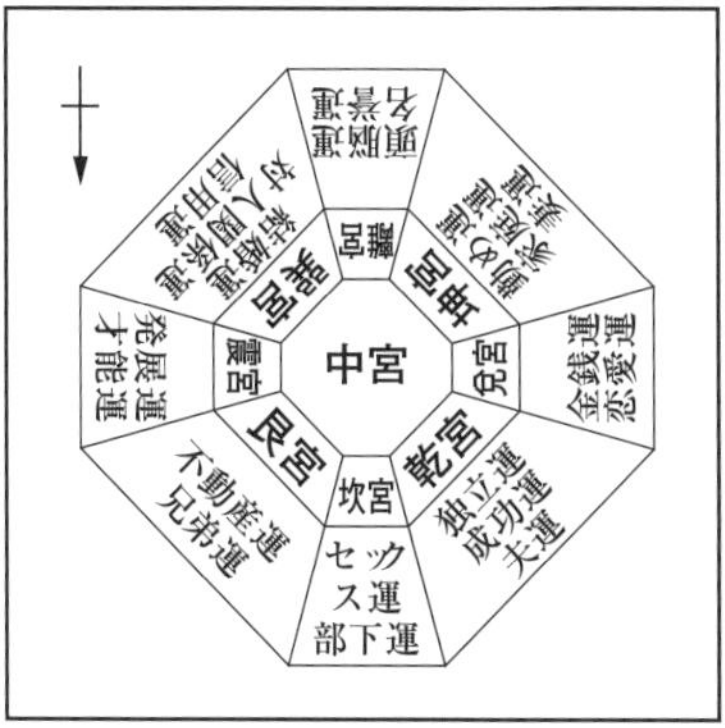

◎凶神——

【五黄殺《ごおうさつ》】その宮や星が本来もつよい面を殺し、悪い面を強調します。

【暗剣殺《あんけんさつ》】その宮や星が本来もつよい面に対して、妨害や不意の災難をもたらす作用をします。

【月《げっ》　破《ぱ》】交渉ごと全般に暗いカゲを落とす凶神。離別、中断の暗示があります。

傾斜宮が明かすあなたの長所・短所・チャンスの時期

♧坎宮（北）傾斜

本命星が月命盤の坎宮に回座したあなたは、定位盤の坎宮にいる一白水星の影響を強くうけています。ですから性格は地味ながら、どんな環境にでも自然に溶けこみ、意外にうまく世の中を泳いでいきます。しっとりとした雰囲気と、清潔な色気が異性の心を迷わせます。

長所→あなたの長所は、思索能力と忍耐力が人一倍すぐれているという点です。また、どんな状況に陥ってもへこたれることのない芯の強さも立派です。そして日常生活の枝葉的なことには無関心、苦労を苦労と思わぬしたたかなところがあります。自分の才能を上手に生かして、収入に結びつける才覚があります。

短所→あなたの短所は、ちょっと思想的に偏ったところがあって、親しい人にもなかなか本心をうち明けようとしないところです。腺病質で体はあまり丈夫ではありません。色恋を好み、溺れこむようなところがあります。嫉妬心も旺盛。

チャンスの時期→坎宮同会の年。また、42歳前後。

♧坤宮(南西)傾斜

本命星が月命盤の坤宮に回座したあなたは、定位盤の坤宮にいる二黒土星の影響を強くうけています。ですから性格は温厚で実直、たいへんな努力家です。そしていつでも地に足のついたものの考え方をして、決して無理をしません。

どんな仕事をしても案外器用にこなすので、目上の人々には重宝がられます。とくに女性は母性本能が強く、男性にとってはそこが魅力になります。

長所↓あなたの長所は、とにかくまじめでかげひなたなく働くということと、本質的にやさしくて親切だという点です。人を押しのけてもやっていこうという強引さがなく、つねに節度を守る態度もあなたに備わった美徳のひとつです。

そして、ぼんやりとしていることがなによりきらいで、いつも仕事をつくって動いていなければ気のすまないようなところがあります。

短所↓あなたの短所は、ちょっと迷い心が多く苦労性の点です。ふたつにひとつというとき、なかなかひとりでは決められません。そのため、リーダーとなって人を動かすことは苦手です。倹約はけっこうですが、ときには度がすぎることがあります。身びいきが強く、嫉妬心もかなりです。

チャンスの時期↓坤宮同会の年。また、45歳前後。

♧震宮（東）傾斜

本命星が月命盤の震宮に回座したあなたは、定位盤の震宮にいる三碧木星の影響を強くうけています。ですから性格は明るく、たいへん活動的。じっとしていることをきらい、いつも動きまわっています。ちょっと口の悪いところがあって、すぐに怒鳴ったりもしますが、根にもたず、じきにカラッと忘れてしまいます。

また、新しいもの好きで、あなた自身発明・発見が得意です。

長所↓あなたの長所は、困難にひるまない勇気と積極性です。開拓精神旺盛で、いままでだれも手をつけなかったようなことに果敢に挑戦します。そして、たとえ失敗してもあまり悲観することがなく、要するにこだわりのない性格なのです。

人が捨てるようなものでも、工夫して生かすのが上手です。また、技術系のことにはとくに才能があります。声のよい人が多いのも特徴。

短所↓あなたの短所は、熱しやすく冷めやすいところ。そして、意外に要領がよく舌先三寸でうまいことを言うことがあります。そのため口で失敗することが多く、怒りっぽいところもあるので、口論・けんかが絶えません。計画性に乏しく、前後のことを考えず、すぐに行動したがるところがあります。

チャンスの時期↓震宮同会の年。また、20代前半。

♧巽宮(南東)傾斜

本命星が月命盤の巽宮に回座したあなたは、定位盤の巽宮にいる四緑木星の影響を強くうけています。ですから性格はくせがなく、対人関係を巧みにこなして世間をわたっていきます。なにごとにつけても荒っぽいことがきらいなので、仕事もきちんとこなすし、自分の身をこざっぱりと飾ることも忘れません。また、故郷や親元を離れて生活する人が多く、旅行好きです。

長所↓あなたの長所は、おだやかな気質といやみのない社交性です。いわゆる常識人で、細かいところにもよく気がつきます。つねに目上の人をたてることを忘れず、意味のないけんかをするようなことがありません。

世話好きで、よく周囲の人々のめんどうをみます。容姿も性格もバランスよくととのった人が多いものです。

短所↓あなたの短所は、ちょっとぐずぐずするところがあるのと、一方、すぐに他人の問題に首をつっこみたがる点です。急用などほっておいて、ぎりぎりになって慌てさわぐようなことがあります。また、根がお人好しなので、人に利用されやすい欠点もあります。

新製品には目がなく無駄なお金をつかいます。

チャンスの時期↓巽宮同会の年。また、30歳前後。

♧乾宮(北西)傾斜

本命星が月命盤の乾宮に回座したあなたは、定位盤の乾宮にいる六白金星の影響を強くうけています。ですから性格は潔癖で正義感が強く、曲がったことがだいきらいです。そんなあなたの気質が、自然にあなたをひとつのグループのリーダーに仕立てあげています。また、大きな目標にむかって着々と進んでいくという行動派でもあります。

長所↓あなたの長所は、まず聡明で冷静な判断力をもっているという点です。天与の品性をそなえていて、低俗なことやケチくさいことをきらいます。個人的なことよりは社会的なことに関心をもち、自分より社会的に弱い立場の人々をよくかばうので人望があります。

また、信念をつらぬく意志と気迫にも猛烈なものがあります。

短所↓あなたの短所は、気位が高くぶっきらぼうな点です。負けずぎらいで意地っぱりのところがあるので、目上の人との衝突が多くなります。対人関係に柔軟性が欠けています。なかなかの野心家で、これが悪くでるとギャンブルに凝るようになってしまいます。

チャンスの時期↓乾宮同会の年。また、50代後半。

♧兌宮(西)傾斜

本命星が月命盤の兌宮に回座したあなたは、定位盤の兌宮にいる七赤金星の影響を強くうけています。ですから性格はそつなく、社交上手です。人をそらさぬ会話のうまさと、なつっこい雰囲気が多くの人々にかわいがられます。

また、多芸多才でなにごとにも興味をしめし、人生を楽しく生きていこうという気持ちが旺盛です。愛きょうのある気質が、とくに異性に愛されます。

長所↓あなたの長所は、弁舌がたくみで人あたりよく、そしてきれい好きだという点です。また、趣味に打ちこみ、それを上手に生かして収入につなげるという才覚ももっています。おしゃれでセンスがよく、その場の雰囲気を明るくする徳があります。そして、本質的にはおとなしく意外に常識的なところがあるので、あまり突拍子もない冒険はしません。

短所↓あなたの短所は、ちょっと遊び好きでわがままだという点です。そして、自分だけ楽しめばよいというところがあって、出費も自分のためなら惜しみませんが、人のためとなると出し惜しみすることがあります。ギャンブルやラブ・プレイが好きです。美食家で、食べ物について小うるさく注文をつけます。

チャンスの時期↓兌宮同会の年。また、50代前半。

♧艮宮(北東)傾斜

本命星が月命盤の艮宮に回座したあなたは、定位盤の艮宮にいる八白土星の影響を強くうけています。ですから性格は落ちついて、信頼のおける人のはずです。ただ、八白土星という星自体変化をあらわすむずかしい星なので、艮宮傾斜の人の性格もちょっととらえどころのないような部分があります。実直な面、山師的な面、淡白な面、嫉妬心旺盛な面……、と多面的人格といえます。

長所↓あなたの長所は、とても家族思いで情が深いという点です。そして、イザというときでも、決して慌てさわぐことがありません。いい意味での神経の太さをもっていて、包容力があります。とくに女性は家庭もちがよく、子供のめんどうをよく見、家の中をきれいに飾りととのえることを忘れません。凝り性で器用なたちなので、日曜大工でいろいろ便利なものをつくったりします。倹約家です。

短所↓あなたの短所は、ちょっと性格的に偏ったところがあり我が強いという点です。反面、内心では気迷いが多く意外に苦労性のところがあります。倹約の度がすぎて、だし惜しみすることがあります。熱しやすく冷めやすく、人によっては投機的なことに熱中してかなりきわどいことをします。

チャンスの時期↓艮宮同会の年。また、40歳前後。

♧離宮（南）傾斜

本命星が月命盤の離宮に回座したあなたは、定位盤の離宮にいる九紫火星の影響を強くうけています。ですから性格は明るく情熱的。頭の回転もよいキレ者です。そして美しいもの、華やかなものにあこがれる気持ちが強く、美術や文学に生き甲斐を見つけようとします。

また、おしゃれで内面の充実よりは外観を飾ることに熱心です。

長所→あなたの長所は、とにかくアイデアにすぐれ抜群の企画力をもっているということです。世間の動向をいち早くキャッチして、そのニーズを察知する才能があります。また、情熱家のところがあるので好きな仕事であればかなりの実績をあげます。人生を肯定的にとらえる気質は、たいへんな美点。

社交家でゴージャスな雰囲気をもっています。美男美女が多いのも特徴。

短所→あなたの短所は、移り気で怒りっぽいという点です。そして、なにごとも派手好きで、見栄っぱりなところがあります。意外になまいきな態度をとるので争いがたえず、部下運にはあまりめぐまれません。また、ものごとの外観ばかりにとらわれるので、内面的な充実を欠いてしまいます。

チャンスの時期→離宮同会の年。また、30代後半。

月命盤の兌宮・巽宮・坎宮が明かすあなたの恋愛運・結婚運

ここで使用する傾斜鑑法は、あなたの月命盤のみを判断材料とします。月命盤をだしてしまったら、ひとまず本命盤と本命星を念頭から取りのぞいてください。

そして、巻末の「九星月命盤」から探しだしたあなたの月命盤をみてください。恋愛運・結婚運の判断は、左上図に示したように兌宮・巽宮・坎宮の状態で押さえていきます。これらの各宮に回座した吉凶神から判断していくのです。

基本的には、恋愛結婚運は兌宮、見合い結婚運は巽宮、そして恋愛や結婚の根本となるセックス運は坎宮がつかさどるものとします。

そして、さらに月命盤全体を見まわして、四緑木星（見合い結婚の星）・七赤金星（恋愛結婚の星）・一白水星（性愛の星）がどんな吉凶神を背負っているか、というところまで追跡していきます。

以上のことを具体的に述べると、つぎのように判断されます。

♧兌宮・巽宮（どちらか一方でもよい）に吉神をもち、凶神のつかない人

恋愛運・結婚運にはめぐまれています。さらに坎宮、または一白水星に吉神がついていれ

ば、エロスの喜びも深いとみます。

♧兌宮・巽宮のいずれにも吉凶神のつかない人

恋愛に関して淡白で、結婚も平凡なものになりそうです。ただしこの場合、坎宮にはいった吉凶神に注目して最終的な判断をします。

♧兌宮・巽宮に吉神と凶神の両方がついた人

たいていの人はこれに属するはずですが、この場合、現象的には吉凶おりまぜていろいろでてきます。吉凶神の性格・力の強さなどによって、単純には吉とも凶とも判断がつけられません。

ただ、結婚や恋愛についてもっとも破壊力のある凶神は月破ですから、これがあれば凶。つぎに悪いのは暗剣殺です。

五黄殺は配偶者が病弱だったり、収入が不安定だったり、ちょっと悪魔的だったりということを暗示していますが、晩婚の人や再婚を願う人にとっては、あまり恐れるべき凶神ではありません。まして、天道・天徳といった強力な吉神と同座していたりすれば、かえって望まし

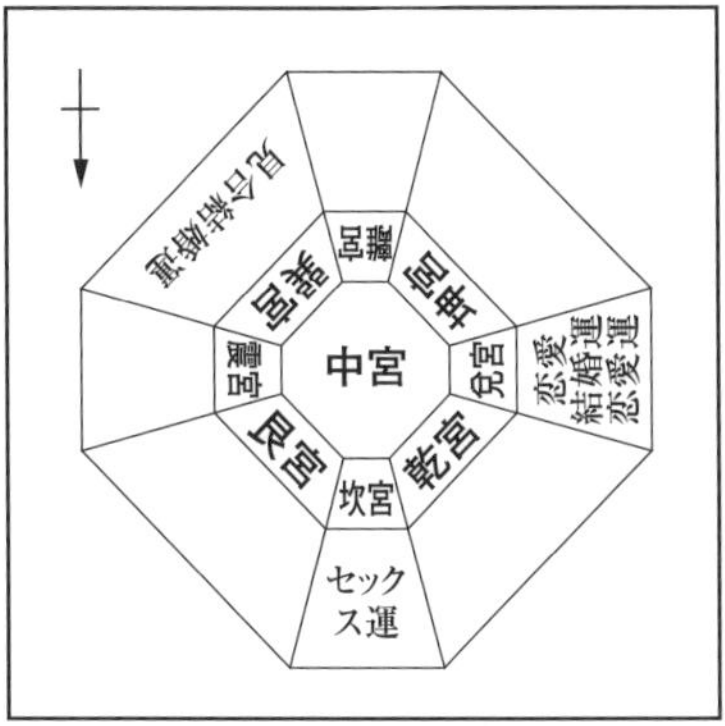

い場合もあります。
もちろん、この他坎宮・四緑・七赤・一白の状態もよくみる必要があります。

♧兌宮・巽宮に凶神のみがついた人

恋愛運・結婚運は波乱ぶくみです。とくに、見合い結婚は考えないほうがいいでしょう。むしろ、晩婚の恋愛結婚にチャンスがあります。
また、こうした人の場合でも相手の結婚運がよければ、その徳によって凶神がカゲをひそめますし、再婚の場合も凶神の影響力は少なくなります。でも、はじめから相性のいい相手を選ぶように気をつけてください。結婚運の悪い人というのは自然に相性の悪い相手を選んでしまうものなのですが、次ページに傾斜による相性表を掲げてありますから、そういうことのないようにしてください。

♧月命盤の中宮星（月命星）が明かす早婚・晩婚タイプ

月命盤の中宮星・一白水星↓早　婚
月命盤の中宮星・二黒土星↓早　婚
月命盤の中宮星・三碧木星↓晩　婚
月命盤の中宮星・四緑木星↓早　婚
月命盤の中宮星・五黄土星↓早　婚
月命盤の中宮星・六白金星↓晩　婚
月命盤の中宮星・七赤金星↓早　婚
月命盤の中宮星・八白土星↓早　婚
月命盤の中宮星・九紫火星↓晩　婚

傾斜による相性表

月命傾斜＼吉凶	大吉	吉	小吉	小凶	凶
離宮傾斜の人	震宮	巽宮	艮宮	坤宮	坎・乾・兌・離
乾宮傾斜の人	坤宮	艮宮	坎宮	兌宮	離・震・巽・乾
巽宮傾斜の人	坎宮	離宮	震宮	坤・艮	乾・兌・巽
震宮傾斜の人	坎宮	離宮	巽宮	なし	坤・艮・乾・兌・震
坤宮傾斜の人	離宮	乾宮	兌宮	艮宮	坎・震・巽・坤
艮宮傾斜の人	離宮	乾宮	兌宮	坤宮	巽・震・艮
兌宮傾斜の人	艮宮	坤宮	坎宮	乾宮	離・震・巽・兌
坎宮傾斜の人	兌宮	乾宮	震宮	巽宮	坤・艮・離・坎

月命盤の兌宮・乾宮・艮宮が明かすあなたの財運

ここで使用する傾斜鑑法は、あなたの月命盤のみを判断材料とします。月命盤をだしてしまったら、ひとまず本命盤と本命星を念頭から取りのぞいてください。

そして、巻末の「九星月命盤」から探しだしたあなたの月命盤をみてください。金運・不動産運の判断は、左上図に示したように兌宮・乾宮・艮宮の状態で押さえていきます。これらの各宮に回座した吉凶神から判断していくのです。

ひとくちに財運といってもいろいろあって、その種類によって見方がちがってきます。たとえば、ふつう金運の宮といえば兌宮です。しかし兌宮での金運は、流動的なものであって安定した財産は意味しません。それも比較的小金というべきもので、大金となると兌宮よりは乾宮がその意味をもち、不動産となればこれは完全に艮宮です。

♧兌宮（生活費・こづかい銭を支配）

兌宮に凶神をもたない人は、生活費やちょっとしたこづかい銭に困るということはありません。吉神がつけば、飲んだり食べたりといったことにかなりの贅沢ができるとみます。また、凶神と吉神が同座していれば金銭の出入りが激しく波乱ぶくみ。でも、いよいよ困ったというときには、いつもどこかからお金がはいってくるといった調子で、とことん食い詰めるということはありません。

この宮に凶神だけがついているという人は要注意。たとえ乾宮や艮宮に吉神がついていても、不動産はあるけれどおかげで税金がかさんでこづかいに不足する、などという状態がでやすいものです。ただし、五黄殺がはいっている場合は金運の浮沈が激しく、ときにはギャンブルや投機に手をだして大もうけすることもあります。

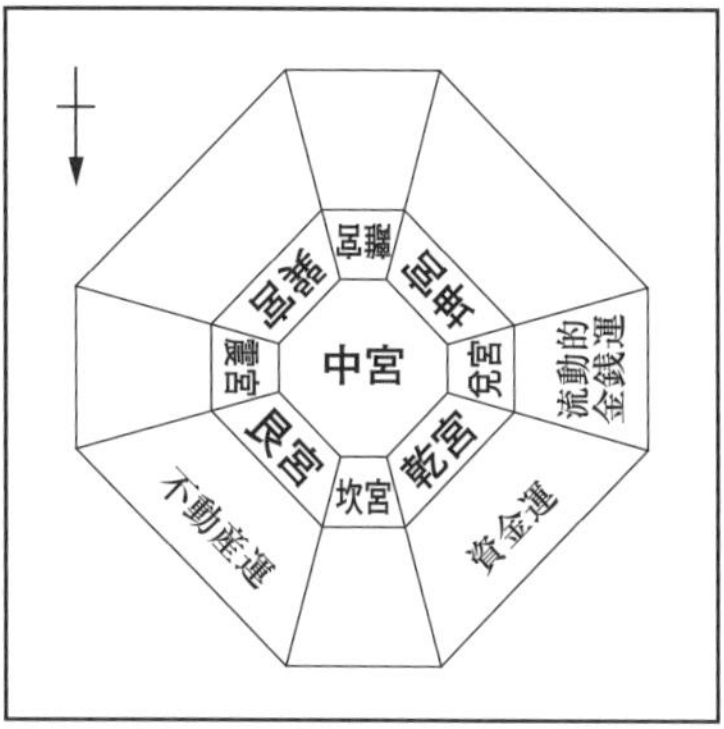

♧乾宮（事業面での資金を支配）

乾宮に吉神をもった人は、事業をはじめたり店を持とうと思ったとき、スムーズに資金をつくることができます。この宮に月破や暗剣殺のある人は、独立自営の道は考えないほうが無難。資金面で致命的な事態におちいるかもしれません。

五黄殺がはいっている場合は吉凶激しく、もし総合的にみてあなたの運気が強ければ成功します。それも汚物・廃品に関するもの、死体に関するものなど、五黄土星のマイナス面の象意が強くでた商売ほど成功率が高くなります。また、投機とかちょっと脱法的なやり方でもうけることも可能ですが、これはしくじると再起不能になります。

乾宮に吉神も凶神もない人は平凡です。事業をはじめても、大財閥を築くまでにはいたりません。

♧艮宮（家・土地など不動産を支配）

艮宮に吉神をもった人は、住居のことで苦労することはありません。吉神も凶神もなければ平凡。大きな不動産には縁がなくても住むところに困るというほどではありません。

この宮に凶神がつけば、不動産にはついていません。たとえ親譲りの土地などがあっても、手放すハメになってしまうかもしれません。とくに、月破と暗剣殺の両方がついているような人は要注意。不動産にからんだ詐欺やペテンにかからないようにしてください。また五黄殺のついた人は、浮沈が激しいものです。いったん不動産による成功をみたら、下手にいじらないのが得策。

なお艮宮に凶神をもった人は、財産を動産のかたちで貯蓄したほうがトラブルが生じず安全です。

月命盤の坤宮・乾宮・坎宮・巽宮が明かすあなたの仕事運

ここで使用する傾斜鑑法は、あなたの月命盤のみを判断材料とします。月命盤をだしてしまったら、ひとまず本命盤と本命星を念頭から取りのぞいてください。

そして、巻末の「九星月命盤」から探しだしたあなたの月命盤をみてください。仕事運の判断は、図に示したように坤宮・乾宮・坎宮・巽宮の状態で押さえていきます。これらの各宮に回座した吉凶神から判断していくのです。

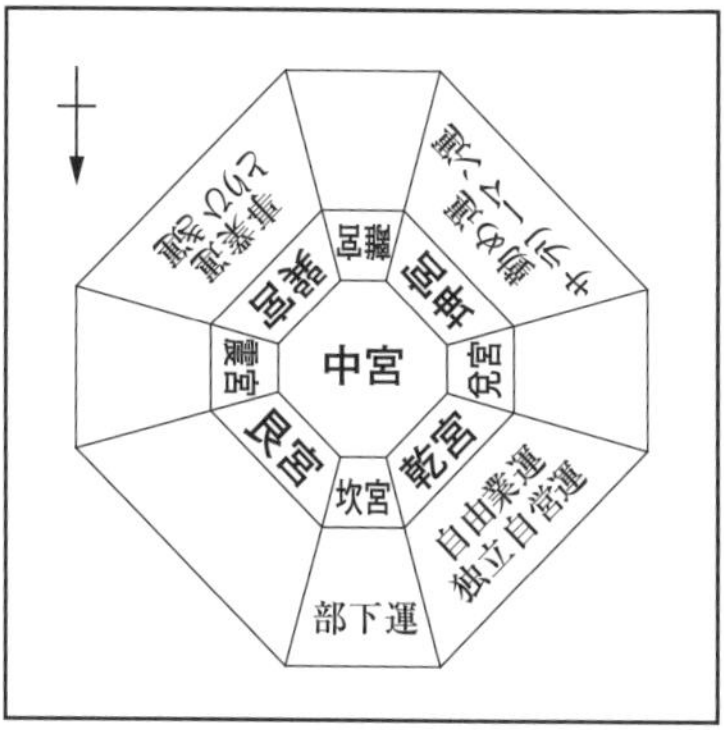

ひとくちに仕事運といっても、それぞれの宮にはちがった象意があります。勤め運（サラリーマン運）は坤宮、独立運（独立自営・自由業）は乾宮、部下運は坎宮、事業運・取り引き運は巽宮がつかさどります。実際に判断するときには、まず大きくわけて自分は勤め運がいいのか、それとも独立運がいいのかということを調べ、部下運と事業運は補足的に判断に加えるようにすると

よいでしょう。

♧坤宮に凶神があれば独立型、乾宮に凶神があればサラリーマン型

まず、あなたの月命盤の坤宮と乾宮に注目してください。もしあなたの坤宮に凶神がついていれば、あなたはどこかに勤めているかぎり不平不満が多く、しかも努力しているわりには報われません。乾宮に凶神がなければ、独立自営か自由業の道を選んだほうがよいでしょう。たとえ収入面での安定性を多少欠いたとしても、精神面での安定と充実感にはかえがたいものがあるはずです。

一方、乾宮に凶神がついていれば、独立運はありません。暗剣殺と月破が両方あったりすれば、さらに致命的。商売にしてもなんにしても、せっかく一生懸命して軌道にのせたと思っていた矢先になんらかの妨害にあう、という暗示があるのです。とにかく、どこかの会社に勤めるか公務員としてきちんと働くことです。

また運の悪い人は、坤宮に月破を、乾宮に暗剣殺をもっていることもあります。こうした人の場合は、あれこれやってみて結局独立自営するか自由業者の道を歩き出して、ようやく安定することになります。なぜなら月破と暗剣殺とをくらべれば、月破のほうが破壊力が大きく凶意が強いからです。ただ、いくら独立するとはいってもやはり乾宮に暗剣殺を背負っ

ているわけですから、乾宮が吉神で守護された人にくらべれば苦労はつきまといます。なるべく迷い心をすてて、決断力と強い信念とを養うようにしてください。

♧部下運と取り引き運

坎宮に吉神をもった人はよい部下にめぐまれ、部下の協力と援助が得られます。逆にこの宮に凶神があれば部下に背かれたり、部下がしょっちゅうトラブルをおこしたりすることになります。したがって、あなた自身が会社や企業で高いポストにつくことも困難になってきます。あなたが自由業者としてまったくひとりでやっていくのだったら、問題はありません。

仕事上の対人関係は……

また巽宮に凶神がついていれば取り引きに関する対人関係にトラブルがおこり、得意先の人との折衝などもうまくいきません。

こういう人は独立して事業をくわだてるよりは安定したサラリーマンの道を歩んだほうが無難です。

月命盤上の凶神（月破・暗剣殺・五黄殺）が明かすあなたの健康運

ここで使用する傾斜鑑法は、あなたの月命盤のみを判断材料とします。月命盤をだしてしまったら、ひとまず本命盤と本命星を念頭から取りのぞいてください。

健康運の判断は月命盤上の特定の宮ではなく、凶神がついた宮とそこに回座している星の象意から押さえていきます。

病気の部位、種類は次ページの図のように決められています。

まず、巻末の「九星月命盤」から探しだしたあなたの月命盤をみてください。月破、暗剣殺、五黄殺といった凶神はどの宮についていますか。凶神がついている宮、そしてその宮に回座した星があなたの体の弱い部分を明らかにしています。

たとえば、あなたが本命・九紫で6月生まれ（月命・一白）だとすると、月命盤上の**離宮**に五黄殺がつき、月破・暗剣殺はともに**六白金星**の回座した**坎宮**についていることになります。ですから健康上のウィークポイントは、離宮（目・心臓）、坎宮（腎臓・婦人科系）、そして六白金星（心臓・頭部・血圧関係）があらわす部分にあるということが、次ページの図をもとに判断できるのです。

人体九星配位図

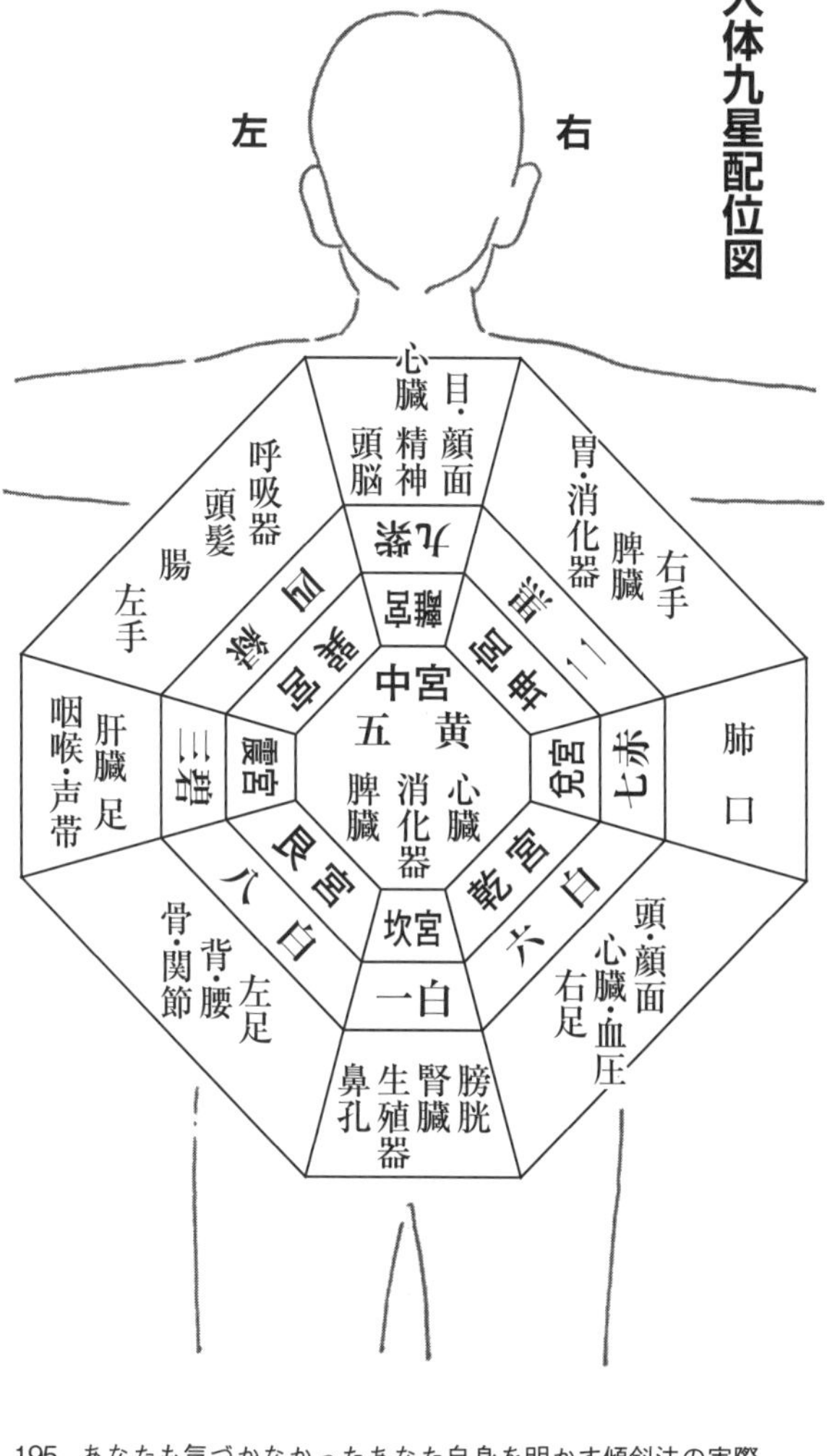

左
右
心臓
目・顔面
頭脳
精神
九紫
離宮
胃・消化器
脾臓
右手
二黒
坤宮
呼吸器
頭髪
腸
左手
四緑
巽宮
中宮
五黄
脾臓
消化器
心臓
肺
口
七赤
兌宮
肝臓
足
咽喉・声帯
三碧
震宮
骨・関節
背・腰
左足
八白
艮宮
頭・顔面
心臓・血圧
右足
六白
乾宮
一白
坎宮
膀胱
腎臓
生殖器
鼻孔

付録

九星盤・九星吉方表・九星月命盤・九星循環表

九星盤（年盤）

この盤は、九星循環表からわかる中宮星別に各星の遁甲の位置関係をあらわしたものです。月盤・日盤にもなりうるものですが、本書では年盤として使用します。

五黄中宮の年盤

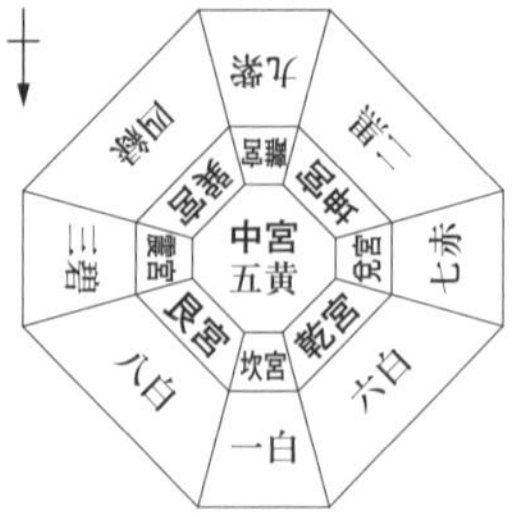

六白中宮の年盤

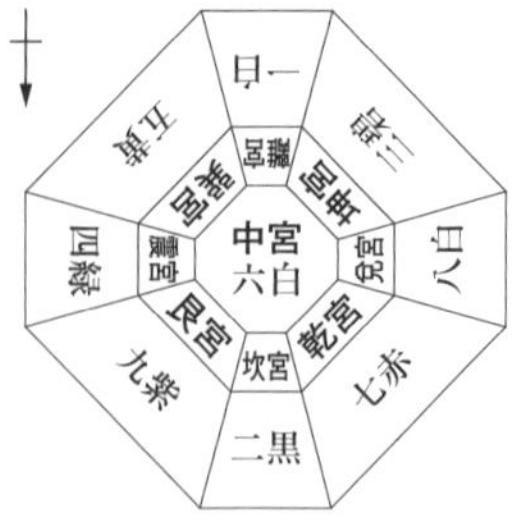

七赤中宮の年盤

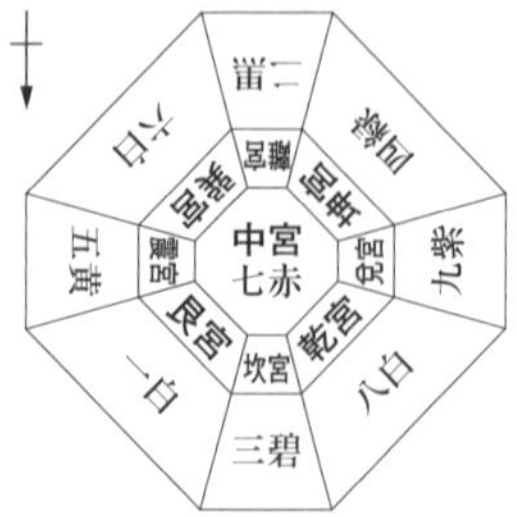

定位盤

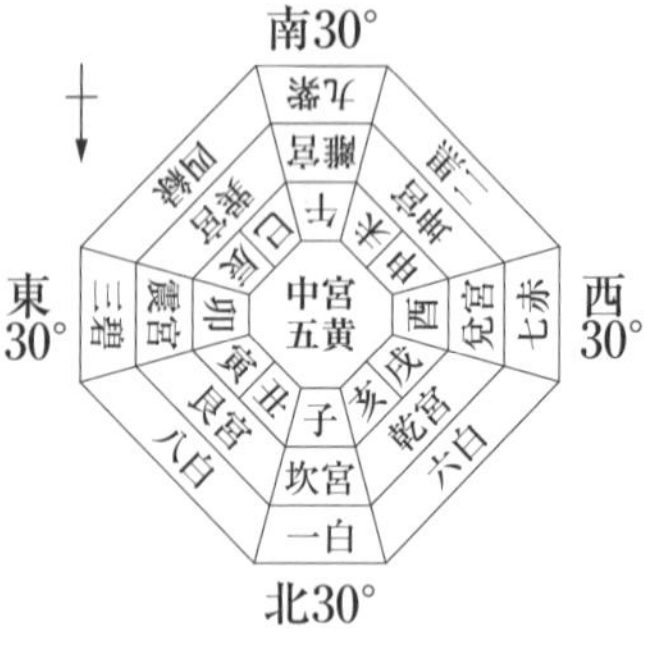

二黒中宮の年盤

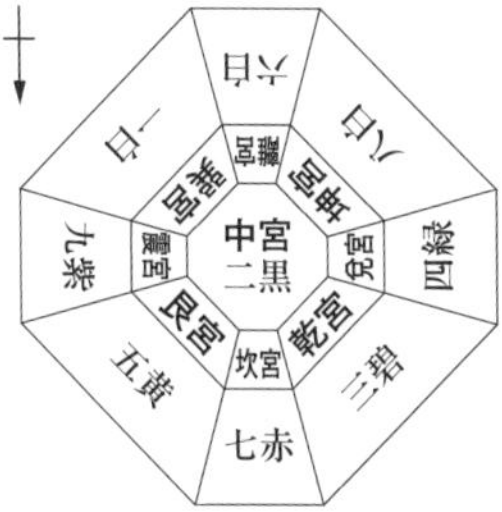

八白中宮の年盤

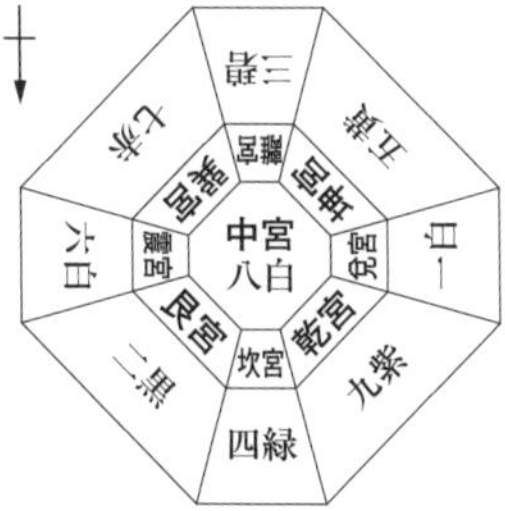

三碧中宮の年盤

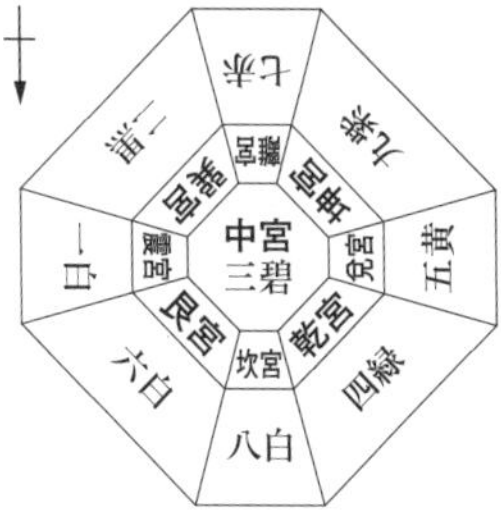

九紫中宮の年盤

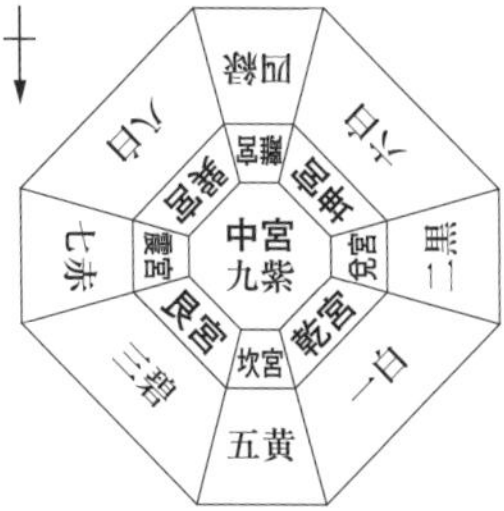

四緑中宮の年盤

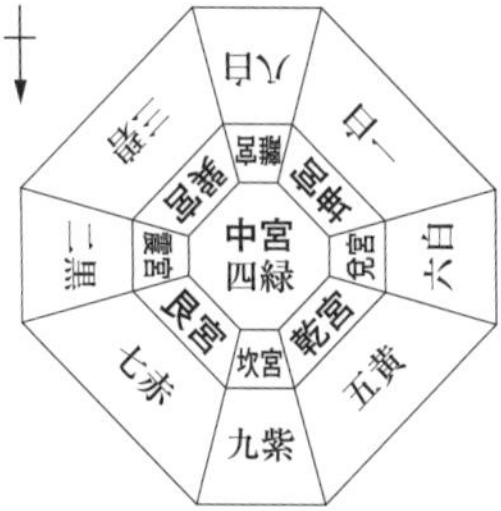

一白中宮の年盤

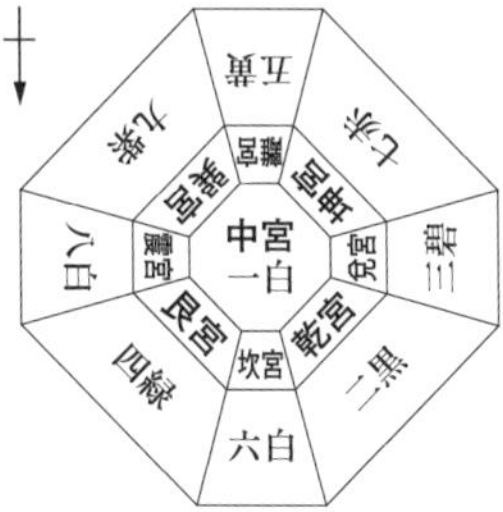

本命星・一白水星の吉方表

注意

●表中の薄アミがかかった宮が吉方です。ただし、定位対冲の方位は、起死回生をねらうような特別の場合以外にはつかえません。（本文・3章〝祐気法〟参照）。また、定位対冲の方位は、年・月・日（または年・月、月・日）のかさなりで用いることはできません。

●たとえこの表で吉方になっていても、破がつけば凶方となってつかえません。破とは、その年（月・日）の十二支の正反対の方位です。十二支の方位は、定位盤に示されています。

たとえば平成二十八年・申年の歳破は、申・南西60°の正反対の寅・北東60°となります。

九紫中宮の年（月・日）盤

吉方＝南西 60°　北東 60°
東 30°（定位対冲）

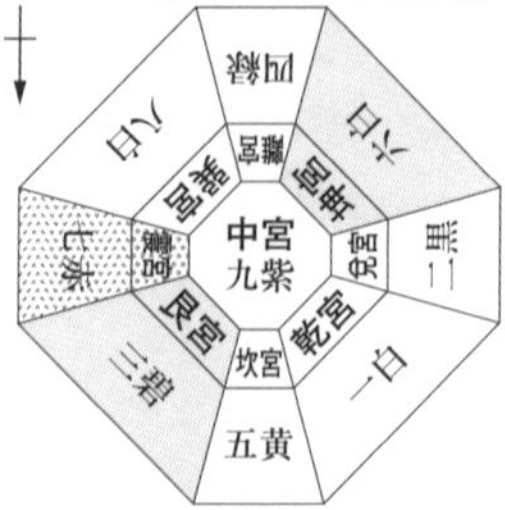

八白中宮の年（月・日）盤

吉方＝南 30°　北 30°
南東 60°

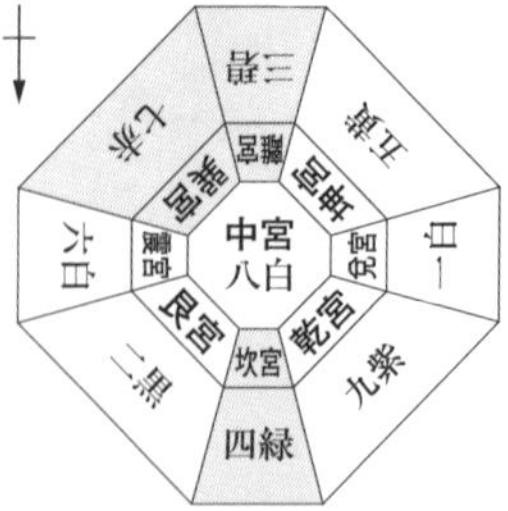

七赤中宮の年（月・日）盤

吉方＝北 30°
南東 60°（定位対冲）

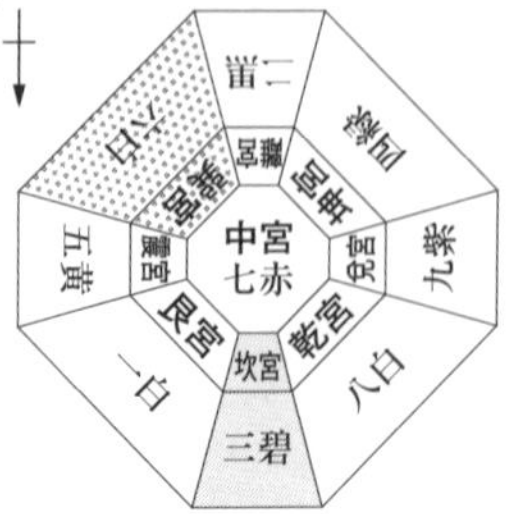

定位盤

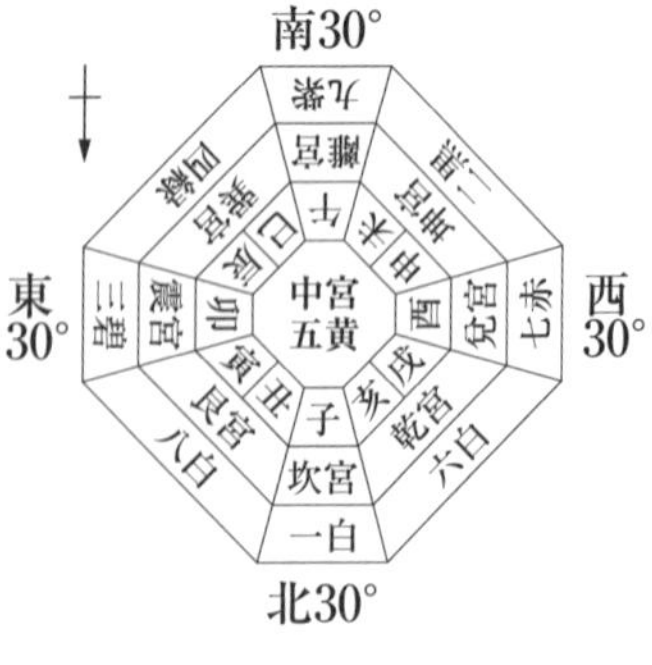

三碧中宮の年(月・日)盤

吉方＝南 30° 北東 60°
北西 60°(定位対冲)

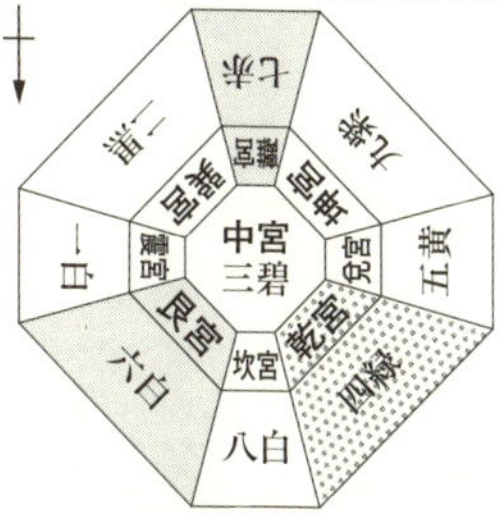

六白中宮の年(月・日)盤

吉方＝南西 60° 東 30°

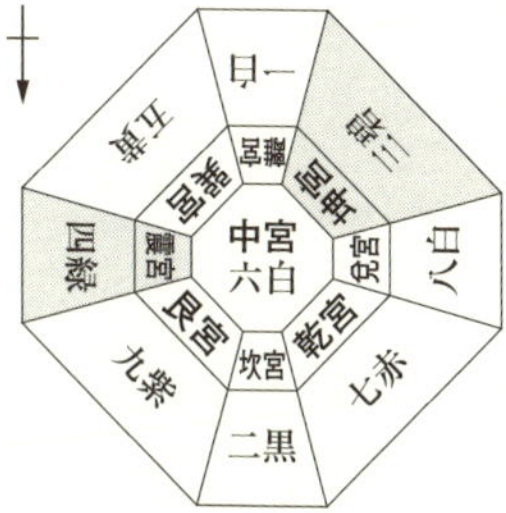

二黒中宮の年(月・日)盤

吉方＝南 30° 西 30°
北 30°

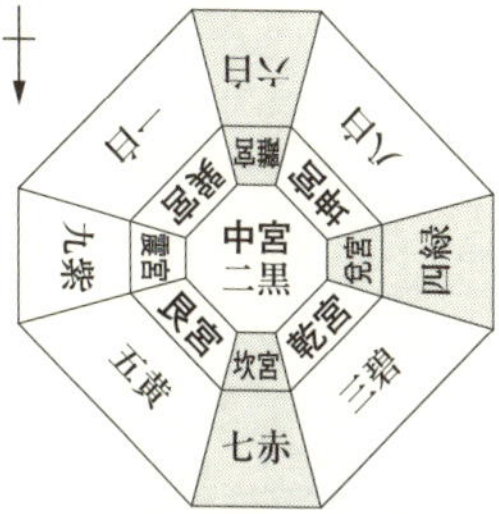

五黄中宮の年(月・日)盤

吉方＝西 30° 北西 60°
東 30° 南東 60°

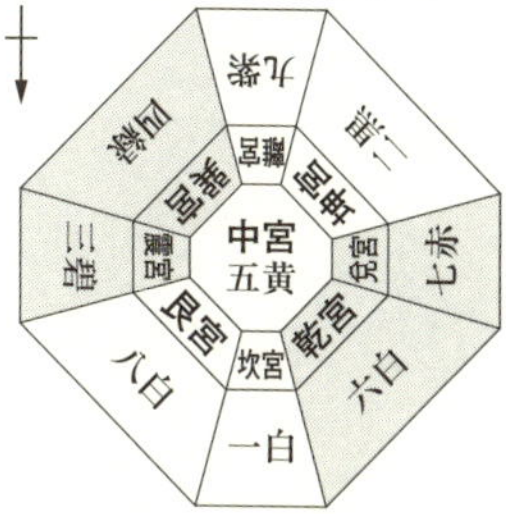

一白中宮の年(月・日)盤

吉方＝南西 60° 北東 60°
西 30°(定位対冲)

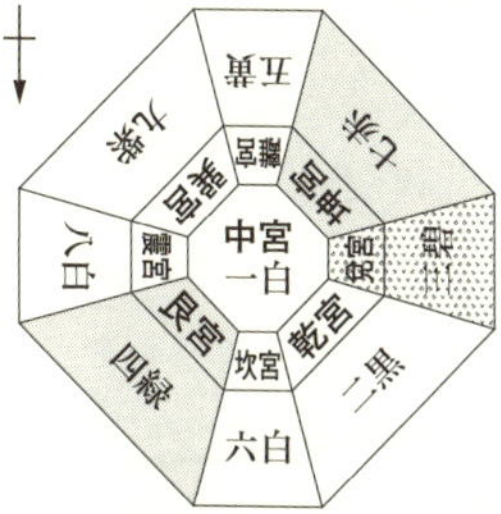

四緑中宮の年(月・日)盤

吉方＝西 30°

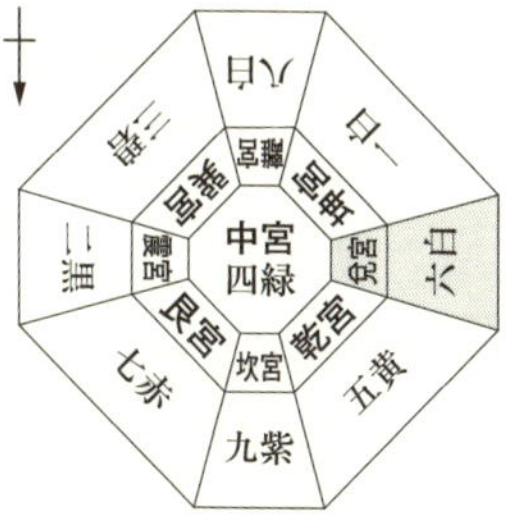

九星吉方表

本命星・二黒土星の吉方表

注意

●表中の薄アミがかかった宮が吉方です。ただし、定位対冲の方位は、起死回生をねらうような特別の場合以外にはつかえません。（本文・3章〝祐気法〟参照）。また、定位対冲の方位は、年・月・日（または年・月、月・日）のかさなりで用いることはできません。

●たとえこの表で吉方になっていても、破がつけば凶方となってつかえません。破とは、その年（月・日）の十二支の正反対の方位です。十二支の方位は、定位盤に示されています。たとえば平成二十八年・申年の歳破は、申・南西60°の正反対の寅・北東60°となります。

九紫中宮の年(月・日)盤

吉方＝南西 60°　南東 60°

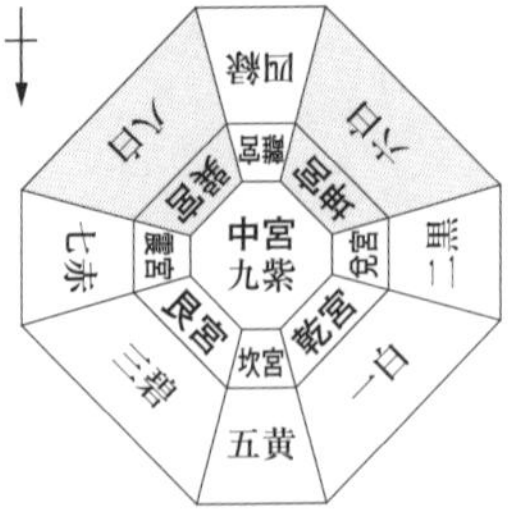

八白中宮の年(月・日)盤

吉方＝北西 60°　東 30°
南東 60°

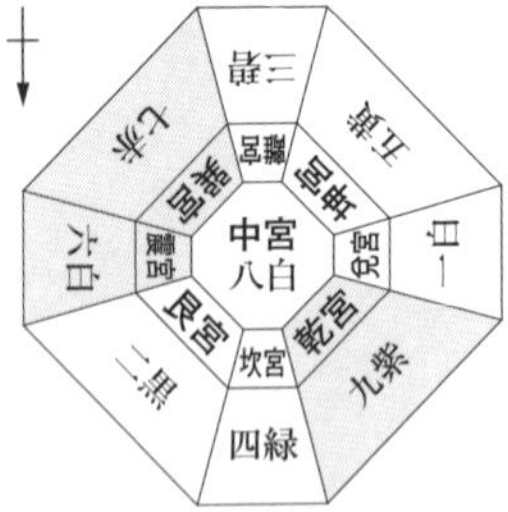

七赤中宮の年(月・日)盤

吉方＝北西 60°
南東 60°（定位対冲）

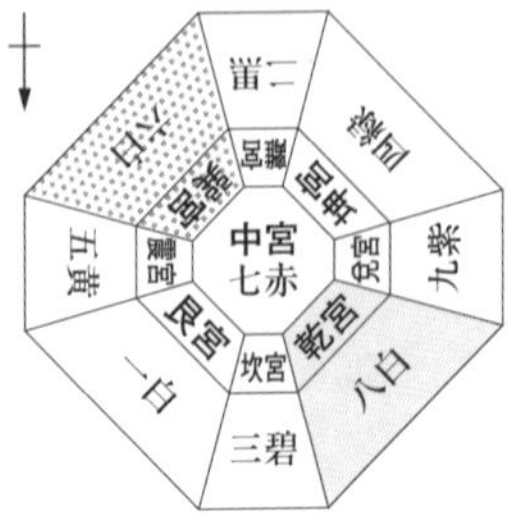

定位盤

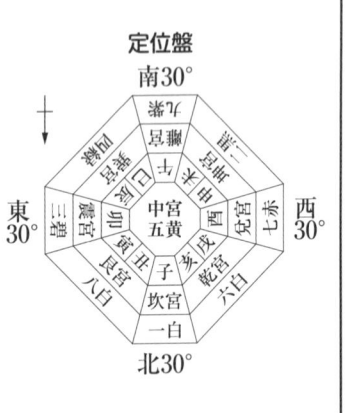

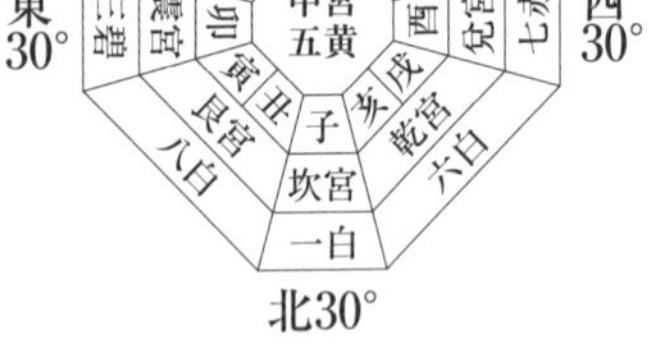

三碧中宮の年(月・日)盤
吉方＝南 30°　南西 60°
北 30°　北東 60°

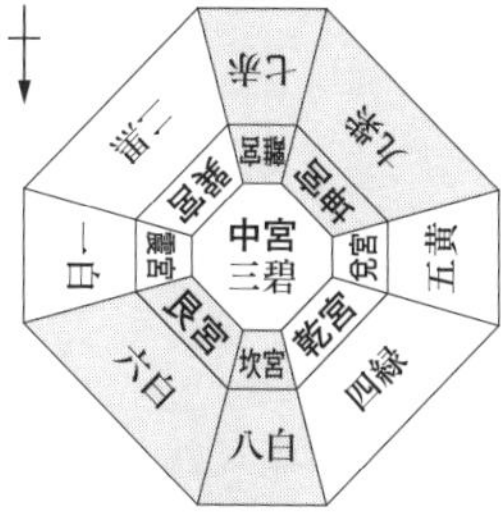

六白中宮の年(月・日)盤
吉方＝西 30°　北東 60°

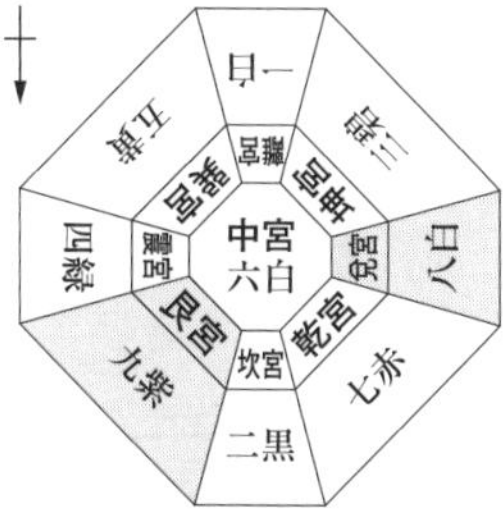

二黒中宮の年(月・日)盤
吉方＝南 30°　北 30°
東 30°

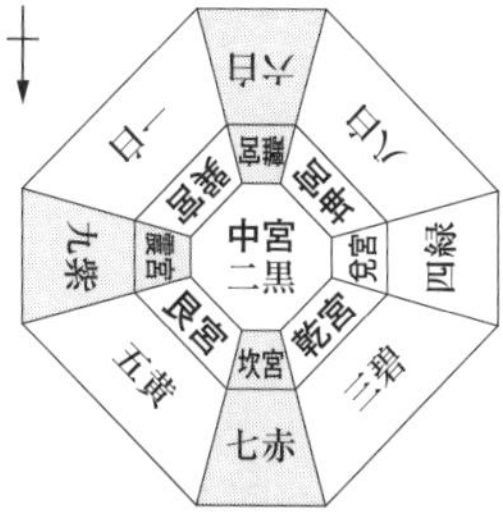

五黄中宮の年(月・日)盤
吉方＝南 30°　西 30°
北西 60°

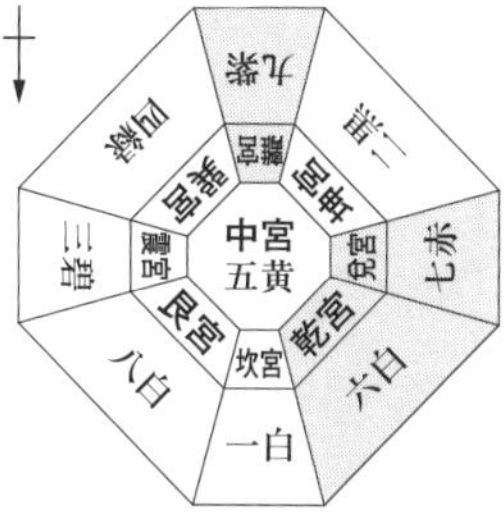

一白中宮の年(月・日)盤
吉方＝南西 60°　東 30°

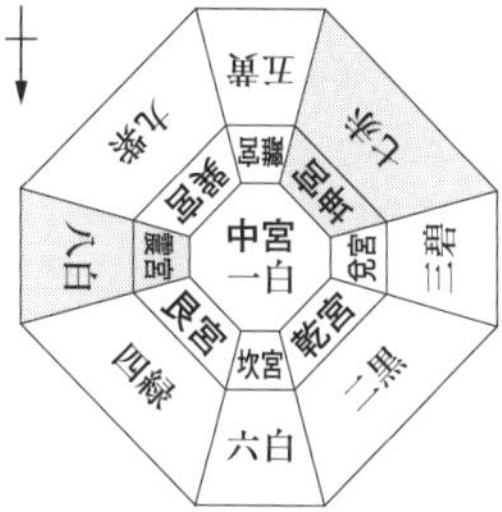

四緑中宮の年(月・日)盤
吉方＝南 30°　北東 60°
北 30°（定位対冲）

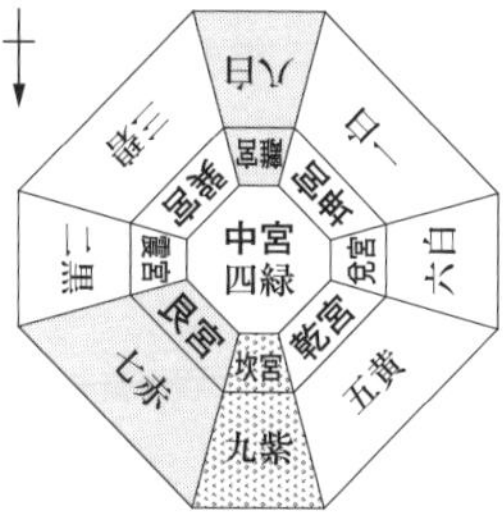

本命星・三碧木星の吉方表

注意

●表中の薄アミがかかった宮が吉方です。ただし、定位対冲の方位は、起死回生をねらうような特別の場合以外にはつかえません。（本文・3章〝祐気法〟参照）。また、定位対冲の方位は、年・月・日（または年・月、月・日）のかさなりで用いることはできません。

●たとえこの表で吉方になっていても、破がつけば凶方となってつかえません。破とは、その年（月・日）の十二支の正反対の方位です。十二支の方位は、定位盤に示されています。たとえば平成二十八年・申年の歳破は、申・南西60°の正反対の寅・北東60°となります。

九紫中宮の年(月・日)盤

吉方＝北西 60°

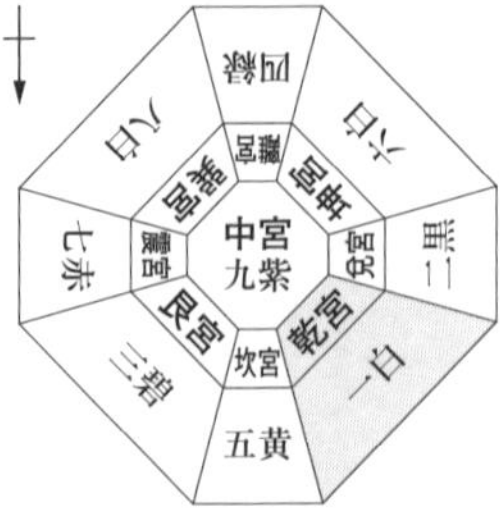

八白中宮の年(月・日)盤

吉方＝西 30°　北西 60°

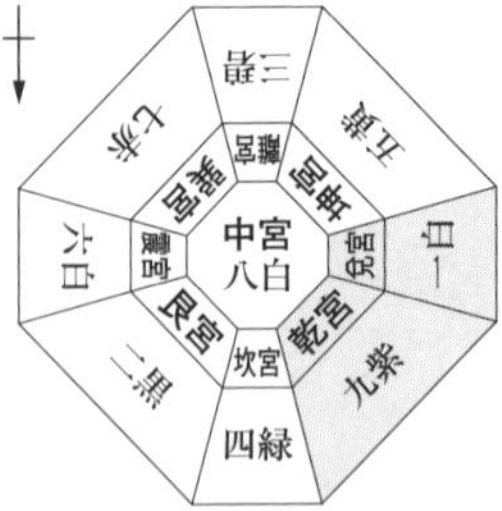

七赤中宮の年(月・日)盤

吉方＝南西 60°
北東 60°

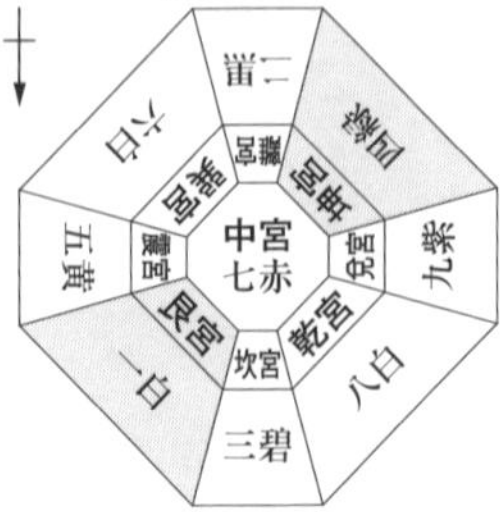

定位盤

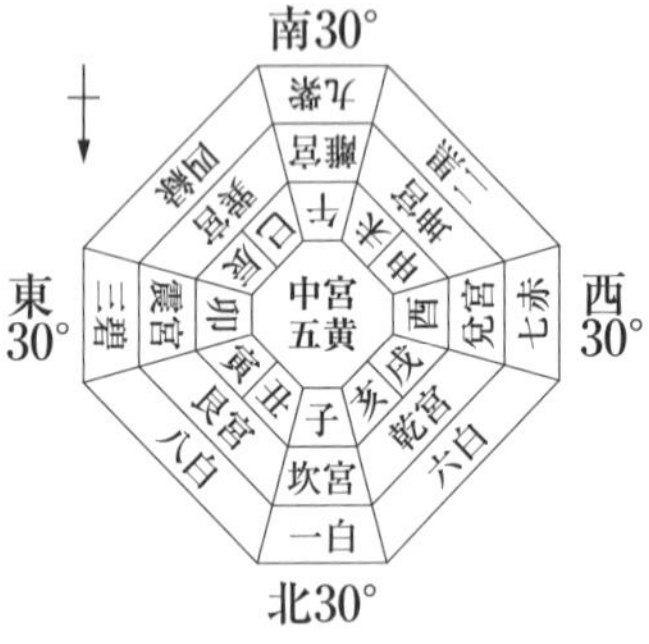

三碧中宮の年(月・日)盤

吉方＝南西 60°
北西 60°（定位対冲）

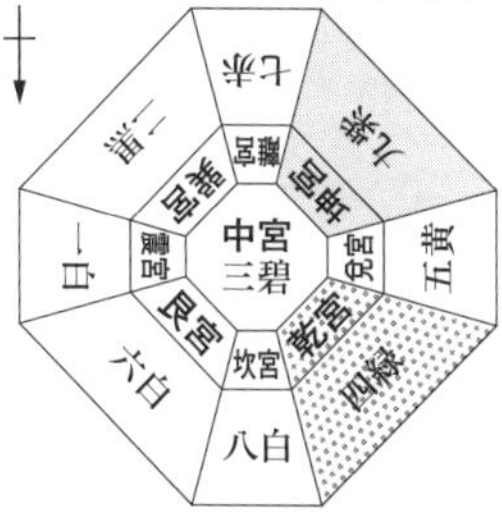

二黒中宮の年(月・日)盤

吉方＝西 30°　東 30°

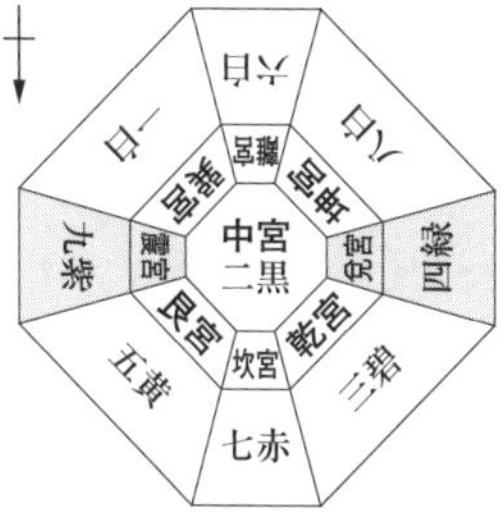

一白中宮の年(月・日)盤

吉方＝北東 60°　南東 60°

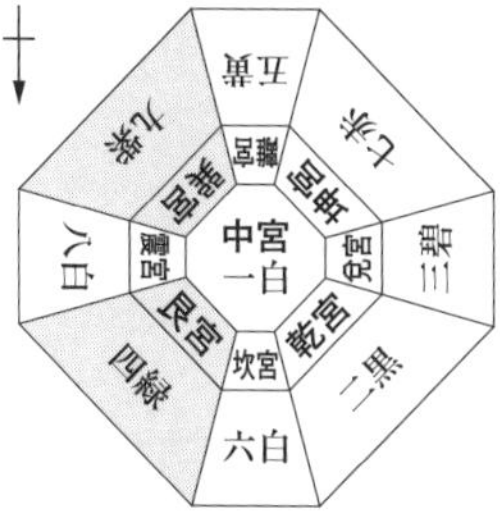

六白中宮の年(月・日)盤

吉方＝東 30°
南 30°（定位対冲）

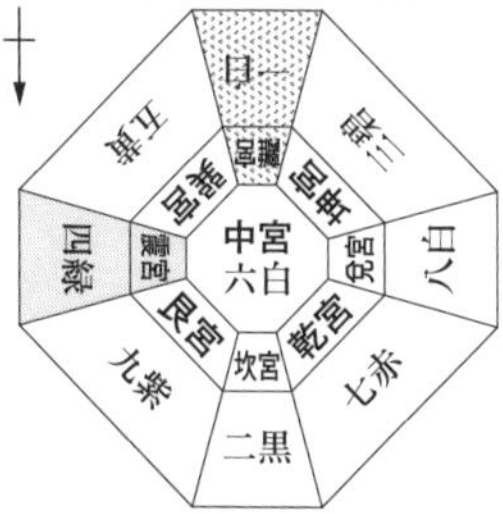

五黄中宮の年(月・日)盤

吉方＝南 30°　北 30°
南東 60°

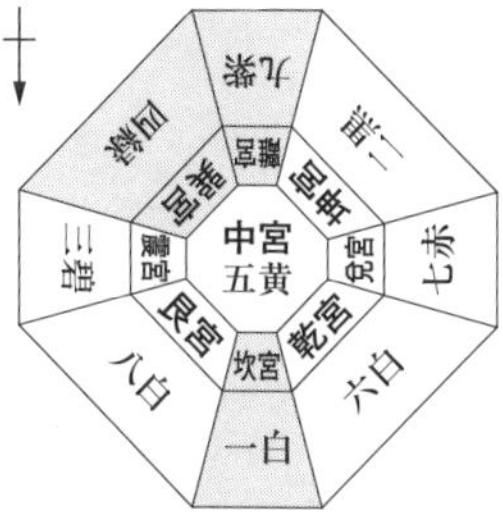

四緑中宮の年(月・日)盤

吉方＝南西 60°
北 30°（定位対冲）

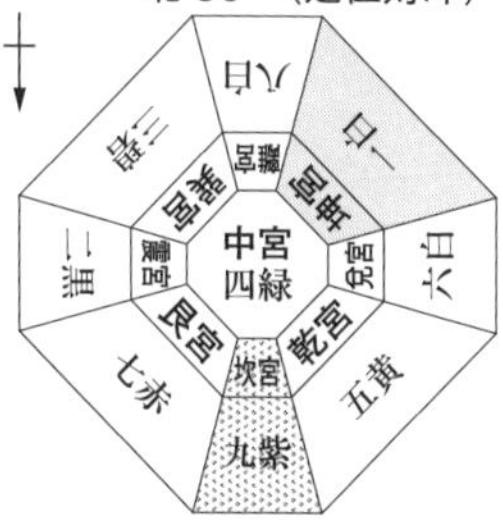

本命星・四緑木星の吉方表

注意

●表中の薄アミがかかった宮が吉方です。ただし、定位対冲の方位は、起死回生をねらうような特別の場合以外にはつかえません。（本文・3章〝祐気法〟参照）。また、定位対冲の方位は、年・月・日（または年・月、月・日）のかさなりで用いることはできません。

●たとえこの表で吉方になっていても、破がつけば凶方となってつかえません。破とは、その年（月・日）の十二支の正反対の方位です。十二支の方位は、定位盤に示されています。

たとえば平成二十八年・申年の歳破は、申・南西60°の正反対の寅・北東60°となります。

九紫中宮の年（月・日）盤

吉方＝北西 60°　北東 60°

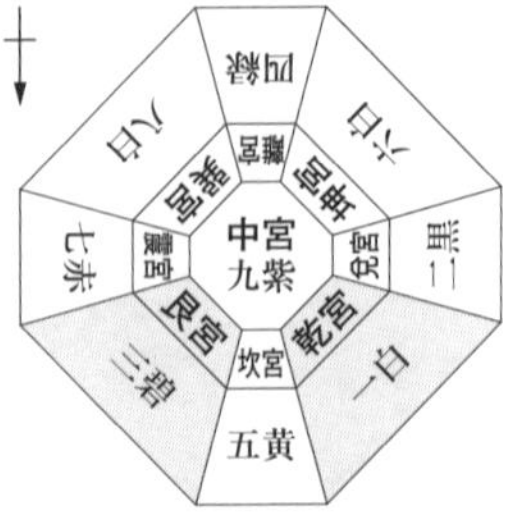

八白中宮の年（月・日）盤

吉方＝西 30°　北西 60°

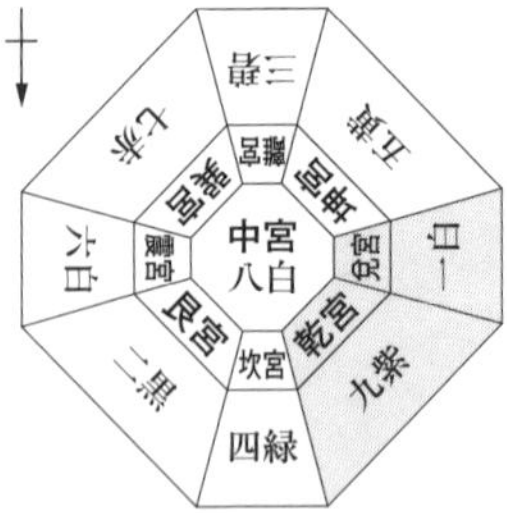

七赤中宮の年（月・日）盤

吉方＝北 30°

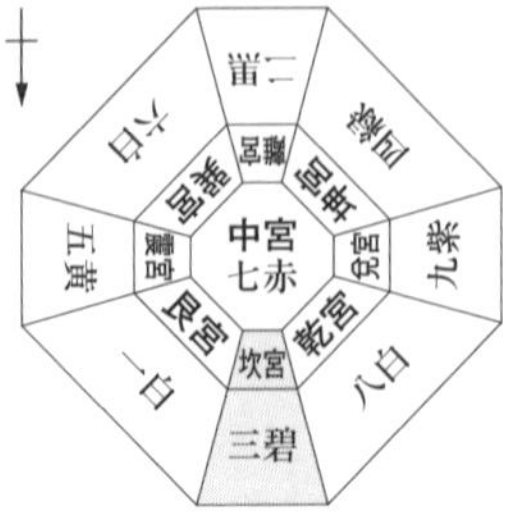

定位盤

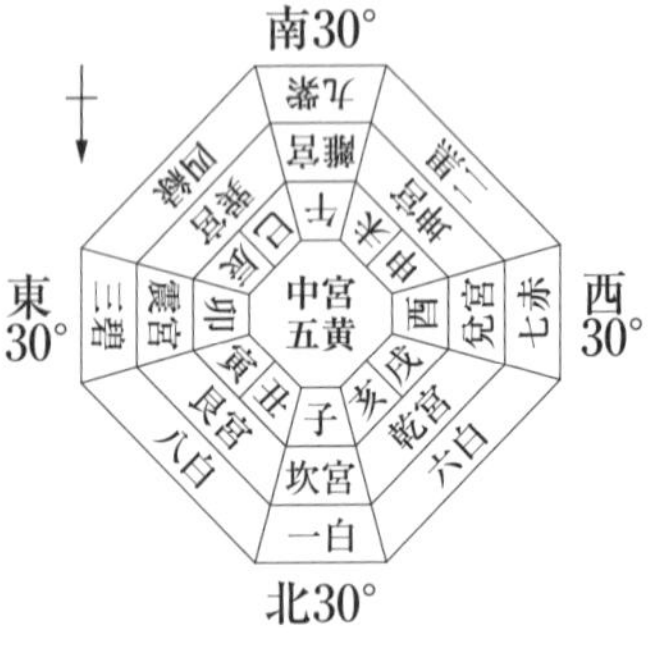

三碧中宮の年（月・日）盤

吉方＝南西 60°

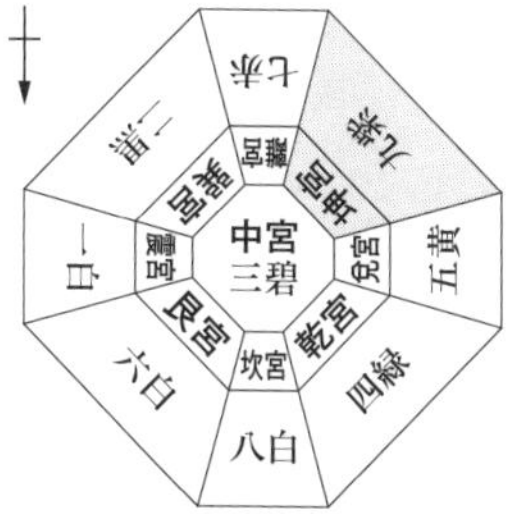

六白中宮の年（月・日）盤

吉方＝南西 60°　北東 60°
南 30°（定位対冲）

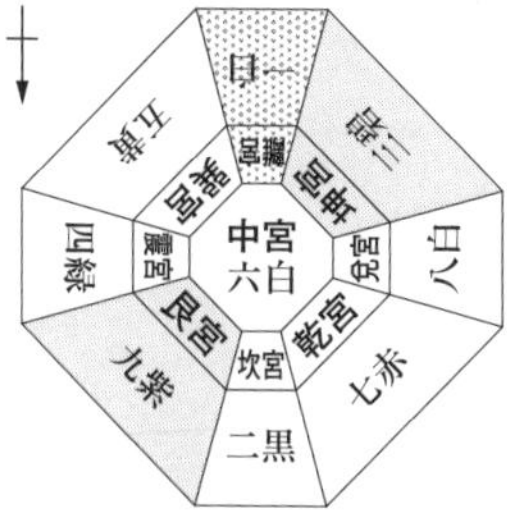

二黒中宮の年（月・日）盤

吉方＝北西 60°　南東 60°

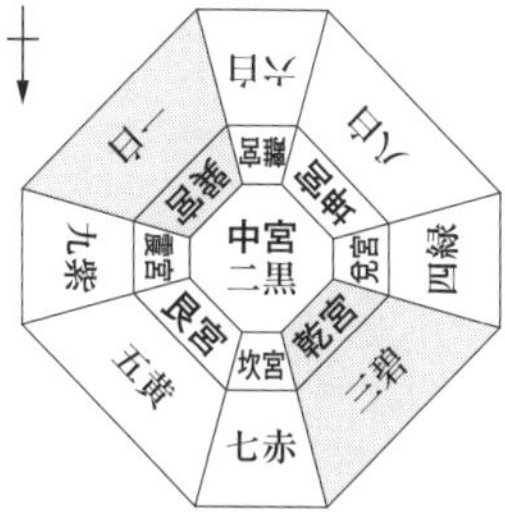

五黄中宮の年（月・日）盤

吉方＝南 30°　北 30°
東 30°

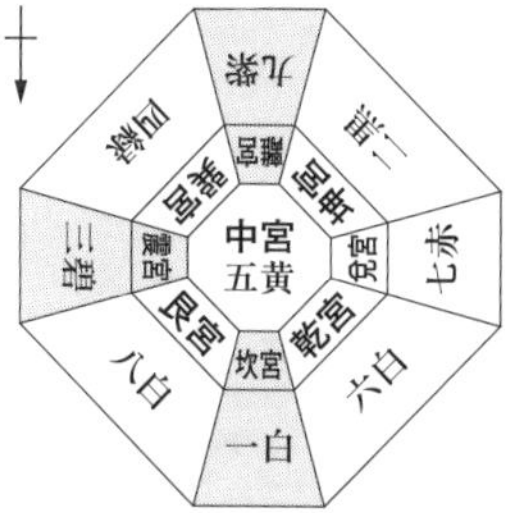

一白中宮の年（月・日）盤

吉方＝南東 60°
西 30°（定位対冲）

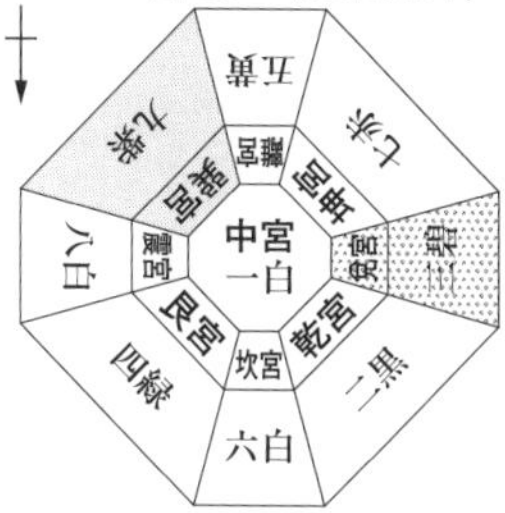

四緑中宮の年（月・日）盤

吉方＝南西 60°
北 30°（定位対冲）

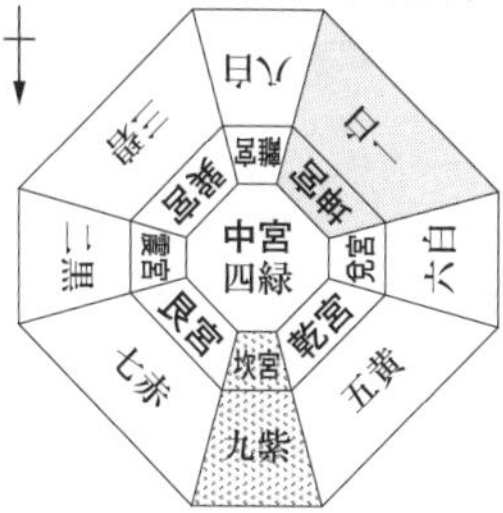

本命星・五黄土星の吉方表

注意

●表中の薄アミがかかった宮が吉方です。ただし、定位対冲の方位は、起死回生をねらうような特別の場合以外にはつかえません。（本文・3章〝祐気法〟参照）。また、定位対冲の方位は、年・月・日（または年・月、月・日）のかさなりで用いることはできません。

●たとえこの表で吉方になっていても、破がつけば凶方となってつかえません。破とは、その年（月・日）の十二支の正反対の方位です。十二支の方位は、定位盤に示されています。たとえば平成二十八年・申年の歳破は、申・南西60°の正反対の寅・北東60°となります。

九紫中宮の年（月・日）盤

吉方＝南西 60°　西 30°　南東 60°　東 30°（定位対冲）

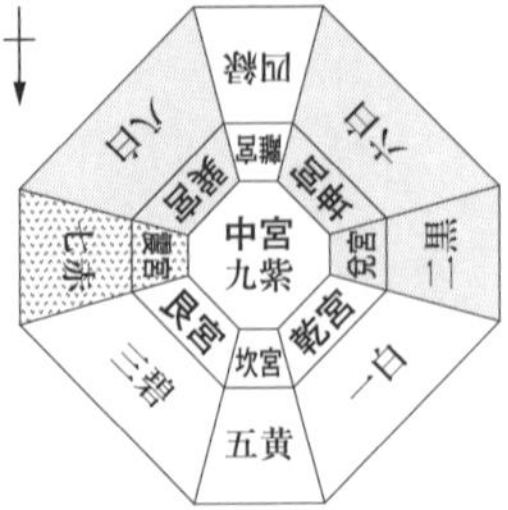

八白中宮の年（月・日）盤

吉方＝北西 60°　東 30°　南東 60°

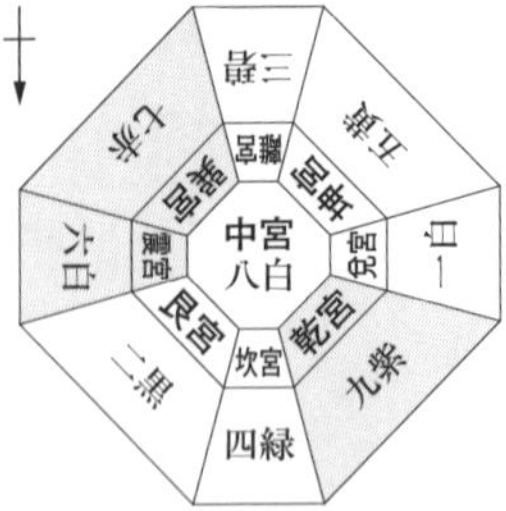

七赤中宮の年（月・日）盤

吉方＝南 30°　北西 60°　南東 60°（定位対冲）

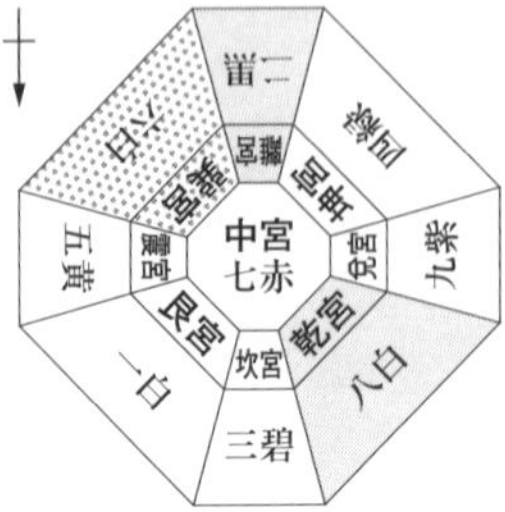

定位盤

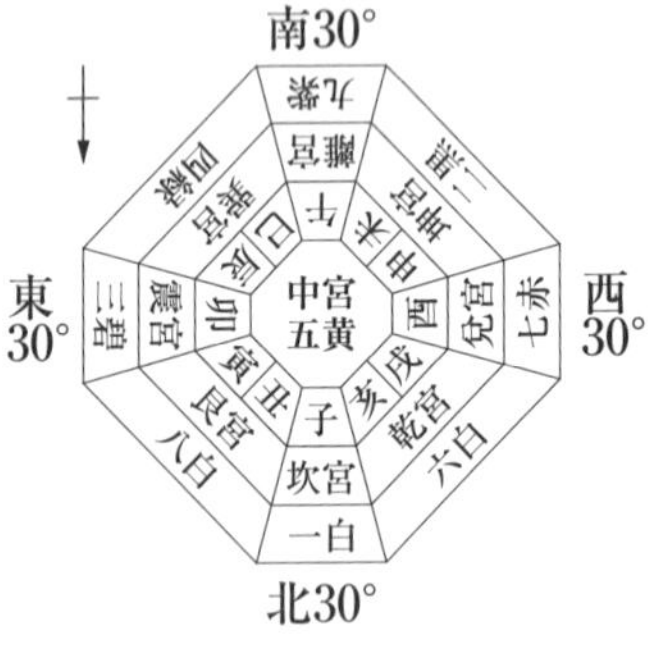

三碧中宮の年(月・日)盤

吉方＝南 30°　南西 60°　北 30°
北東 60°　南東 60°

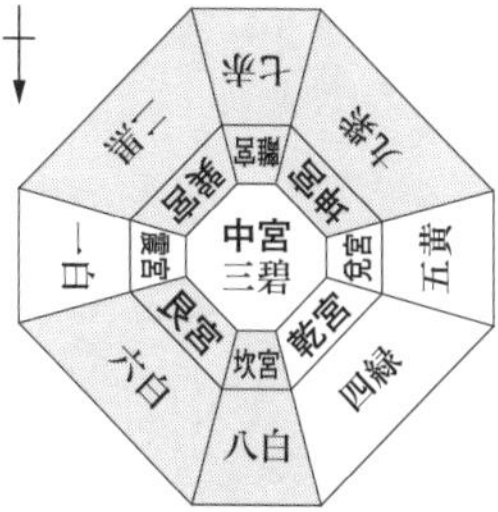

六白中宮の年(月・日)盤

吉方＝西 30°　北 30°
北東 60°

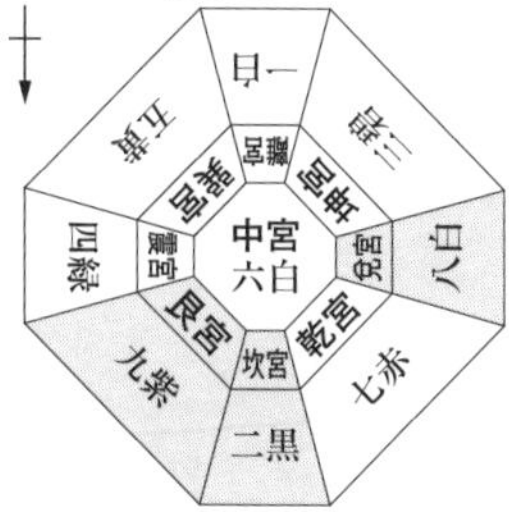

二黒中宮の年(月・日)盤

吉方＝南 30°　北 30°
東 30°

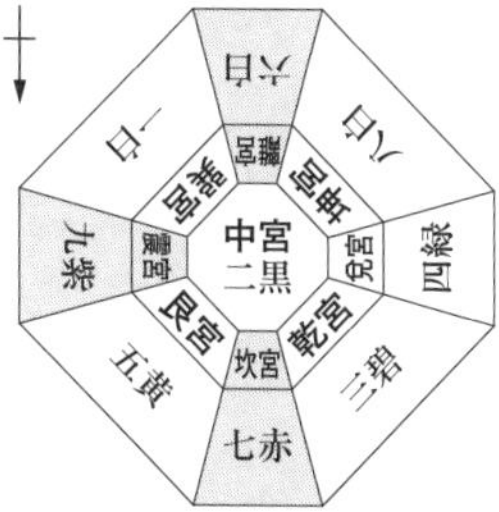

五黄中宮の年(月・日)盤

吉方＝南 30°　南西 60°　西 30°
北西 60°　北東 60°

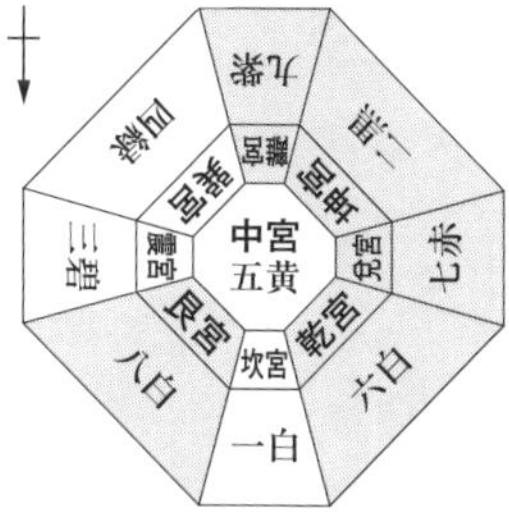

一白中宮の年(月・日)盤

吉方＝南西 60°　北西 60°
東 30°　南東 60°

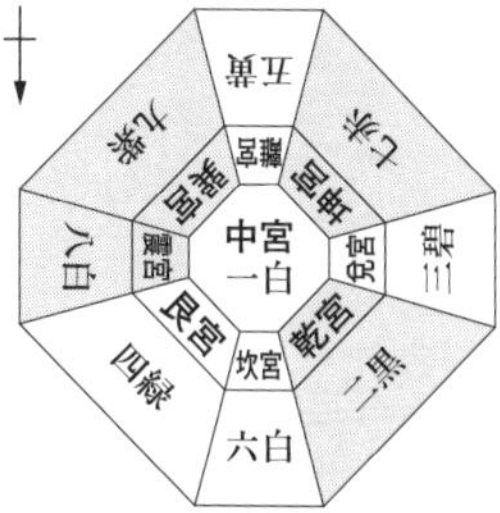

四緑中宮の年(月・日)盤

吉方＝南 30°　西 30°　北東 60°
東 30°　北 30°（定位対冲）

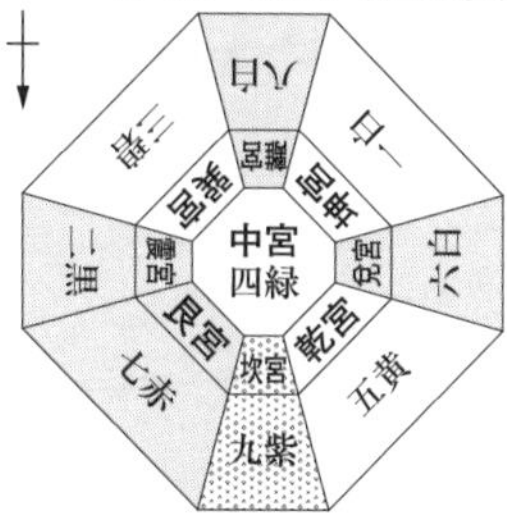

本命星・六白金星の吉方表

注意

●表中の薄アミがかかった宮が吉方です。ただし、定位対冲の方位は、起死回生をねらうような特別の場合以外にはつかえません。（本文・3章〝祐気法〟参照）。また、定位対冲の方位は、年・月・日（または年・月、月・日）のかさなりで用いることはできません。

●たとえこの表で吉方になっていても、破がつけば凶方となってつかえません。破とは、その年（月・日）の十二支の正反対の方位です。十二支の方位は、定位盤に示されています。

たとえば平成二十八年・申年の歳破は、申・南西60°の正反対の寅・北東60°となります。

九紫中宮の年（月・日）盤

吉方＝西 30°　北西 60°　南東 60°
東 30°（定位対冲）

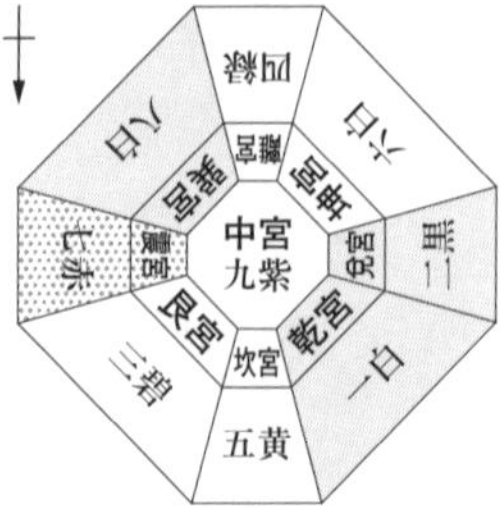

八白中宮の年（月・日）盤

吉方＝南東 60°

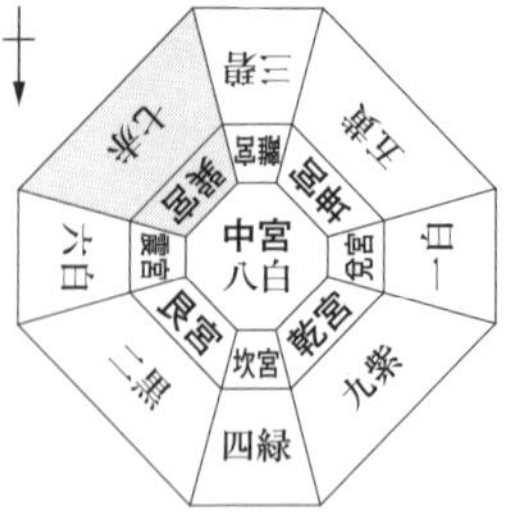

七赤中宮の年（月・日）盤

吉方＝南 30°　北東 60°

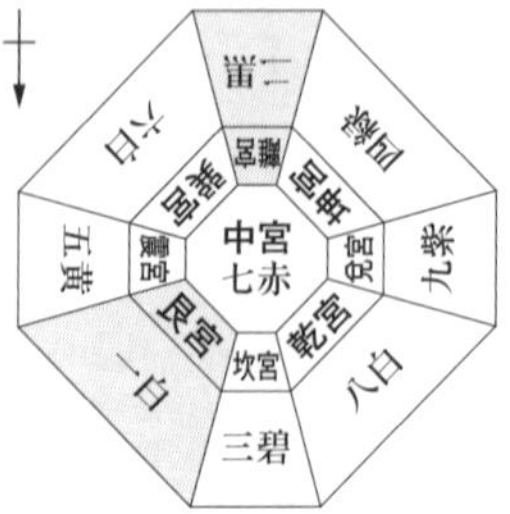

定位盤

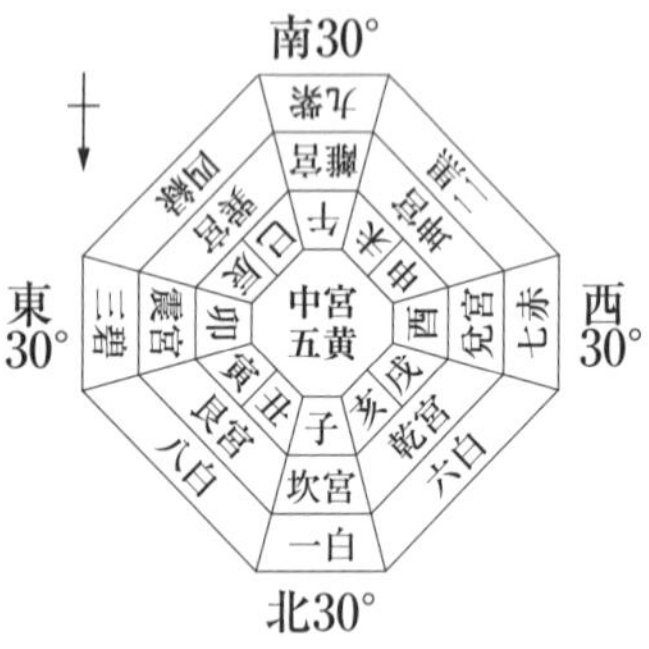

三碧中宮の年（月・日）盤

吉方＝南 30°　北 30°
南東 60°

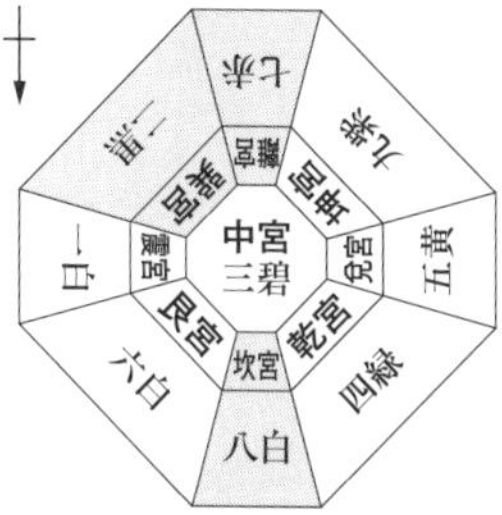

六白中宮の年（月・日）盤

吉方＝西 30°　北 30°
南 30°（定位対冲）

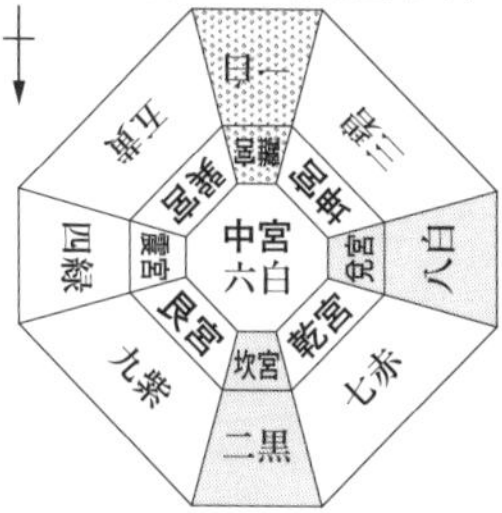

二黒中宮の年（月・日）盤

吉方＝南東 60°

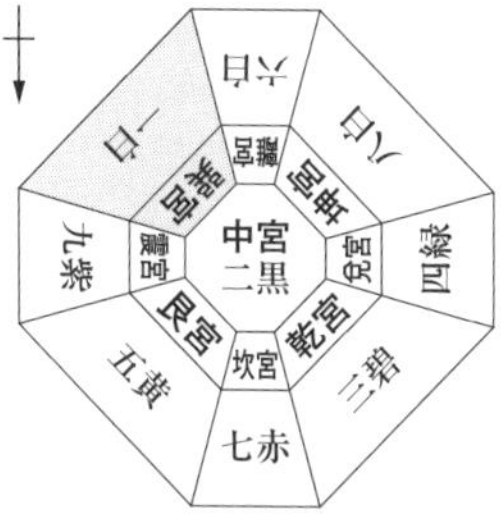

五黄中宮の年（月・日）盤

吉方＝南西 60°　西 30°
北 30°　北東 60°

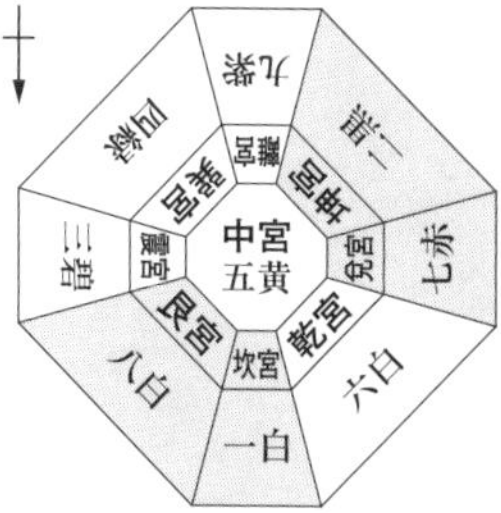

一白中宮の年（月・日）盤

吉方＝南西 60°　北西 60°
東 30°

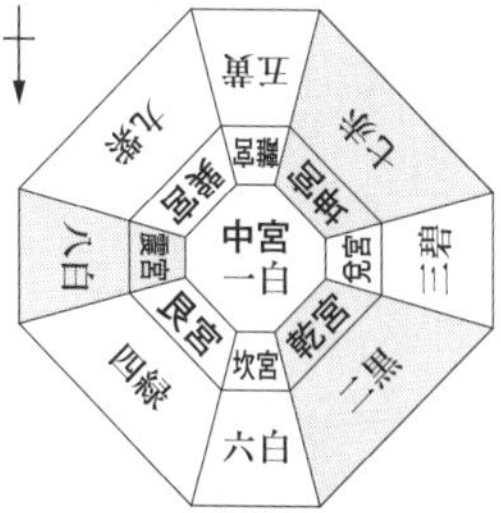

四緑中宮の年（月・日）盤

吉方＝南 30°　南西 60°
北東 60°

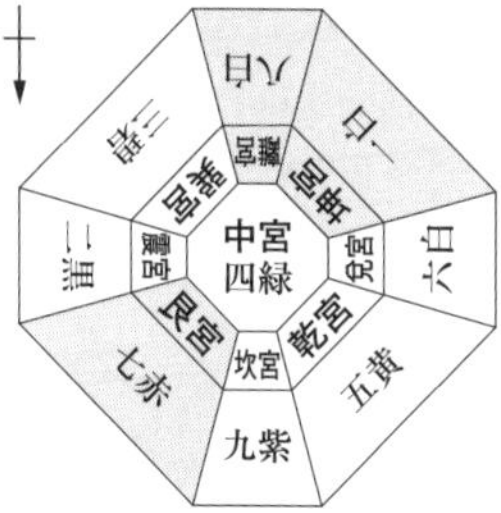

本命星・七赤金星の吉方表

注意

●表中の薄アミがかかった宮が吉方です。ただし、定位対冲の方位は、起死回生をねらうような特別の場合以外にはつかえません。（本文・3章〝祐気法〟参照）。また、定位対冲の方位は、年・月・日（または年・月、月・日）のかさなりで用いることはできません。

●たとえこの表で吉方になっていても、破がつけば凶方となってつかえません。破とは、その年（月・日）の十二支の正反対の方位です。十二支の方位は、定位盤に示されています。

たとえば平成二十八年・申年の歳破は、申・南西60°の正反対の寅・北東60°となります。

九紫中宮の年（月・日）盤

吉方＝南西 60°　北西 60°
南東 60°

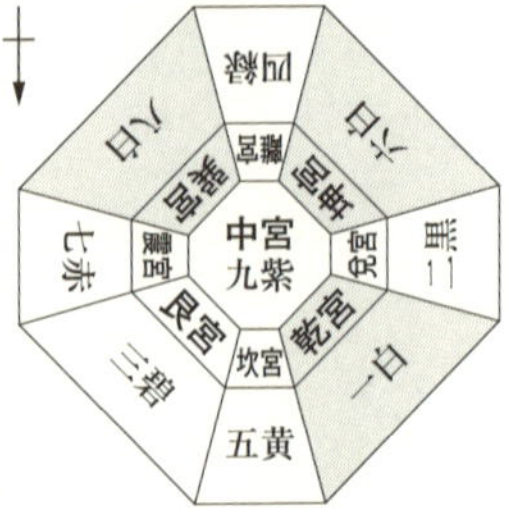

八白中宮の年（月・日）盤

吉方＝西 30°　東 30°

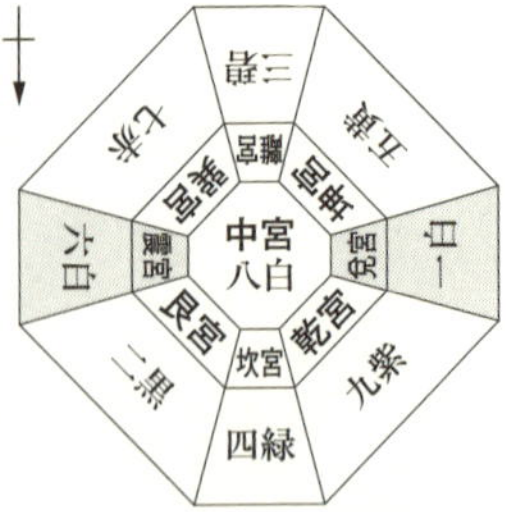

七赤中宮の年（月・日）盤

吉方＝南 30°　北西 60°　北東 60°
南東 60°（定位対冲）

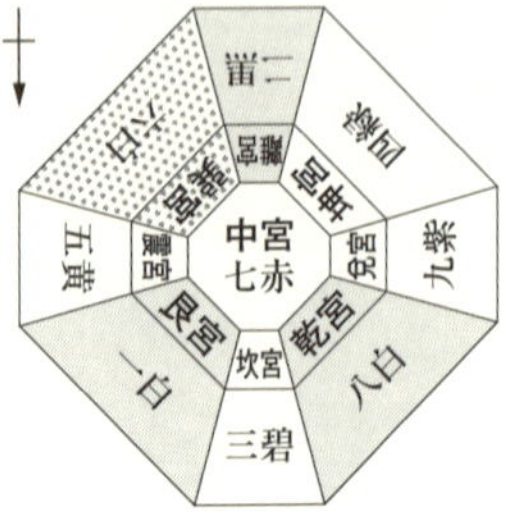

定位盤

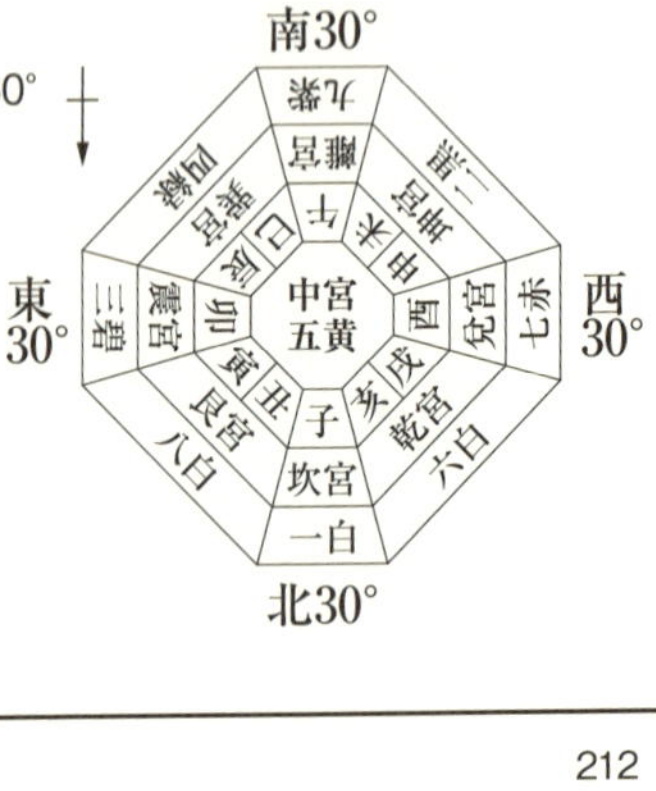

三碧中宮の年(月・日)盤

吉方＝北東 60°　南東 60°

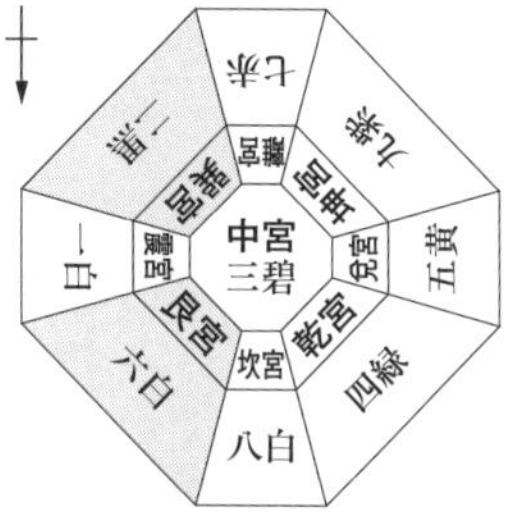

六白中宮の年(月・日)盤

吉方＝西 30°　北 30°
南 30°（定位対冲）

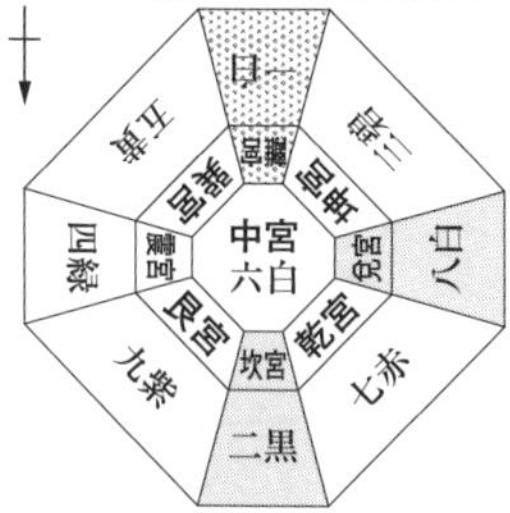

二黒中宮の年(月・日)盤

吉方＝南東 60°

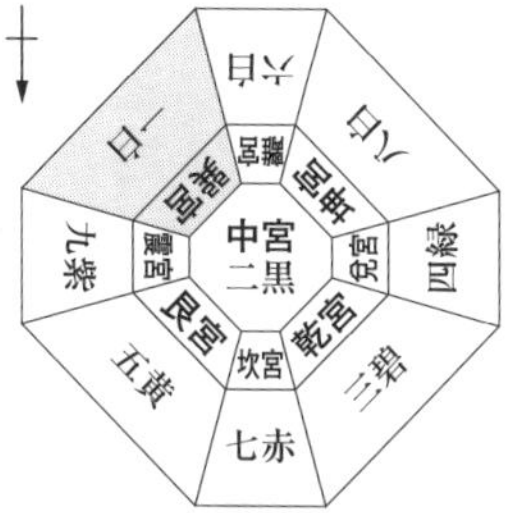

五黄中宮の年(月・日)盤

吉方＝南西 60°　北西 60°
北 30°　北東 60°

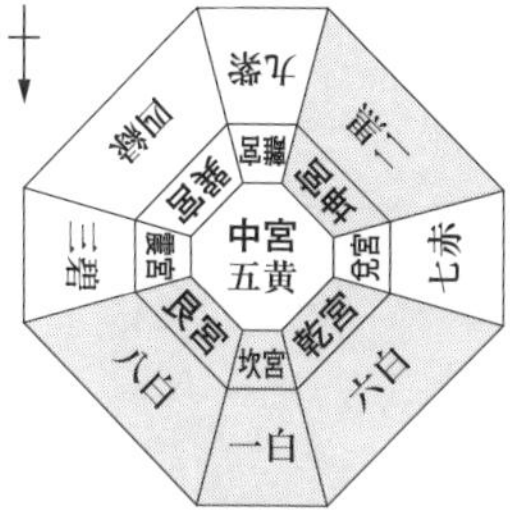

一白中宮の年(月・日)盤

吉方＝北西 60°　東 30°

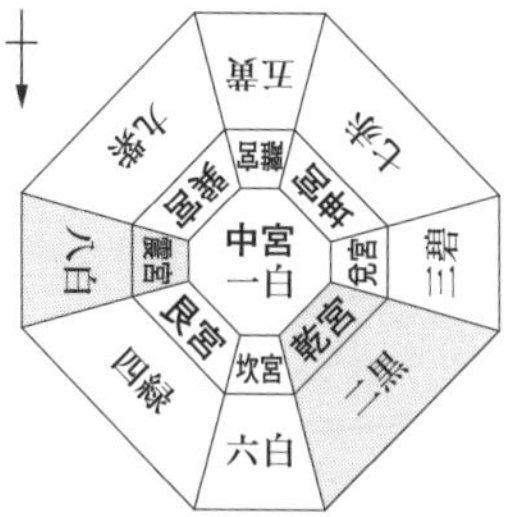

四緑中宮の年(月・日)盤

吉方＝南 30°　西 30°
東 30°

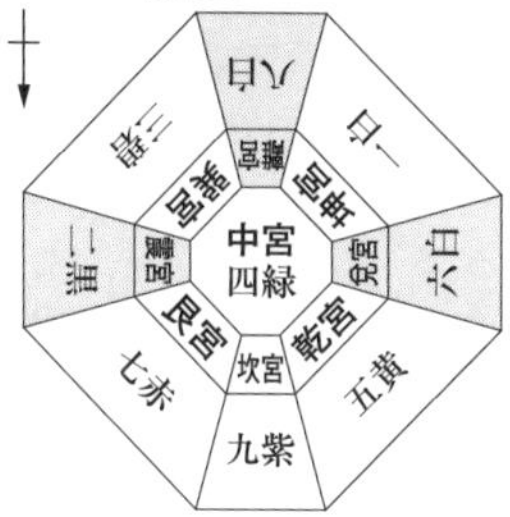

本命星・八白土星の吉方表

注意

●表中の薄アミがかかった宮が吉方です。ただし、定位対冲の方位は、起死回生をねらうような特別の場合以外にはつかえません。（本文・3章〝祐気法〟参照）。また、定位対冲の方位は、年・月・日（または年・月、月・日）のかさなりで用いることはできません。

●たとえこの表で吉方になっていても、破がつけば凶方となってつかえません。破とは、その年（月・日）の十二支の正反対の方位です。十二支の方位は、定位盤に示されています。

たとえば平成二十八年・申年の歳破は、申・南西60°の正反対の寅・北東60°となります。

定位盤

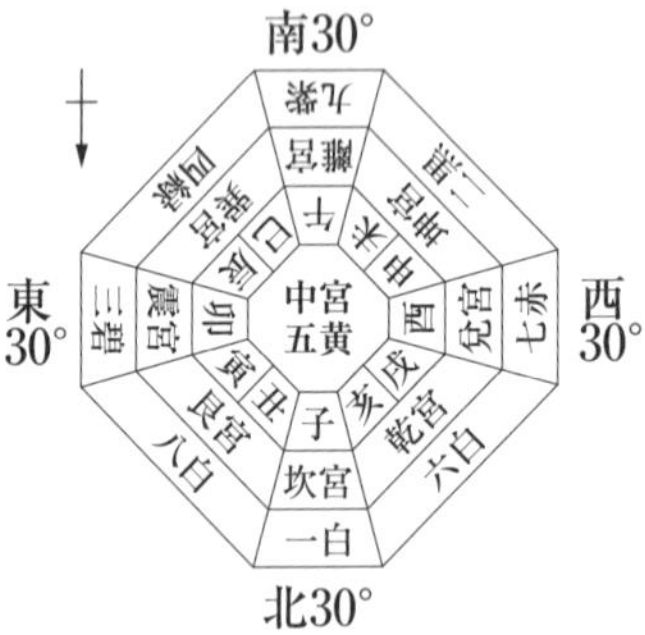

九紫中宮の年（月・日）盤

吉方＝南西 60°　西 30°
東 30°（定位対冲）

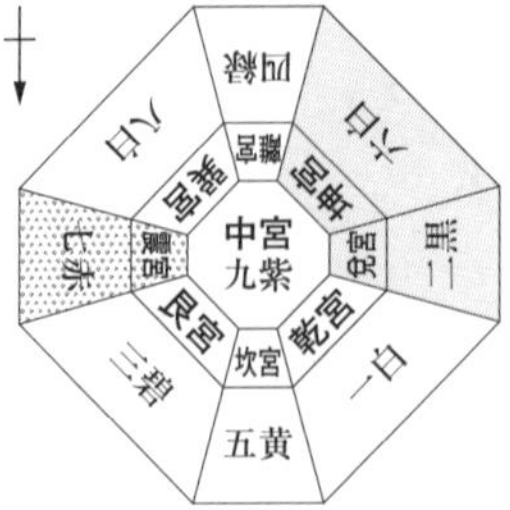

八白中宮の年（月・日）盤

吉方＝北西 60°　東 30°
南東 60°

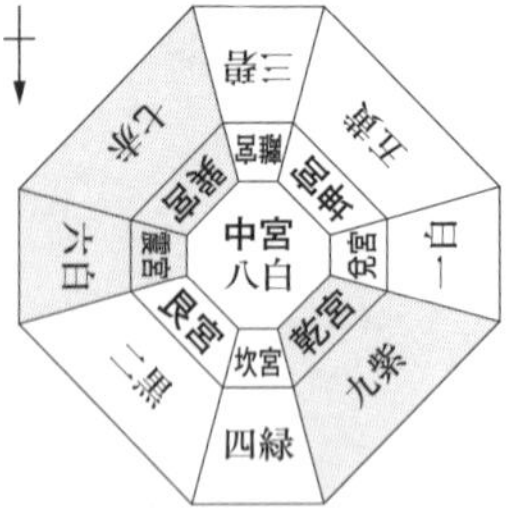

七赤中宮の年（月・日）盤

吉方＝南 30°

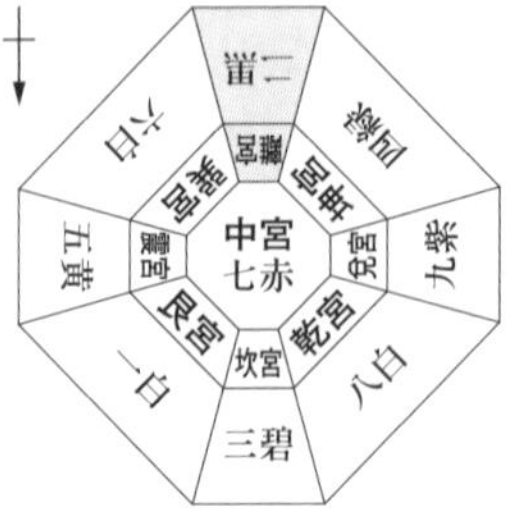

三碧中宮の年(月・日)盤

吉方＝南西 60°　北東 60°
南東 60°

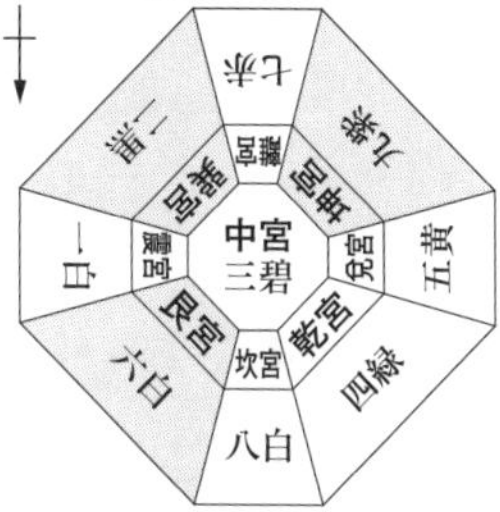

六白中宮の年(月・日)盤

吉方＝北 30°　北東 60°

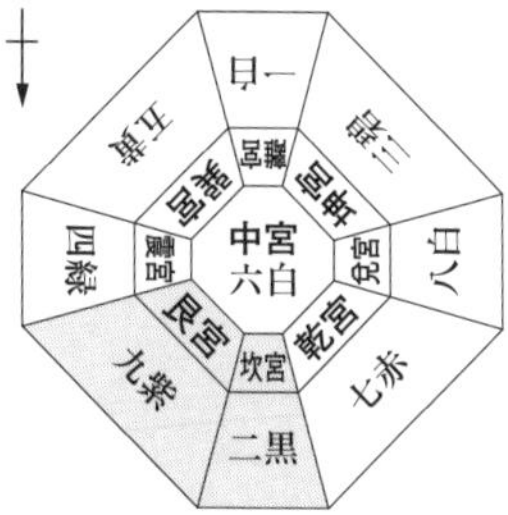

二黒中宮の年(月・日)盤

吉方＝南 30°　北 30°
東 30°

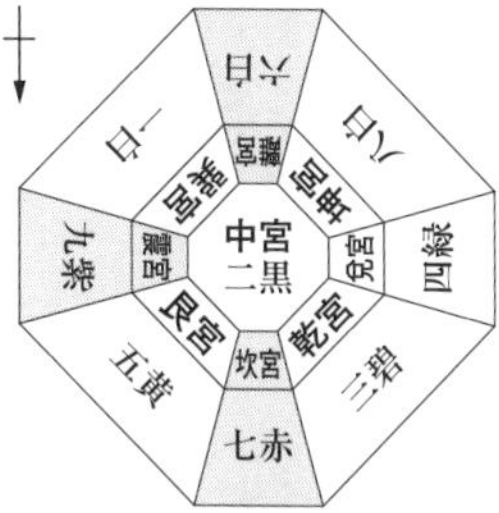

五黄中宮の年(月・日)盤

吉方＝南 30°　西 30°
北西 60°

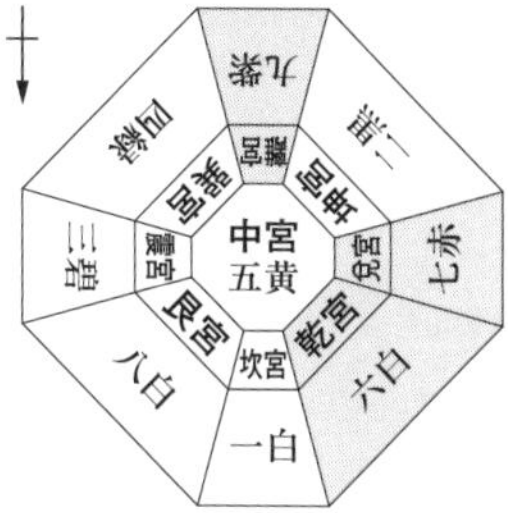

一白中宮の年(月・日)盤

吉方＝南西 60°　北西 60°
南東 60°

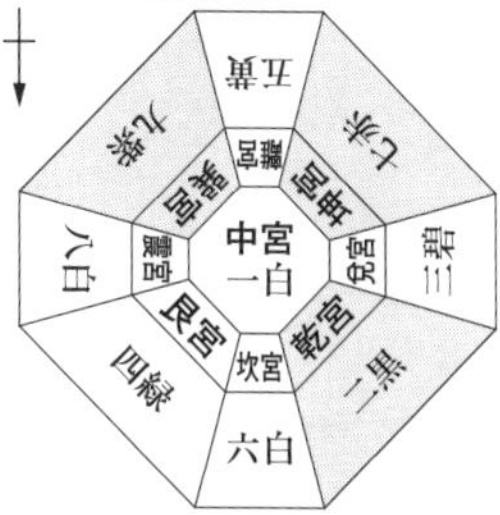

四緑中宮の年(月・日)盤

吉方＝西 30°　北東 60°
東 30°

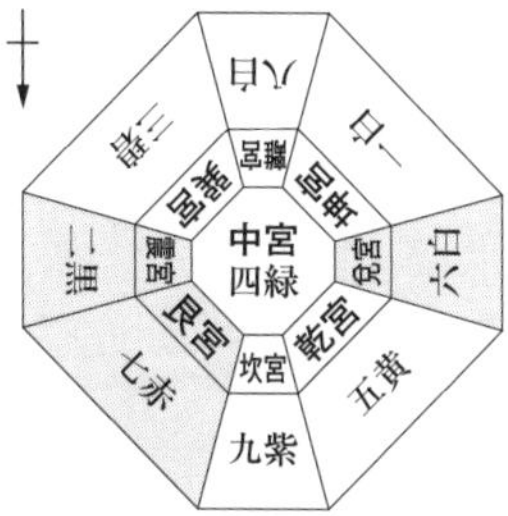

本命星・九紫火星の吉方表

注意

●表中の薄アミがかかった宮が吉方です。ただし、定位対冲の方位は、起死回生をねらうような特別の場合以外にはつかえません。（本文・3章〝祐気法〟参照）。また、定位対冲の方位は、年・月・日（または年・月、月・日）のかさなりで用いることはできません。

●たとえこの表で吉方になっていても、破がつけば凶方となってつかえません。破とは、その年（月・日）の十二支の正反対の方位です。十二支の方位は、定位盤に示されています。
たとえば平成二十八年・申年の歳破は、申・南西60°の正反対の寅・北東60°となります。

九紫中宮の年（月・日）盤

吉方＝西 30°　北東 60°
南東 60°

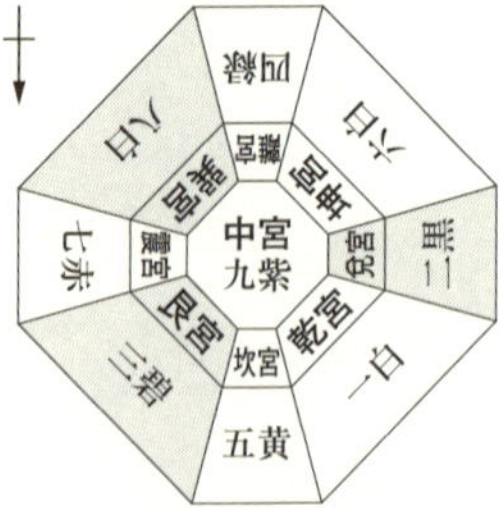

八白中宮の年（月・日）盤

吉方＝南 30°　北 30°

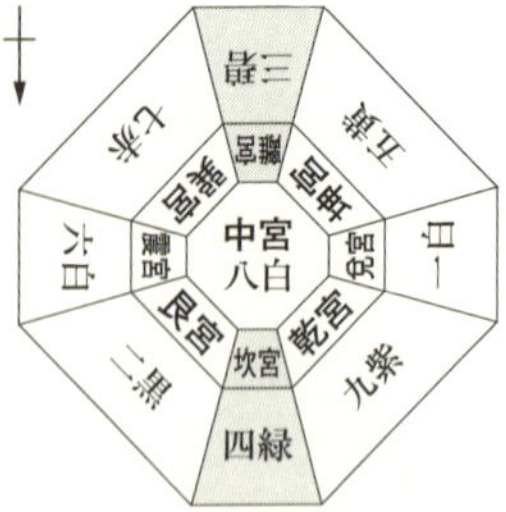

七赤中宮の年（月・日）盤

吉方＝南 30°　南西 60°
北西 60°　北 30°

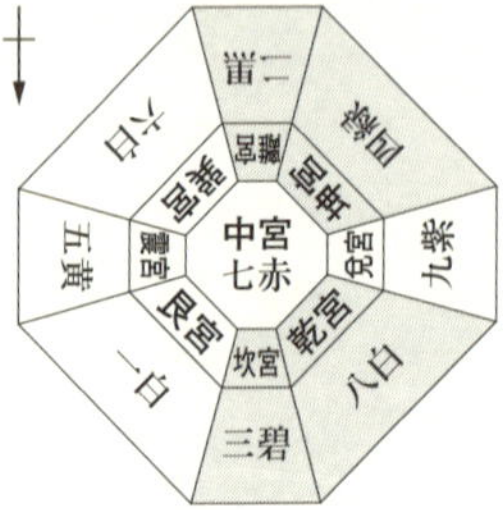

定位盤

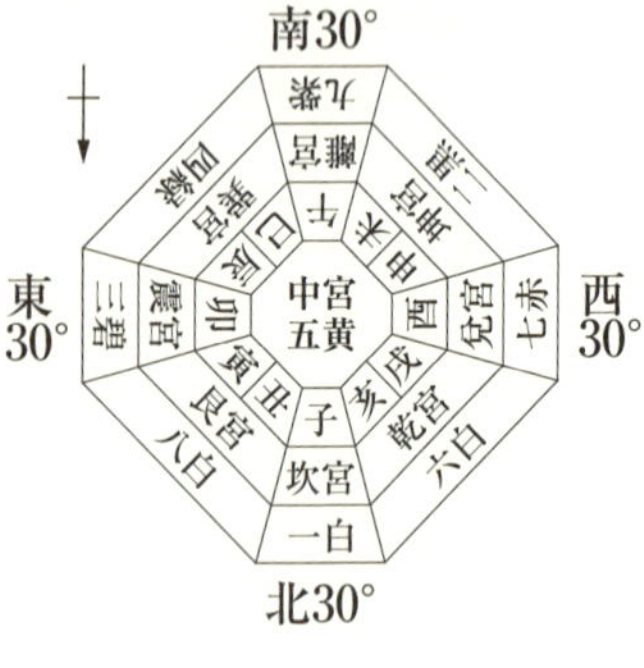

三碧中宮の年(月・日)盤

吉方＝北 30°　南東 60°
北西 60°（定位対冲）

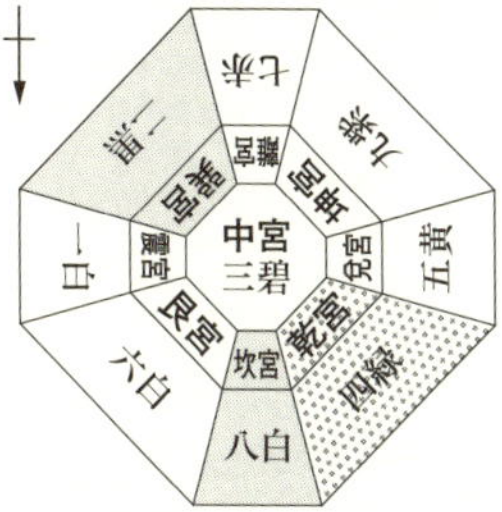

六白中宮の年(月・日)盤

吉方＝西 30°　北 30°
東 30°

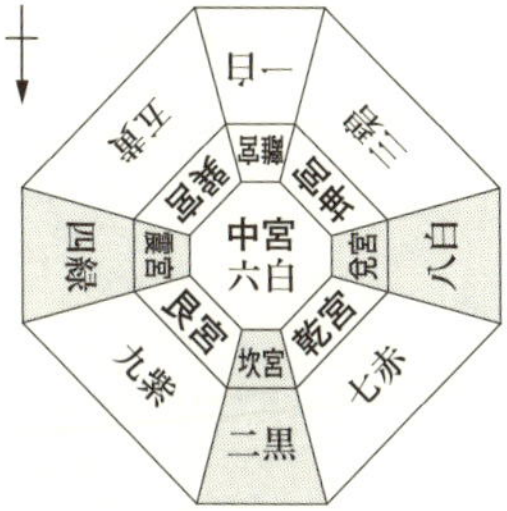

二黒中宮の年(月・日)盤

吉方＝北西 60°

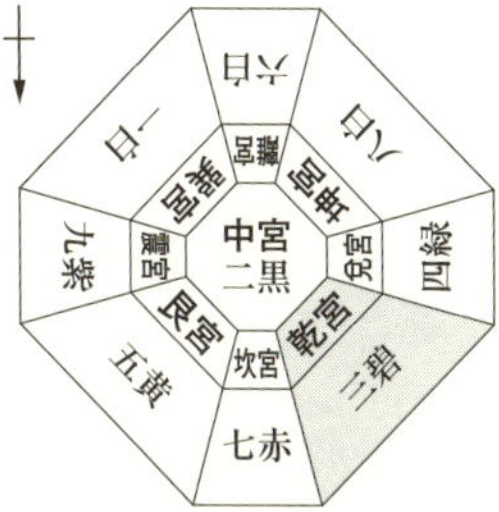

五黄中宮の年(月・日)盤

吉方＝南西 60°　北東 60°
東 30°　南東 60°

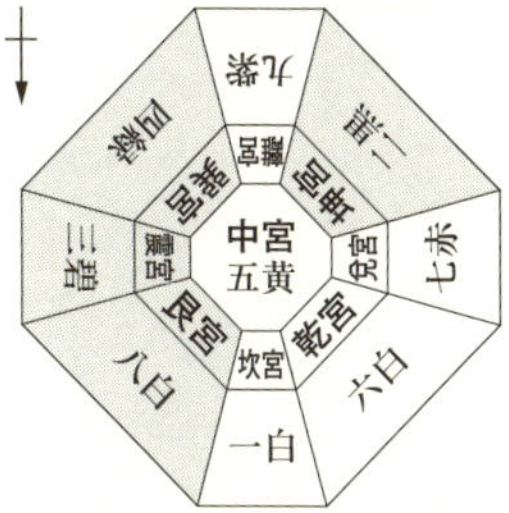

一白中宮の年(月・日)盤

吉方＝北東 60°　東 30°
西 30°（定位対冲）

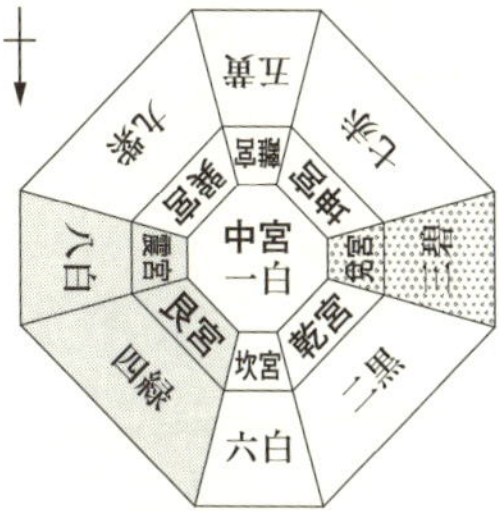

四緑中宮の年(月・日)盤

吉方＝東 30°

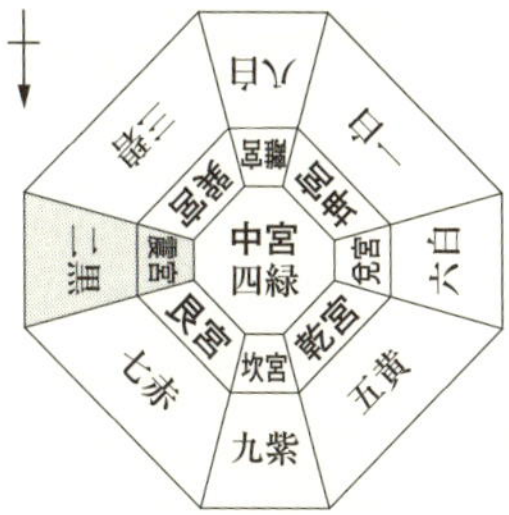

月命盤は生月によって異なりますから、表のように12種類あります。
●月命盤中、吉凶神はつぎのように略してあります。**天徳合→天合、月徳合→月合、生気→生、五黄殺→五、暗剣殺→暗、月破→破。**

5月生まれ
(5/6から6/5まで)

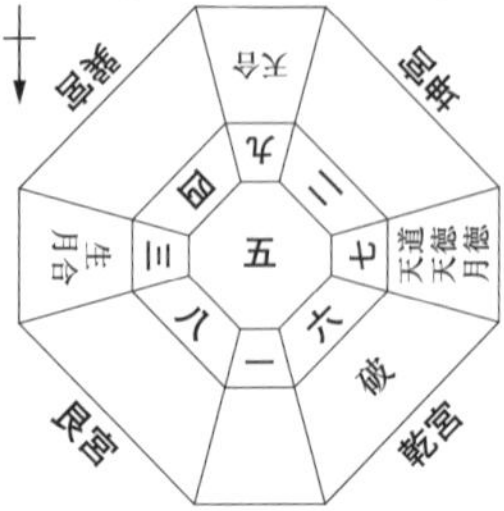

2月生まれ
(2/4から3/5まで)

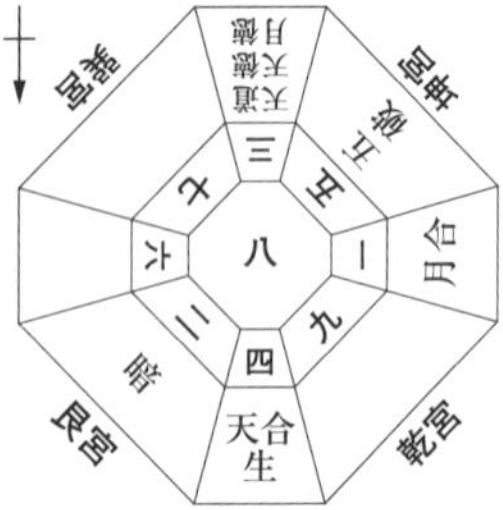

6月生まれ
(6/6から7/6まで)

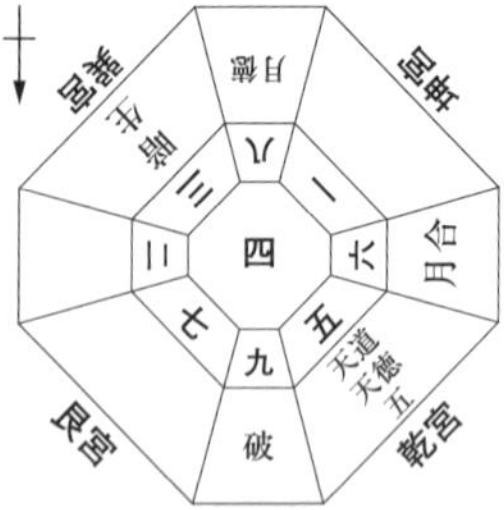

3月生まれ
(3/6から4/4まで)

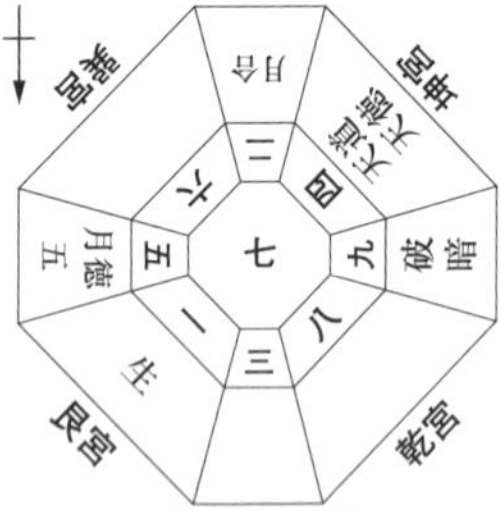

7月生まれ
(7/7から8/7まで)

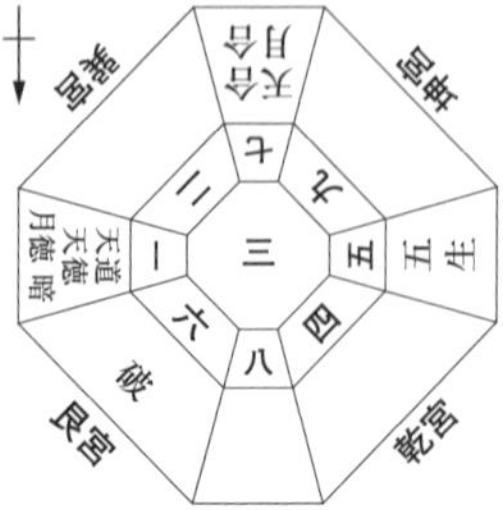

4月生まれ
(4/5から5/5まで)

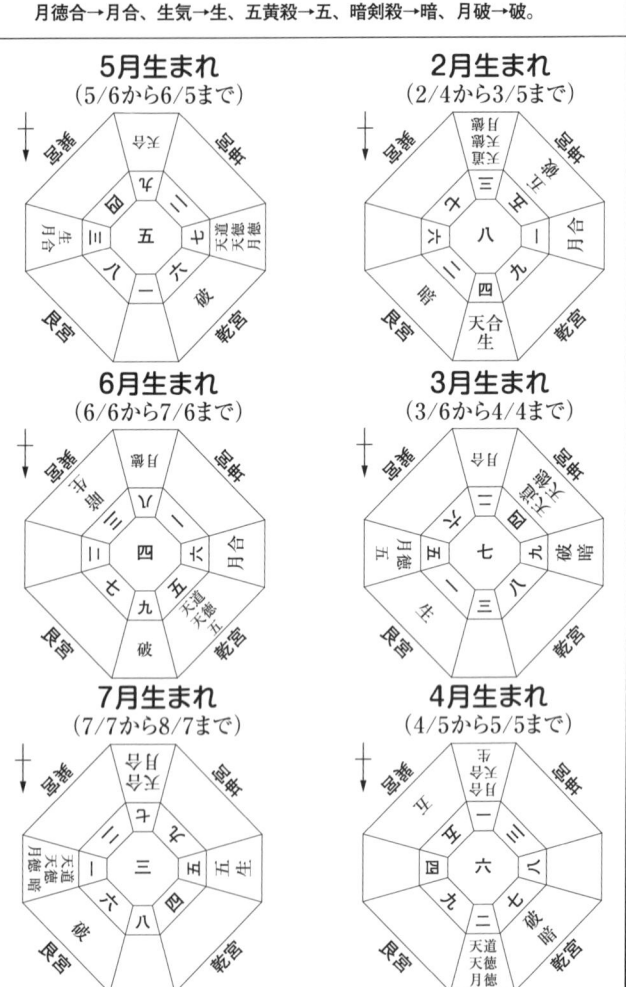

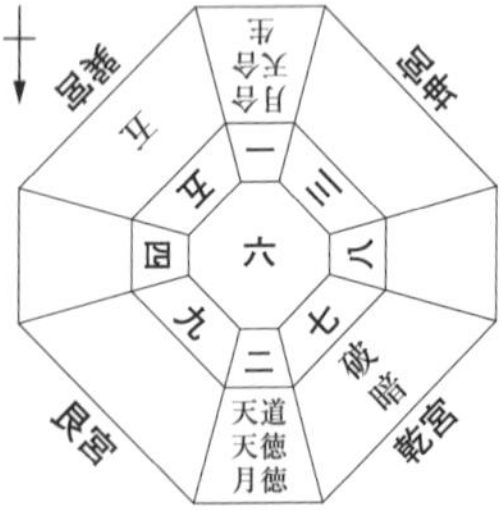

九星月命盤

本命星・一白、四緑、七赤の人の月命盤

11月生まれ
(11/8から12/6まで)

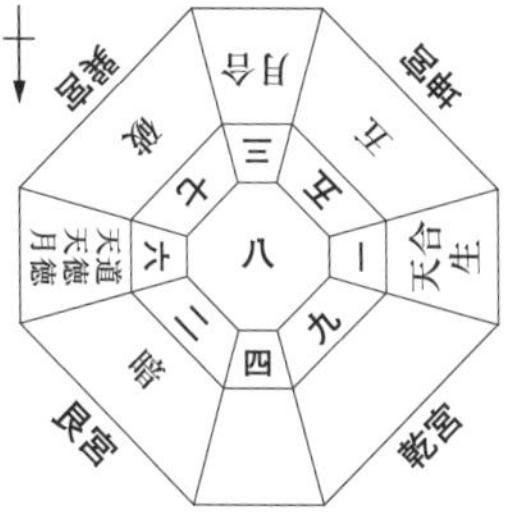

12月生まれ
(12/7から1/5まで)

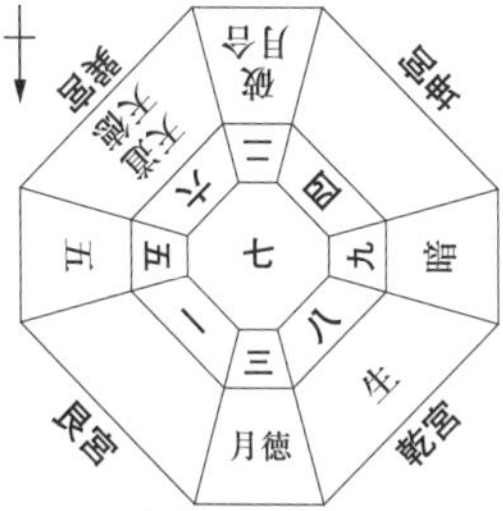

1月生まれ
(1/6から2/3まで)

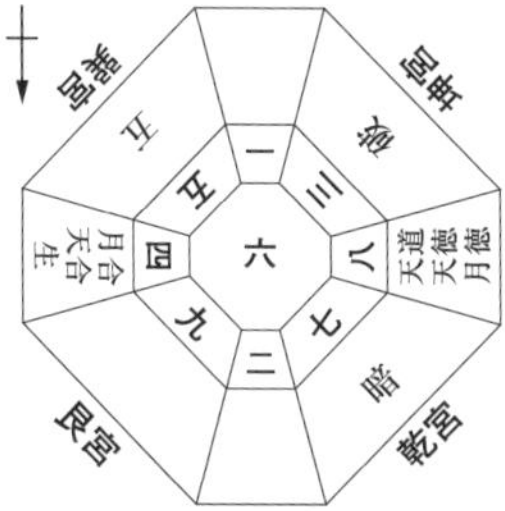

8月生まれ
(8/8から9/7まで)

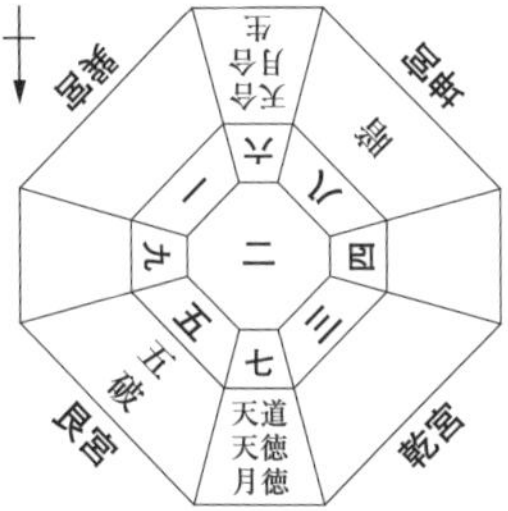

9月生まれ
(9/8から10/8まで)

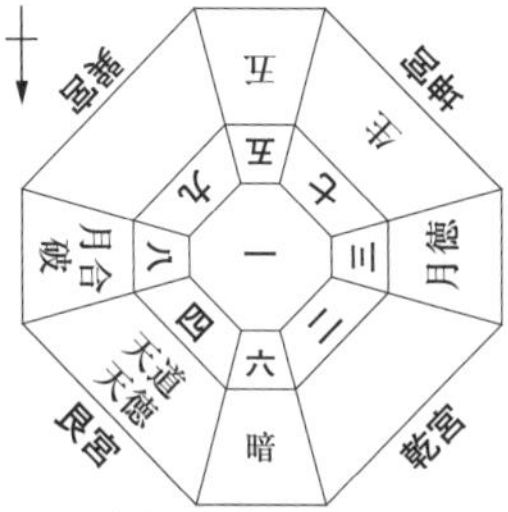

10月生まれ
(10/9から11/7まで)

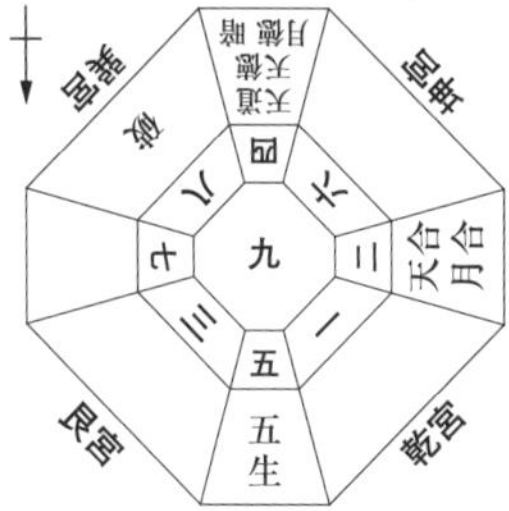

月命盤は生月によって異なりますから、表のように12種類あります。
●月命盤中、吉凶神はつぎのように略してあります。**天徳合→天合、月徳合→月合、生気→生、五黄殺→五、暗剣殺→暗、月破→破。**

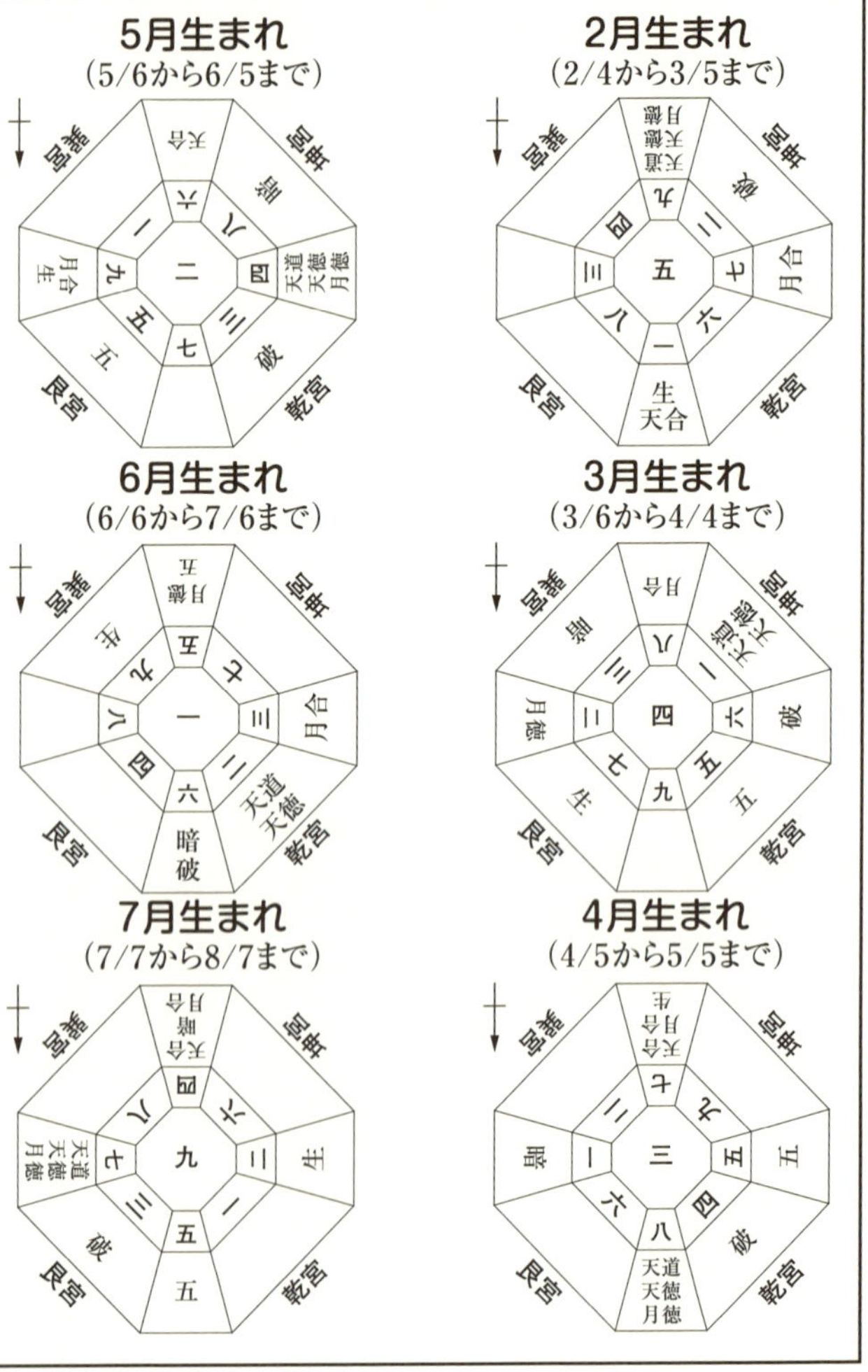

九星月命盤

本命星・三碧、六白、九紫の人の月命盤

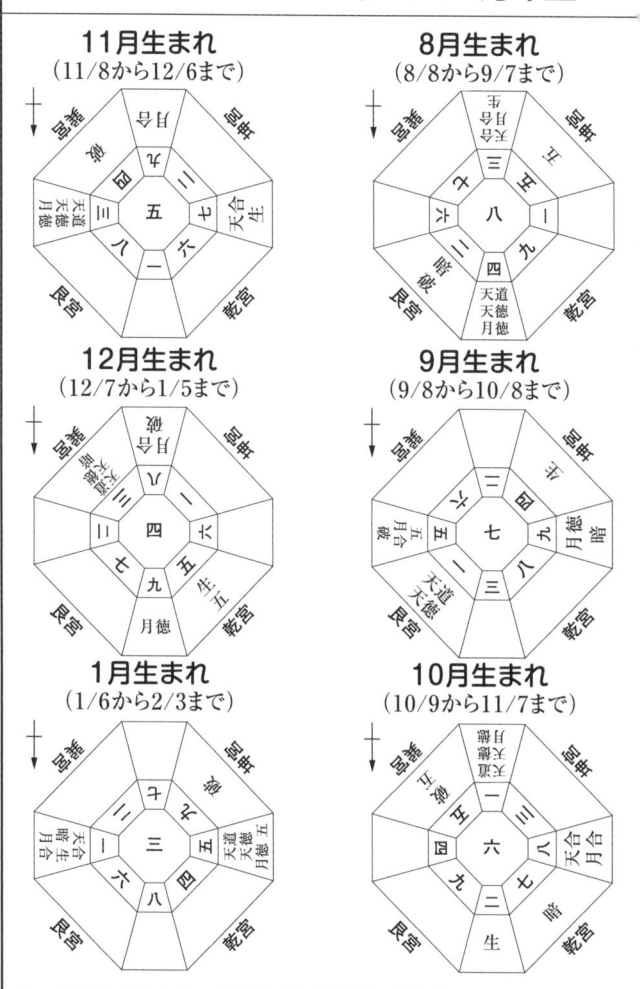

11月生まれ
（11/8から12/6まで）

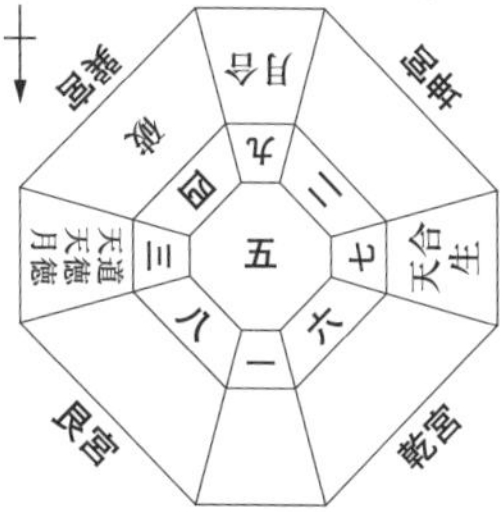

8月生まれ
（8/8から9/7まで）

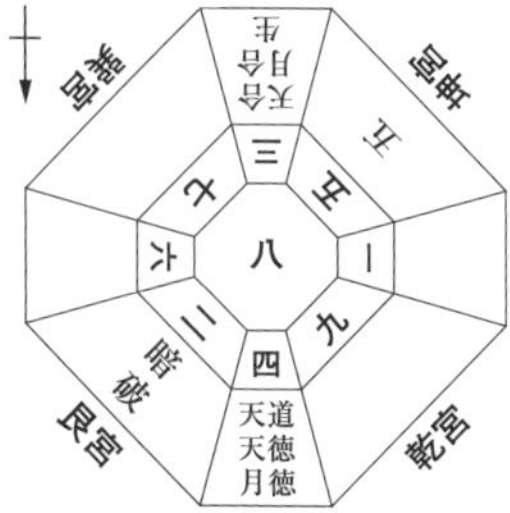

12月生まれ
（12/7から1/5まで）

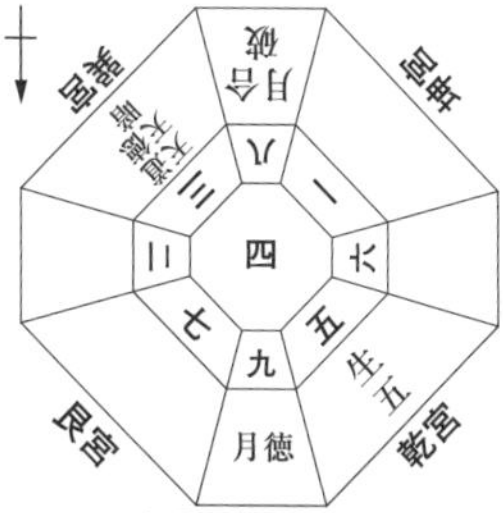

9月生まれ
（9/8から10/8まで）

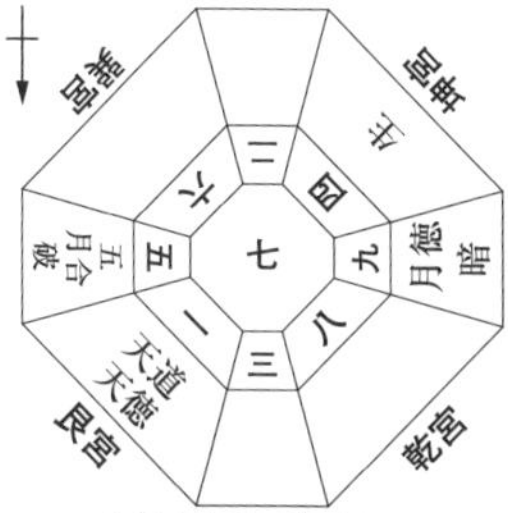

1月生まれ
（1/6から2/3まで）

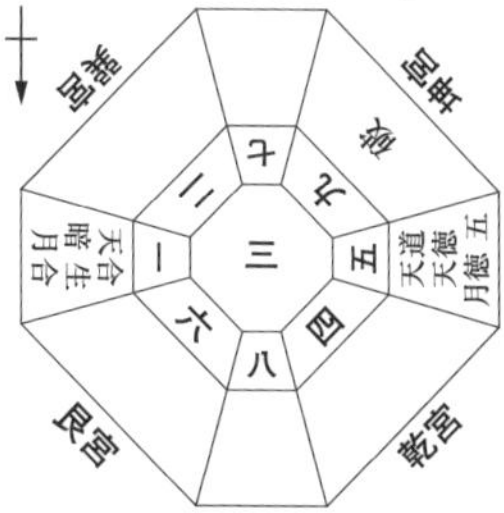

10月生まれ
（10/9から11/7まで）

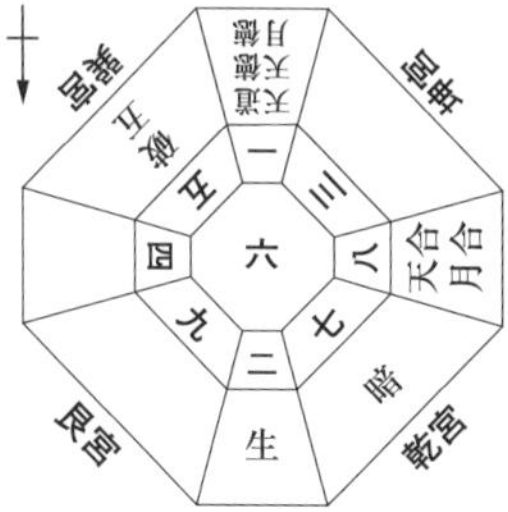

月命盤は生月によって異なりますから、表のように 12 種類あります。
●月命盤中、吉凶神はつぎのように略してあります。**天徳合→天合、月徳合→月合、生気→生、五黄殺→五、暗剣殺→暗、月破→破。**

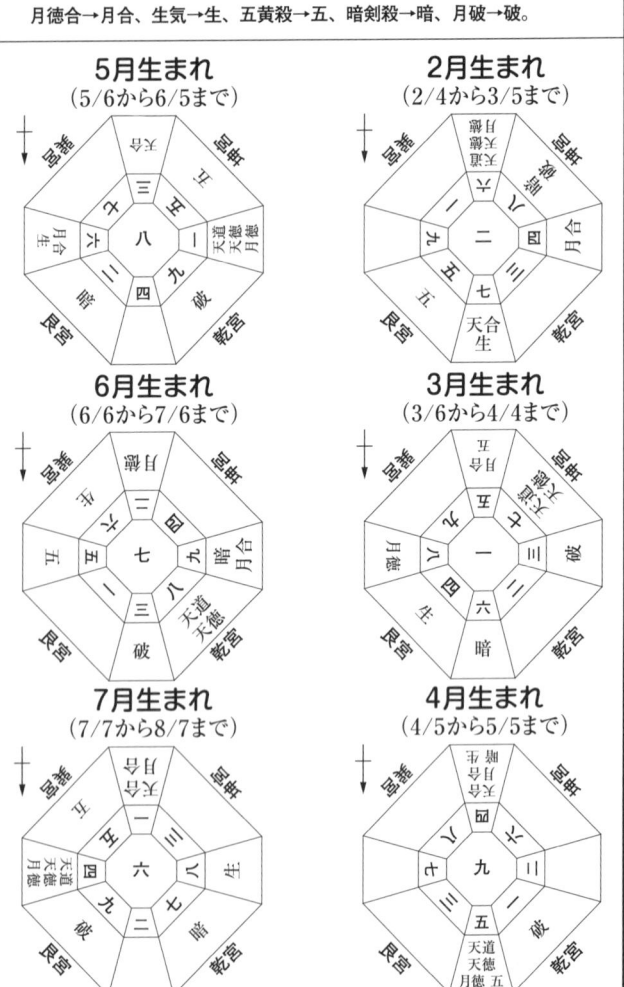

2月生まれ
(2/4から3/5まで)

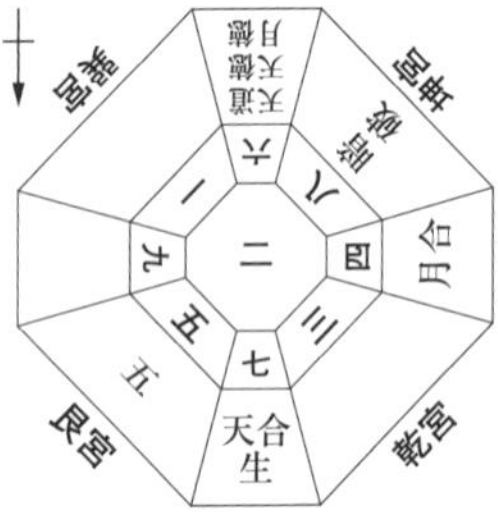

3月生まれ
(3/6から4/4まで)

4月生まれ
(4/5から5/5まで)

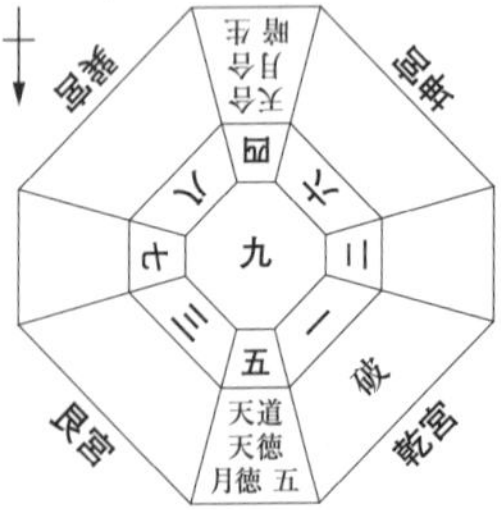

5月生まれ
(5/6から6/5まで)

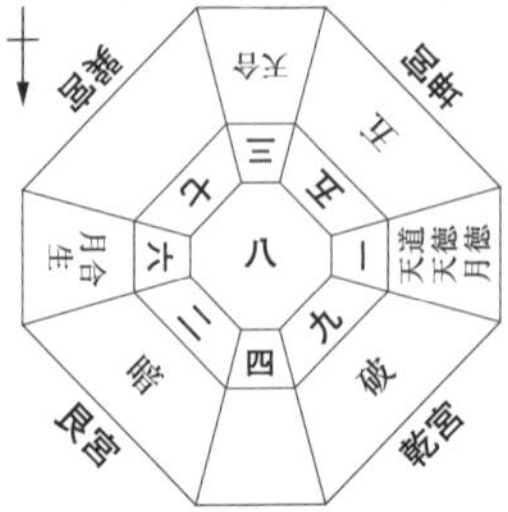

6月生まれ
(6/6から7/6まで)

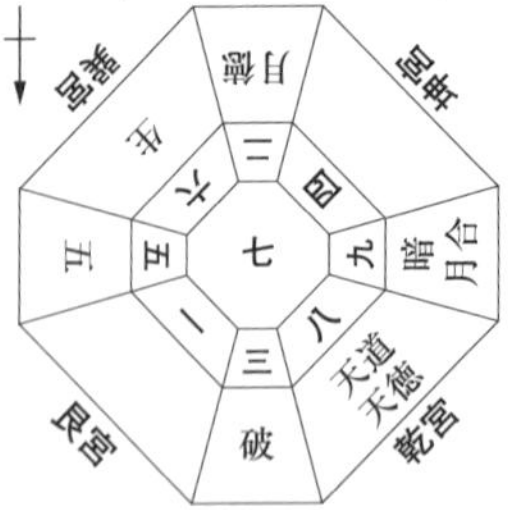

7月生まれ
(7/7から8/7まで)

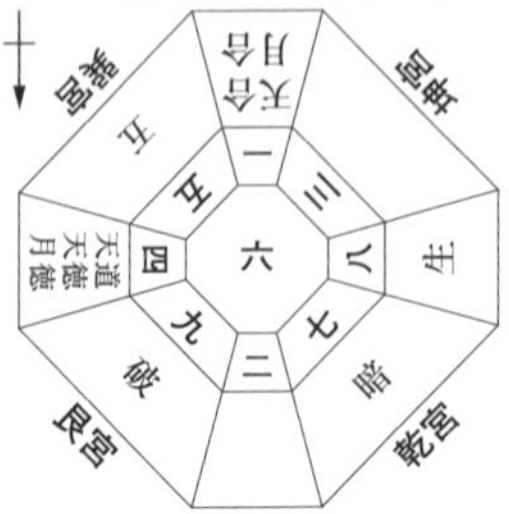

九星月命盤

本命星・二黒、五黄、八白の人の月命盤

11月生まれ
(11/8から12/6まで)

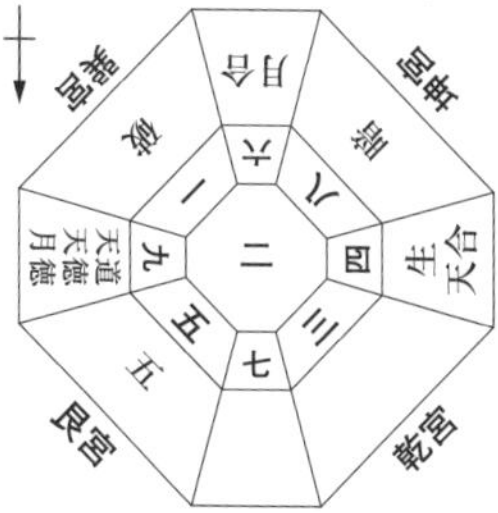

8月生まれ
(8/8から9/7まで)

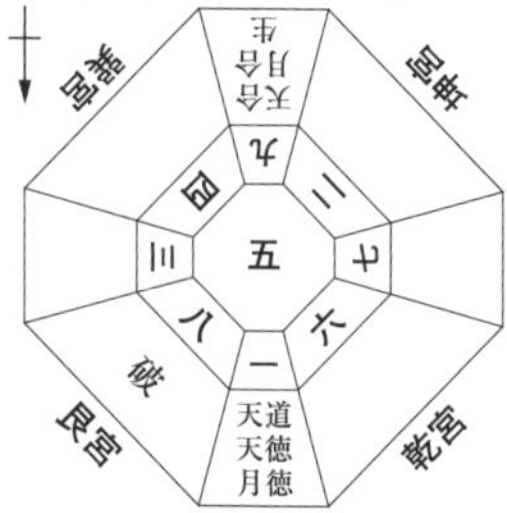

12月生まれ
(12/7から1/5まで)

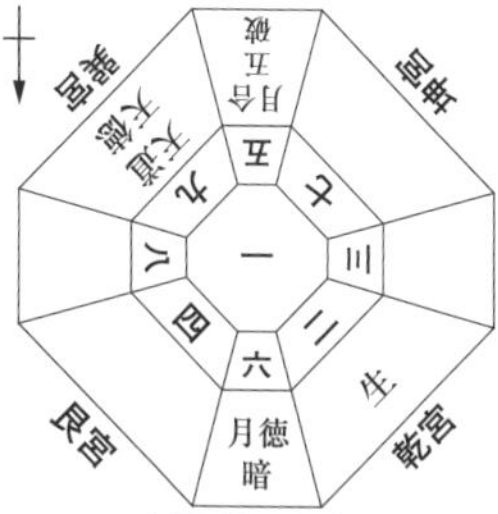

9月生まれ
(9/8から10/8まで)

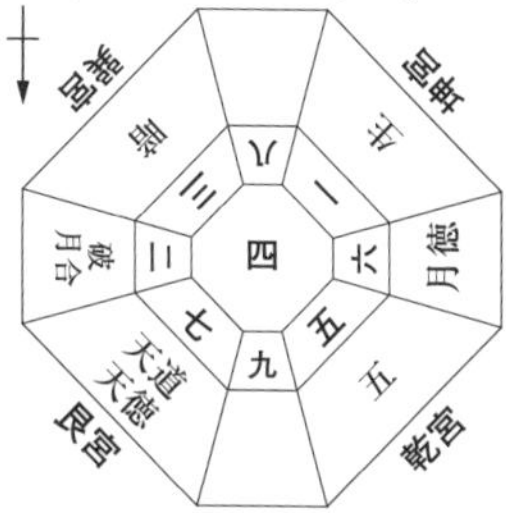

1月生まれ
(1/6から2/3まで)

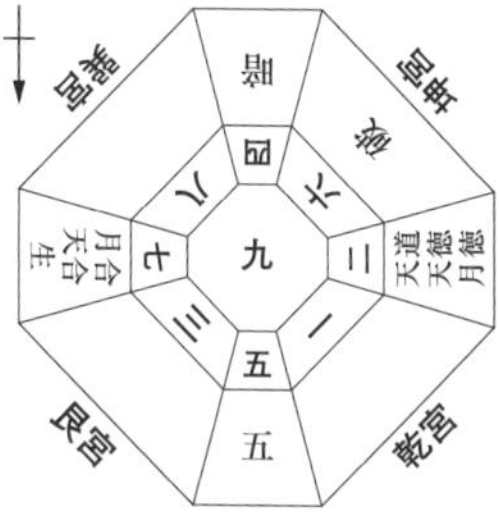

10月生まれ
(10/9から11/7まで)

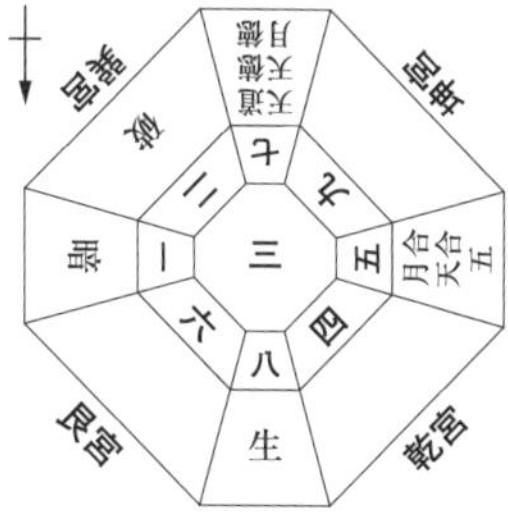

九星循環表（暦）

月／日	7月	8月	9月	10月	11月	12月
	六白未	五黄申	四緑酉	三碧戌	二黒亥	一白子
1日	七赤申	三碧卯	八白戌	五黄辰	一白亥	七赤巳
2日	六白酉	二黒辰	七赤亥	四緑巳	九紫子	六白午
3日	五黄戌	一白巳	六白子	三碧午	八白丑	五黄未
4日	四緑亥	九紫午	五黄丑	二黒未	七赤寅	四緑申
5日	三碧子	八白未	四緑寅	一白申	六白卯	三碧酉
6日	二黒丑	七赤申	三碧卯	九紫酉	五黄辰	二黒戌
7日	一白寅	六白酉	二黒辰	八白戌	四緑巳	一白亥
8日	九紫卯	五黄戌	一白巳	七赤亥	三碧午	一白子
9日	八白辰	四緑亥	九紫午	六白子	二黒未	二黒丑
10日	七赤巳	三碧子	八白未	五黄丑	一白申	三碧寅
11日	六白午	二黒丑	七赤申	四緑寅	九紫酉	四緑卯
12日	五黄未	一白寅	六白酉	三碧卯	八白戌	五黄辰
13日	四緑申	九紫卯	五黄戌	二黒辰	七赤亥	六白巳
14日	三碧酉	八白辰	四緑亥	一白巳	六白子	七赤午
15日	二黒戌	七赤巳	三碧子	九紫午	五黄丑	八白未
16日	一白亥	六白午	二黒丑	八白未	四緑寅	九紫申
17日	九紫子	五黄未	一白寅	七赤申	三碧卯	一白酉
18日	八白丑	四緑申	九紫卯	六白酉	二黒辰	二黒戌
19日	七赤寅	三碧酉	八白辰	五黄戌	一白巳	三碧亥
20日	六白卯	二黒戌	七赤巳	四緑亥	九紫午	四緑子
21日	五黄辰	一白亥	六白午	三碧子	八白未	五黄丑
22日	四緑巳	九紫子	五黄未	二黒丑	七赤申	六白寅
23日	三碧午	八白丑	四緑申	一白寅	六白酉	七赤卯
24日	二黒未	七赤寅	三碧酉	九紫卯	五黄戌	八白辰
25日	一白申	六白卯	二黒戌	八白辰	四緑亥	九紫巳
26日	九紫酉	五黄辰	一白亥	七赤巳	三碧子	一白午
27日	八白戌	四緑巳	九紫子	六白午	二黒丑	二黒未
28日	七赤亥	三碧午	八白丑	五黄未	一白寅	三碧申
29日	六白子	二黒未	七赤寅	四緑申	九紫卯	四緑酉
30日	五黄丑	一白申	六白卯	三碧酉	八白辰	五黄戌
31日	四緑寅	九紫酉		二黒戌		六白亥

※太線の区切りは「月」の節がわりを示し、線の上側までは前月の中宮星となります。なお、日にちはそのままの九星です。

平成28年（西暦2016年）二黒土星・申

日＼月	1月	2月	3月	4月	5月	6月
	三碧丑	二黒寅	一白卯	九紫辰	八白巳	七赤午
1日	一白午	五黄丑	七赤午	二黒丑	五黄未	九紫寅
2日	二黒未	六白寅	八白未	三碧寅	六白申	一白卯
3日	三碧申	七赤卯	九紫申	四緑卯	七赤酉	二黒辰
4日	四緑酉	八白辰	一白酉	五黄辰	八白戌	三碧巳
5日	五黄戌	九紫巳	二黒戌	六白巳	九紫亥	四緑午
6日	六白亥	一白午	三碧亥	七赤午	一白子	五黄未
7日	七赤子	二黒未	四緑子	八白未	二黒丑	六白申
8日	八白丑	三碧申	五黄丑	九紫申	三碧寅	七赤酉
9日	九紫寅	四緑酉	六白寅	一白酉	四緑卯	八白戌
10日	一白卯	五黄戌	七赤卯	二黒戌	五黄辰	九紫亥
11日	二黒辰	六白亥	八白辰	三碧亥	六白巳	九紫子
12日	三碧巳	七赤子	九紫巳	四緑子	七赤午	八白丑
13日	四緑午	八白丑	一白午	五黄丑	八白未	七赤寅
14日	五黄未	九紫寅	二黒未	六白寅	九紫申	六白卯
15日	六白申	一白卯	三碧申	七赤卯	一白酉	五黄辰
16日	七赤酉	二黒辰	四緑酉	八白辰	二黒戌	四緑巳
17日	八白戌	三碧巳	五黄戌	九紫巳	三碧亥	三碧午
18日	九紫亥	四緑午	六白亥	一白午	四緑子	二黒未
19日	一白子	五黄未	七赤子	二黒未	五黄丑	一白申
20日	二黒丑	六白申	八白丑	三碧申	六白寅	九紫酉
21日	三碧寅	七赤酉	九紫寅	四緑酉	七赤卯	八白戌
22日	四緑卯	八白戌	一白卯	五黄戌	八白辰	七赤亥
23日	五黄辰	九紫亥	二黒辰	六白亥	九紫巳	六白子
24日	六白巳	一白子	三碧巳	七赤子	一白午	五黄丑
25日	七赤午	二黒丑	四緑午	八白丑	二黒未	四緑寅
26日	八白未	三碧寅	五黄未	九紫寅	三碧申	三碧卯
27日	九紫申	四緑卯	六白申	一白卯	四緑酉	二黒辰
28日	一白酉	五黄辰	七赤酉	二黒辰	五黄戌	一白巳
29日	二黒戌	六白巳	八白戌	三碧巳	六白亥	九紫午
30日	三碧亥		九紫亥	四緑午	七赤子	八白未
31日	四緑子		一白子		八白丑	

九星循環表（暦）

日＼月	7月	8月	9月	10月	11月	12月
	三碧未	二黒申	一白酉	九紫戌	八白亥	七赤子
1日	二黒丑	七赤申	三碧卯	九紫酉	五黄辰	二黒戌
2日	一白寅	六白酉	二黒辰	八白戌	四緑巳	一白亥
3日	九紫卯	五黄戌	一白巳	七赤亥	三碧午	一白子
4日	八白辰	四緑亥	九紫午	六白子	二黒未	二黒丑
5日	七赤巳	三碧子	八白未	五黄丑	一白申	三碧寅
6日	六白午	二黒丑	七赤申	四緑寅	九紫酉	四緑卯
7日	五黄未	一白寅	六白酉	三碧卯	八白戌	五黄辰
8日	四緑申	九紫卯	五黄戌	二黒辰	七赤亥	六白巳
9日	三碧酉	八白辰	四緑亥	一白巳	六白子	七赤午
10日	二黒戌	七赤巳	三碧子	九紫午	五黄丑	八白未
11日	一白亥	六白午	二黒丑	八白未	四緑寅	九紫申
12日	九紫子	五黄未	一白寅	七赤申	三碧卯	一白酉
13日	八白丑	四緑申	九紫卯	六白酉	二黒辰	二黒戌
14日	七赤寅	三碧酉	八白辰	五黄戌	一白巳	三碧亥
15日	六白卯	二黒戌	七赤巳	四緑亥	九紫午	四緑子
16日	五黄辰	一白亥	六白午	三碧子	八白未	五黄丑
17日	四緑巳	九紫子	五黄未	二黒丑	七赤申	六白寅
18日	三碧午	八白丑	四緑申	一白寅	六白酉	七赤卯
19日	二黒未	七赤寅	三碧酉	九紫卯	五黄戌	八白辰
20日	一白申	六白卯	二黒戌	八白辰	四緑亥	九紫巳
21日	九紫酉	五黄辰	一白亥	七赤巳	三碧子	一白午
22日	八白戌	四緑巳	九紫子	六白午	二黒丑	二黒未
23日	七赤亥	三碧午	八白丑	五黄未	一白寅	三碧申
24日	六白子	二黒未	七赤寅	四緑申	九紫卯	四緑酉
25日	五黄丑	一白申	六白卯	三碧酉	八白辰	五黄戌
26日	四緑寅	九紫酉	五黄辰	二黒戌	七赤巳	六白亥
27日	三碧卯	八白戌	四緑巳	一白亥	六白午	七赤子
28日	二黒辰	七赤亥	三碧午	九紫子	五黄未	八白丑
29日	一白巳	六白子	二黒未	八白丑	四緑申	九紫寅
30日	九紫午	五黄丑	一白申	七赤寅	三碧酉	一白卯
31日	八白未	四緑寅		六白卯		二黒辰

※太線の区切りは「月」の節がわりを示し、線の上側までは前月の中宮星となります。なお、日にちはそのままの九星です。

平成29年（西暦2017年）一白水星・酉

月／日	1月	2月	3月	4月	5月	6月
	九紫丑	八白寅	七赤卯	六白辰	五黄巳	四緑午
1日	七赤子	二黒未	三碧亥	七赤午	一白子	五黄未
2日	八白丑	三碧申	四緑子	八白未	二黒丑	六白申
3日	九紫寅	四緑酉	五黄丑	九紫申	三碧寅	七赤酉
4日	一白卯	五黄戌	六白寅	一白酉	四緑卯	八白戌
5日	二黒辰	六白亥	七赤卯	二黒戌	五黄辰	九紫亥
6日	三碧巳	七赤子	八白辰	三碧亥	六白巳	九紫子
7日	四緑午	八白丑	九紫巳	四緑子	七赤午	八白丑
8日	五黄未	九紫寅	一白午	五黄丑	八白未	七赤寅
9日	六白申	一白卯	二黒未	六白寅	九紫申	六白卯
10日	七赤酉	二黒辰	三碧申	七赤卯	一白酉	五黄辰
11日	八白戌	三碧巳	四緑酉	八白辰	二黒戌	四緑巳
12日	九紫亥	四緑午	五黄戌	九紫巳	三碧亥	三碧午
13日	一白子	五黄未	六白亥	一白午	四緑子	二黒未
14日	二黒丑	六白申	七赤子	二黒未	五黄丑	一白申
15日	三碧寅	七赤酉	八白丑	三碧申	六白寅	九紫酉
16日	四緑卯	八白戌	九紫寅	四緑酉	七赤卯	八白戌
17日	五黄辰	九紫亥	一白卯	五黄戌	八白辰	七赤亥
18日	六白巳	一白子	二黒辰	六白亥	九紫巳	六白子
19日	七赤午	二黒丑	三碧巳	七赤子	一白午	五黄丑
20日	八白未	三碧寅	四緑午	八白丑	二黒未	四緑寅
21日	九紫申	四緑卯	五黄未	九紫寅	三碧申	三碧卯
22日	一白酉	五黄辰	六白申	一白卯	四緑酉	二黒辰
23日	二黒戌	六白巳	七赤酉	二黒辰	五黄戌	一白巳
24日	三碧亥	七赤午	八白戌	三碧巳	六白亥	九紫午
25日	四緑子	八白未	九紫亥	四緑午	七赤子	八白未
26日	五黄丑	九紫申	一白子	五黄未	八白丑	七赤申
27日	六白寅	一白酉	二黒丑	六白申	九紫寅	六白酉
28日	七赤卯	二黒戌	三碧寅	七赤酉	一白卯	五黄戌
29日	八白辰		四緑卯	八白戌	二黒辰	四緑亥
30日	九紫巳		五黄辰	九紫亥	三碧巳	三碧子
31日	一白午		六白巳		四緑午	

九星循環表（暦）

月／日	7月	8月	9月	10月	11月	12月
	九紫未	八白申	七赤酉	六白戌	五黄亥	四緑子
1日	六白午	二黒丑	七赤申	四緑寅	九紫酉	四緑卯
2日	五黄未	一白寅	六白酉	三碧卯	八白戌	五黄辰
3日	四緑申	九紫卯	五黄戌	二黒辰	七赤亥	六白巳
4日	三碧酉	八白辰	四緑亥	一白巳	六白子	七赤午
5日	二黒戌	七赤巳	三碧子	九紫午	五黄丑	八白未
6日	一白亥	六白午	二黒丑	八白未	四緑寅	九紫申
7日	九紫子	五黄未	一白寅	七赤申	三碧卯	一白酉
8日	八白丑	四緑申	九紫卯	六白酉	二黒辰	二黒戌
9日	七赤寅	三碧酉	八白辰	五黄戌	一白巳	三碧亥
10日	六白卯	二黒戌	七赤巳	四緑亥	九紫午	四緑子
11日	五黄辰	一白亥	六白午	三碧子	八白未	五黄丑
12日	四緑巳	九紫子	五黄未	二黒丑	七赤申	六白寅
13日	三碧午	八白丑	四緑申	一白寅	六白酉	七赤卯
14日	二黒未	七赤寅	三碧酉	九紫卯	五黄戌	八白辰
15日	一白申	六白卯	二黒戌	八白辰	四緑亥	九紫巳
16日	九紫酉	五黄辰	一白亥	七赤巳	三碧子	一白午
17日	八白戌	四緑巳	九紫子	六白午	二黒丑	二黒未
18日	七赤亥	三碧午	八白丑	五黄未	一白寅	三碧申
19日	六白子	二黒未	七赤寅	四緑申	九紫卯	四緑酉
20日	五黄丑	一白申	六白卯	三碧酉	八白辰	五黄戌
21日	四緑寅	九紫酉	五黄辰	二黒戌	七赤巳	六白亥
22日	三碧卯	八白戌	四緑巳	一白亥	六白午	七赤子
23日	二黒辰	七赤亥	三碧午	九紫子	五黄未	八白丑
24日	一白巳	六白子	二黒未	八白丑	四緑申	九紫寅
25日	九紫午	五黄丑	一白申	七赤寅	三碧酉	一白卯
26日	八白未	四緑寅	九紫酉	六白卯	二黒戌	二黒辰
27日	七赤申	三碧卯	八白戌	五黄辰	一白亥	三碧巳
28日	六白酉	二黒辰	七赤亥	四緑巳	一白子	四緑午
29日	五黄戌	一白巳	六白子	三碧午	二黒丑	五黄未
30日	四緑亥	九紫午	五黄丑	二黒未	三碧寅	六白申
31日	三碧子	八白未		一白申		七赤酉

※太線の区切りは「月」の節がわりを示し、線の上側までは前月の中宮星となります。なお、日にちはそのままの九星です。

平成30年（西暦2018年）九紫火星・戊

月／日	1月	2月	3月	4月	5月	6月
	六白丑	五黄寅	四緑卯	三碧辰	二黒巳	一白午
1日	三碧巳	七赤子	八白辰	三碧亥	六白巳	九紫子
2日	四緑午	八白丑	九紫巳	四緑子	七赤午	八白丑
3日	五黄未	九紫寅	一白午	五黄丑	八白未	七赤寅
4日	六白申	一白卯	二黒未	六白寅	九紫申	六白卯
5日	七赤酉	二黒辰	三碧申	七赤卯	一白酉	五黄辰
6日	八白戌	三碧巳	四緑酉	八白辰	二黒戌	四緑巳
7日	九紫亥	四緑午	五黄戌	九紫巳	三碧亥	三碧午
8日	一白子	五黄未	六白亥	一白午	四緑子	二黒未
9日	二黒丑	六白申	七赤子	二黒未	五黄丑	一白申
10日	三碧寅	七赤酉	八白丑	三碧申	六白寅	九紫酉
11日	四緑卯	八白戌	九紫寅	四緑酉	七赤卯	八白戌
12日	五黄辰	九紫亥	一白卯	五黄戌	八白辰	七赤亥
13日	六白巳	一白子	二黒辰	六白亥	九紫巳	六白子
14日	七赤午	二黒丑	三碧巳	七赤子	一白午	五黄丑
15日	八白未	三碧寅	四緑午	八白丑	二黒未	四緑寅
16日	九紫申	四緑卯	五黄未	九紫寅	三碧申	三碧卯
17日	一白酉	五黄辰	六白申	一白卯	四緑酉	二黒辰
18日	二黒戌	六白巳	七赤酉	二黒辰	五黄戌	一白巳
19日	三碧亥	七赤午	八白戌	三碧巳	六白亥	九紫午
20日	四緑子	八白未	九紫亥	四緑午	七赤子	八白未
21日	五黄丑	九紫申	一白子	五黄未	八白丑	七赤申
22日	六白寅	一白酉	二黒丑	六白申	九紫寅	六白酉
23日	七赤卯	二黒戌	三碧寅	七赤酉	一白卯	五黄戌
24日	八白辰	三碧亥	四緑卯	八白戌	二黒辰	四緑亥
25日	九紫巳	四緑子	五黄辰	九紫亥	三碧巳	三碧子
26日	一白午	五黄丑	六白巳	一白子	四緑午	二黒丑
27日	二黒未	六白寅	七赤午	二黒丑	五黄未	一白寅
28日	三碧申	七赤卯	八白未	三碧寅	六白申	九紫卯
29日	四緑酉		九紫申	四緑卯	七赤酉	八白辰
30日	五黄戌		一白酉	五黄辰	八白戌	七赤巳
31日	六白亥		二黒戌		九紫亥	

九星循環表（暦）

日＼月	7月	8月	9月	10月	11月	12月
	六白未	五黄申	四緑酉	三碧戌	二黒亥	一白子
1日	一白亥	六白午	二黒丑	八白未	四緑寅	九紫申
2日	九紫子	五黄未	一白寅	七赤申	三碧卯	一白酉
3日	八白丑	四緑申	九紫卯	六白酉	二黒辰	二黒戌
4日	七赤寅	三碧酉	八白辰	五黄戌	一白巳	三碧亥
5日	六白卯	二黒戌	七赤巳	四緑亥	九紫午	四緑子
6日	五黄辰	一白亥	六白午	三碧子	八白未	五黄丑
7日	四緑巳	九紫子	五黄未	二黒丑	七赤申	六白寅
8日	三碧午	八白丑	四緑申	一白寅	六白酉	七赤卯
9日	二黒未	七赤寅	三碧酉	九紫卯	五黄戌	八白辰
10日	一白申	六白卯	二黒戌	八白辰	四緑亥	九紫巳
11日	九紫酉	五黄辰	一白亥	七赤巳	三碧子	一白午
12日	八白戌	四緑巳	九紫子	六白午	二黒丑	二黒未
13日	七赤亥	三碧午	八白丑	五黄未	一白寅	三碧申
14日	六白子	二黒未	七赤寅	四緑申	九紫卯	四緑酉
15日	五黄丑	一白申	六白卯	三碧酉	八白辰	五黄戌
16日	四緑寅	九紫酉	五黄辰	二黒戌	七赤巳	六白亥
17日	三碧卯	八白戌	四緑巳	一白亥	六白午	七赤子
18日	二黒辰	七赤亥	三碧午	九紫子	五黄未	八白丑
19日	一白巳	六白子	二黒未	八白丑	四緑申	九紫寅
20日	九紫午	五黄丑	一白申	七赤寅	三碧酉	一白卯
21日	八白未	四緑寅	九紫酉	六白卯	二黒戌	二黒辰
22日	七赤申	三碧卯	八白戌	五黄辰	一白亥	三碧巳
23日	六白酉	二黒辰	七赤亥	四緑巳	一白子	四緑午
24日	五黄戌	一白巳	六白子	三碧午	二黒丑	五黄未
25日	四緑亥	九紫午	五黄丑	二黒未	三碧寅	六白申
26日	三碧子	八白未	四緑寅	一白申	四緑卯	七赤酉
27日	二黒丑	七赤申	三碧卯	九紫酉	五黄辰	八白戌
28日	一白寅	六白酉	二黒辰	八白戌	六白巳	九紫亥
29日	九紫卯	五黄戌	一白巳	七赤亥	七赤午	一白子
30日	八白辰	四緑亥	九紫午	六白子	八白未	二黒丑
31日	七赤巳	三碧子		五黄丑		三碧寅

※太線の区切りは「月」の節がわりを示し、線の上側までは前月の中宮星となります。なお、日にちはそのままの九星です。

平成31年（西暦2019年）八白土星・亥

日＼月	1月	2月	3月	4月	5月	6月
	三碧丑	二黒寅	一白卯	九紫辰	八白巳	七赤午
1日	八白戌	三碧巳	四緑酉	八白辰	二黒戌	四緑巳
2日	九紫亥	四緑午	五黄戌	九紫巳	三碧亥	三碧午
3日	一白子	五黄未	六白亥	一白午	四緑子	二黒未
4日	二黒丑	六白申	七赤子	二黒未	五黄丑	一白申
5日	三碧寅	七赤酉	八白丑	三碧申	六白寅	九紫酉
6日	四緑卯	八白戌	九紫寅	四緑酉	七赤卯	八白戌
7日	五黄辰	九紫亥	一白卯	五黄戌	八白辰	七赤亥
8日	六白巳	一白子	二黒辰	六白亥	九紫巳	六白子
9日	七赤午	二黒丑	三碧巳	七赤子	一白午	五黄丑
10日	八白未	三碧寅	四緑午	八白丑	二黒未	四緑寅
11日	九紫申	四緑卯	五黄未	九紫寅	三碧申	三碧卯
12日	一白酉	五黄辰	六白申	一白卯	四緑酉	二黒辰
13日	二黒戌	六白巳	七赤酉	二黒辰	五黄戌	一白巳
14日	三碧亥	七赤午	八白戌	三碧巳	六白亥	九紫午
15日	四緑子	八白未	九紫亥	四緑午	七赤子	八白未
16日	五黄丑	九紫申	一白子	五黄未	八白丑	七赤申
17日	六白寅	一白酉	二黒丑	六白申	九紫寅	六白酉
18日	七赤卯	二黒戌	三碧寅	七赤酉	一白卯	五黄戌
19日	八白辰	三碧亥	四緑卯	八白戌	二黒辰	四緑亥
20日	九紫巳	四緑子	五黄辰	九紫亥	三碧巳	三碧子
21日	一白午	五黄丑	六白巳	一白子	四緑午	二黒丑
22日	二黒未	六白寅	七赤午	二黒丑	五黄未	一白寅
23日	三碧申	七赤卯	八白未	三碧寅	六白申	九紫卯
24日	四緑酉	八白辰	九紫申	四緑卯	七赤酉	八白辰
25日	五黄戌	九紫巳	一白酉	五黄辰	八白戌	七赤巳
26日	六白亥	一白午	二黒戌	六白巳	九紫亥	六白午
27日	七赤子	二黒未	三碧亥	七赤午	九紫子	五黄未
28日	八白丑	三碧申	四緑子	八白未	八白丑	四緑申
29日	九紫寅		五黄丑	九紫申	七赤寅	三碧酉
30日	一白卯		六白寅	一白酉	六白卯	二黒戌
31日	二黒辰		七赤卯		五黄辰	

九星循環表（暦）

日＼月	7月	8月	9月	10月	11月	12月
	三碧未	二黒申	一白酉	九紫戌	八白亥	七赤子
1日	一白巳	六白子	二黒未	八白丑	四緑申	一白寅
2日	九紫午	五黄丑	一白申	七赤寅	三碧酉	九紫卯
3日	八白未	四緑寅	九紫酉	六白卯	二黒戌	八白辰
4日	七赤申	三碧卯	八白戌	五黄辰	一白亥	七赤巳
5日	六白酉	二黒辰	七赤亥	四緑巳	九紫子	六白午
6日	五黄戌	一白巳	六白子	三碧午	八白丑	五黄未
7日	四緑亥	九紫午	五黄丑	二黒未	七赤寅	四緑申
8日	三碧子	八白未	四緑寅	一白申	六白卯	三碧酉
9日	二黒丑	七赤申	三碧卯	九紫酉	五黄辰	二黒戌
10日	一白寅	六白酉	二黒辰	八白戌	四緑巳	一白亥
11日	九紫卯	五黄戌	一白巳	七赤亥	三碧午	九紫子
12日	八白辰	四緑亥	九紫午	六白子	二黒未	八白丑
13日	七赤巳	三碧子	八白未	五黄丑	一白申	七赤寅
14日	六白午	二黒丑	七赤申	四緑寅	九紫酉	六白卯
15日	五黄未	一白寅	六白酉	三碧卯	八白戌	五黄辰
16日	四緑申	九紫卯	五黄戌	二黒辰	七赤亥	四緑巳
17日	三碧酉	八白辰	四緑亥	一白巳	六白子	三碧午
18日	二黒戌	七赤巳	三碧子	九紫午	五黄丑	二黒未
19日	一白亥	六白午	二黒丑	八白未	四緑寅	一白申
20日	九紫子	五黄未	一白寅	七赤申	三碧卯	九紫酉
21日	八白丑	四緑申	九紫卯	六白酉	二黒辰	八白戌
22日	七赤寅	三碧酉	八白辰	五黄戌	一白巳	七赤亥
23日	六白卯	二黒戌	七赤巳	四緑亥	九紫午	六白子
24日	五黄辰	一白亥	六白午	三碧子	八白未	五黄丑
25日	四緑巳	九紫子	五黄未	二黒丑	七赤申	四緑寅
26日	三碧午	八白丑	四緑申	一白寅	六白酉	三碧卯
27日	二黒未	七赤寅	三碧酉	九紫卯	五黄戌	二黒辰
28日	一白申	六白卯	二黒戌	八白辰	四緑亥	一白巳
29日	九紫酉	五黄辰	一白亥	七赤巳	三碧子	九紫午
30日	八白戌	四緑巳	九紫子	六白午	二黒丑	八白未
31日	七赤亥	三碧午		五黄未		七赤申

※太線の区切りは「月」の節がわりを示し、線の上側までは前月の中宮星となります。なお、日にちはそのままの九星です。

平成32年（西暦2020年）七赤金星・子

日＼月	1月	2月	3月	4月	5月	6月
	九紫丑	八白寅	七赤卯	六白辰	五黄巳	四緑午
1日	四緑卯	八白戌	一白卯	五黄戌	八白辰	三碧亥
2日	五黄辰	九紫亥	二黒辰	六白亥	九紫巳	四緑子
3日	六白巳	一白子	三碧巳	七赤子	一白午	五黄丑
4日	七赤午	二黒丑	四緑午	八白丑	二黒未	六白寅
5日	八白未	三碧寅	五黄未	九紫寅	三碧申	七赤卯
6日	九紫申	四緑卯	六白申	一白卯	四緑酉	八白辰
7日	一白酉	五黄辰	七赤酉	二黒辰	五黄戌	九紫巳
8日	二黒戌	六白巳	八白戌	三碧巳	六白亥	一白午
9日	三碧亥	七赤午	九紫亥	四緑午	七赤子	二黒未
10日	四緑子	八白未	一白子	五黄未	八白丑	三碧申
11日	五黄丑	九紫申	二黒丑	六白申	九紫寅	四緑酉
12日	六白寅	一白酉	三碧寅	七赤酉	一白卯	五黄戌
13日	七赤卯	二黒戌	四緑卯	八白戌	二黒辰	六白亥
14日	八白辰	三碧亥	五黄辰	九紫亥	三碧巳	七赤子
15日	九紫巳	四緑子	六白巳	一白子	四緑午	八白丑
16日	一白午	五黄丑	七赤午	二黒丑	五黄未	九紫寅
17日	二黒未	六白寅	八白未	三碧寅	六白申	一白卯
18日	三碧申	七赤卯	九紫申	四緑卯	七赤酉	二黒辰
19日	四緑酉	八白辰	一白酉	五黄辰	八白戌	三碧巳
20日	五黄戌	九紫巳	二黒戌	六白巳	九紫亥	三碧午
21日	六白亥	一白午	三碧亥	七赤午	一白子	二黒未
22日	七赤子	二黒未	四緑子	八白未	二黒丑	一白申
23日	八白丑	三碧申	五黄丑	九紫申	三碧寅	九紫酉
24日	九紫寅	四緑酉	六白寅	一白酉	四緑卯	八白戌
25日	一白卯	五黄戌	七赤卯	二黒戌	五黄辰	七赤亥
26日	二黒辰	六白亥	八白辰	三碧亥	六白巳	六白子
27日	三碧巳	七赤子	九紫巳	四緑子	七赤午	五黄丑
28日	四緑午	八白丑	一白午	五黄丑	八白未	四緑寅
29日	五黄未	九紫寅	二黒未	六白寅	九紫申	三碧卯
30日	六白申		三碧申	七赤卯	一白酉	二黒辰
31日	七赤酉		四緑酉		二黒戌	

九星循環表（暦）

日＼月	7月	8月	9月	10月	11月	12月
	九紫未	八白申	七赤酉	六白戌	五黄亥	四緑子
1日	五黄戌	一白巳	六白子	三碧午	八白丑	五黄未
2日	六白亥	九紫午	五黄丑	二黒未	七赤寅	四緑申
3日	七赤子	八白未	四緑寅	一白申	六白卯	三碧酉
4日	八白丑	七赤申	三碧卯	九紫酉	五黄辰	二黒戌
5日	九紫寅	六白酉	二黒辰	八白戌	四緑巳	一白亥
6日	一白卯	五黄戌	一白巳	七赤亥	三碧午	九紫子
7日	二黒辰	四緑亥	九紫午	六白子	二黒未	八白丑
8日	三碧巳	三碧子	八白未	五黄丑	一白申	七赤寅
9日	四緑午	二黒丑	七赤申	四緑寅	九紫酉	六白卯
10日	五黄未	一白寅	六白酉	三碧卯	八白戌	五黄辰
11日	六白申	九紫卯	五黄戌	二黒辰	七赤亥	四緑巳
12日	七赤酉	八白辰	四緑亥	一白巳	六白子	三碧午
13日	八白戌	七赤巳	三碧子	九紫午	五黄丑	二黒未
14日	九紫亥	六白午	二黒丑	八白未	四緑寅	一白申
15日	九紫子	五黄未	一白寅	七赤申	三碧卯	九紫酉
16日	八白丑	四緑申	九紫卯	六白酉	二黒辰	八白戌
17日	七赤寅	三碧酉	八白辰	五黄戌	一白巳	七赤亥
18日	六白卯	二黒戌	七赤巳	四緑亥	九紫午	六白子
19日	五黄辰	一白亥	六白午	三碧子	八白未	五黄丑
20日	四緑巳	九紫子	五黄未	二黒丑	七赤申	四緑寅
21日	三碧午	八白丑	四緑申	一白寅	六白酉	三碧卯
22日	二黒未	七赤寅	三碧酉	九紫卯	五黄戌	二黒辰
23日	一白申	六白卯	二黒戌	八白辰	四緑亥	一白巳
24日	九紫酉	五黄辰	一白亥	七赤巳	三碧子	九紫午
25日	八白戌	四緑巳	九紫子	六白午	二黒丑	八白未
26日	七赤亥	三碧午	八白丑	五黄未	一白寅	七赤申
27日	六白子	二黒未	七赤寅	四緑申	九紫卯	六白酉
28日	五黄丑	一白申	六白卯	三碧酉	八白辰	五黄戌
29日	四緑寅	九紫酉	五黄辰	二黒戌	七赤巳	四緑亥
30日	三碧卯	八白戌	四緑巳	一白亥	六白午	三碧子
31日	二黒辰	七赤亥		九紫子		二黒丑

※太線の区切りは「月」の節がわりを示し、線の上側までは前月の中宮星となります。なお、日にちはそのままの九星です。

平成33年（西暦2021年）六白金星・丑

日＼月	1月	2月	3月	4月	5月	6月
	六白丑	五黄寅	四緑卯	三碧辰	二黒巳	一白午
1日	六白酉	八白辰	九紫申	四緑卯	七赤酉	二黒辰
2日	五黄戌	九紫巳	一白酉	五黄辰	八白戌	三碧巳
3日	四緑亥	一白午	二黒戌	六白巳	九紫亥	四緑午
4日	三碧子	二黒未	三碧亥	七赤午	一白子	五黄未
5日	二黒丑	三碧申	四緑子	八白未	二黒丑	六白申
6日	一白寅	四緑酉	五黄丑	九紫申	三碧寅	七赤酉
7日	九紫卯	五黄戌	六白寅	一白酉	四緑卯	八白戌
8日	八白辰	六白亥	七赤卯	二黒戌	五黄辰	九紫亥
9日	七赤巳	七赤子	八白辰	三碧亥	六白巳	一白子
10日	六白午	八白丑	九紫巳	四緑子	七赤午	二黒丑
11日	五黄未	九紫寅	一白午	五黄丑	八白未	三碧寅
12日	四緑申	一白卯	二黒未	六白寅	九紫申	四緑卯
13日	三碧酉	二黒辰	三碧申	七赤卯	一白酉	五黄辰
14日	二黒戌	三碧巳	四緑酉	八白辰	二黒戌	六白巳
15日	一白亥	四緑午	五黄戌	九紫巳	三碧亥	七赤午
16日	一白子	五黄未	六白亥	一白午	四緑子	八白未
17日	二黒丑	六白申	七赤子	二黒未	五黄丑	九紫申
18日	三碧寅	七赤酉	八白丑	三碧申	六白寅	一白酉
19日	四緑卯	八白戌	九紫寅	四緑酉	七赤卯	二黒戌
20日	五黄辰	九紫亥	一白卯	五黄戌	八白辰	三碧亥
21日	六白巳	一白子	二黒辰	六白亥	九紫巳	四緑子
22日	七赤午	二黒丑	三碧巳	七赤子	一白午	五黄丑
23日	八白未	三碧寅	四緑午	八白丑	二黒未	六白寅
24日	九紫申	四緑卯	五黄未	九紫寅	三碧申	七赤卯
25日	一白酉	五黄辰	六白申	一白卯	四緑酉	八白辰
26日	二黒戌	六白巳	七赤酉	二黒辰	五黄戌	九紫巳
27日	三碧亥	七赤午	八白戌	三碧巳	六白亥	一白午
28日	四緑子	八白未	九紫亥	四緑午	七赤子	二黒未
29日	五黄丑		一白子	五黄未	八白丑	三碧申
30日	六白寅		二黒丑	六白申	九紫寅	四緑酉
31日	七赤卯		三碧寅		一白卯	

九星循環表（暦）

日＼月	7月	8月	9月	10月	11月	12月
	六白未	五黄申	四緑酉	三碧戌	二黒亥	一白子
1日	一白卯	五黄戌	一白巳	七赤亥	三碧午	九紫子
2日	二黒辰	四緑亥	九紫午	六白子	二黒未	八白丑
3日	三碧巳	三碧子	八白未	五黄丑	一白申	七赤寅
4日	四緑午	二黒丑	七赤申	四緑寅	九紫酉	六白卯
5日	五黄未	一白寅	六白酉	三碧卯	八白戌	五黄辰
6日	六白申	九紫卯	五黄戌	二黒辰	七赤亥	四緑巳
7日	七赤酉	八白辰	四緑亥	一白巳	六白子	三碧午
8日	八白戌	七赤巳	三碧子	九紫午	五黄丑	二黒未
9日	九紫亥	六白午	二黒丑	八白未	四緑寅	一白申
10日	九紫子	五黄未	一白寅	七赤申	三碧卯	九紫酉
11日	八白丑	四緑申	九紫卯	六白酉	二黒辰	八白戌
12日	七赤寅	三碧酉	八白辰	五黄戌	一白巳	七赤亥
13日	六白卯	二黒戌	七赤巳	四緑亥	九紫午	六白子
14日	五黄辰	一白亥	六白午	三碧子	八白未	五黄丑
15日	四緑巳	九紫子	五黄未	二黒丑	七赤申	四緑寅
16日	三碧午	八白丑	四緑申	一白寅	六白酉	三碧卯
17日	二黒未	七赤寅	三碧酉	九紫卯	五黄戌	二黒辰
18日	一白申	六白卯	二黒戌	八白辰	四緑亥	一白巳
19日	九紫酉	五黄辰	一白亥	七赤巳	三碧子	九紫午
20日	八白戌	四緑巳	九紫子	六白午	二黒丑	八白未
21日	七赤亥	三碧午	八白丑	五黄未	一白寅	七赤申
22日	六白子	二黒未	七赤寅	四緑申	九紫卯	六白酉
23日	五黄丑	一白申	六白卯	三碧酉	八白辰	五黄戌
24日	四緑寅	九紫酉	五黄辰	二黒戌	七赤巳	四緑亥
25日	三碧卯	八白戌	四緑巳	一白亥	六白午	三碧子
26日	二黒辰	七赤亥	三碧午	九紫子	五黄未	二黒丑
27日	一白巳	六白子	二黒未	八白丑	四緑申	一白寅
28日	九紫午	五黄丑	一白申	七赤寅	三碧酉	九紫卯
29日	八白未	四緑寅	九紫酉	六白卯	二黒戌	八白辰
30日	七赤申	三碧卯	八白戌	五黄辰	一白亥	七赤巳
31日	六白酉	二黒辰		四緑巳		六白午

※太線の区切りは「月」の節がわりを示し、線の上側までは前月の中宮星となります。なお、日にちはそのままの九星です。

平成34年（西暦2022年）五黄土星・寅

日＼月	1月	2月	3月	4月	5月	6月
	三碧丑	二黒寅	一白卯	九紫辰	八白巳	七赤午
1日	一白寅	四緑酉	五黄丑	九紫申	三碧寅	七赤酉
2日	九紫卯	五黄戌	六白寅	一白酉	四緑卯	八白戌
3日	八白辰	六白亥	七赤卯	二黒戌	五黄辰	九紫亥
4日	七赤巳	七赤子	八白辰	三碧亥	六白巳	一白子
5日	六白午	八白丑	九紫巳	四緑子	七赤午	二黒丑
6日	五黄未	九紫寅	一白午	五黄丑	八白未	三碧寅
7日	四緑申	一白卯	二黒未	六白寅	九紫申	四緑卯
8日	三碧酉	二黒辰	三碧申	七赤卯	一白酉	五黄辰
9日	二黒戌	三碧巳	四緑酉	八白辰	二黒戌	六白巳
10日	一白亥	四緑午	五黄戌	九紫巳	三碧亥	七赤午
11日	一白子	五黄未	六白亥	一白午	四緑子	八白未
12日	二黒丑	六白申	七赤子	二黒未	五黄丑	九紫申
13日	三碧寅	七赤酉	八白丑	三碧申	六白寅	一白酉
14日	四緑卯	八白戌	九紫寅	四緑酉	七赤卯	二黒戌
15日	五黄辰	九紫亥	一白卯	五黄戌	八白辰	三碧亥
16日	六白巳	一白子	二黒辰	六白亥	九紫巳	四緑子
17日	七赤午	二黒丑	三碧巳	七赤子	一白午	五黄丑
18日	八白未	三碧寅	四緑午	八白丑	二黒未	六白寅
19日	九紫申	四緑卯	五黄未	九紫寅	三碧申	七赤卯
20日	一白酉	五黄辰	六白申	一白卯	四緑酉	八白辰
21日	二黒戌	六白巳	七赤酉	二黒辰	五黄戌	九紫巳
22日	三碧亥	七赤午	八白戌	三碧巳	六白亥	一白午
23日	四緑子	八白未	九紫亥	四緑午	七赤子	二黒未
24日	五黄丑	九紫申	一白子	五黄未	八白丑	三碧申
25日	六白寅	一白酉	二黒丑	六白申	九紫寅	四緑酉
26日	七赤卯	二黒戌	三碧寅	七赤酉	一白卯	五黄戌
27日	八白辰	三碧亥	四緑卯	八白戌	二黒辰	六白亥
28日	九紫巳	四緑子	五黄辰	九紫亥	三碧巳	七赤子
29日	一白午		六白巳	一白子	四緑午	八白丑
30日	二黒未		七赤午	二黒丑	五黄未	九紫寅
31日	三碧申		八白未		六白申	

九星循環表（暦）

月 日	7月	8月	9月	10月	11月	12月
	三碧未	二黒申	一白酉	九紫戌	八白亥	七赤子
1日	六白申	九紫卯	五黄戌	二黒辰	七赤亥	四緑巳
2日	七赤酉	八白辰	四緑亥	一白巳	六白子	三碧午
3日	八白戌	七赤巳	三碧子	九紫午	五黄丑	二黒未
4日	九紫亥	六白午	二黒丑	八白未	四緑寅	一白申
5日	九紫子	五黄未	一白寅	七赤申	三碧卯	九紫酉
6日	八白丑	四緑申	九紫卯	六白酉	二黒辰	八白戌
7日	七赤寅	三碧酉	八白辰	五黄戌	一白巳	七赤亥
8日	六白卯	二黒戌	七赤巳	四緑亥	九紫午	六白子
9日	五黄辰	一白亥	六白午	三碧子	八白未	五黄丑
10日	四緑巳	九紫子	五黄未	二黒丑	七赤申	四緑寅
11日	三碧午	八白丑	四緑申	一白寅	六白酉	三碧卯
12日	二黒未	七赤寅	三碧酉	九紫卯	五黄戌	二黒辰
13日	一白申	六白卯	二黒戌	八白辰	四緑亥	一白巳
14日	九紫酉	五黄辰	一白亥	七赤巳	三碧子	九紫午
15日	八白戌	四緑巳	九紫子	六白午	二黒丑	八白未
16日	七赤亥	三碧午	八白丑	五黄未	一白寅	七赤申
17日	六白子	二黒未	七赤寅	四緑申	九紫卯	六白酉
18日	五黄丑	一白申	六白卯	三碧酉	八白辰	五黄戌
19日	四緑寅	九紫酉	五黄辰	二黒戌	七赤巳	四緑亥
20日	三碧卯	八白戌	四緑巳	一白亥	六白午	三碧子
21日	二黒辰	七赤亥	三碧午	九紫子	五黄未	二黒丑
22日	一白巳	六白子	二黒未	八白丑	四緑申	一白寅
23日	九紫午	五黄丑	一白申	七赤寅	三碧酉	九紫卯
24日	八白未	四緑寅	九紫酉	六白卯	二黒戌	八白辰
25日	七赤申	三碧卯	八白戌	五黄辰	一白亥	七赤巳
26日	六白酉	二黒辰	七赤亥	四緑巳	九紫子	六白午
27日	五黄戌	一白巳	六白子	三碧午	八白丑	五黄未
28日	四緑亥	九紫午	五黄丑	二黒未	七赤寅	四緑申
29日	三碧子	八白未	四緑寅	一白申	六白卯	三碧酉
30日	二黒丑	七赤申	三碧卯	九紫酉	五黄辰	二黒戌
31日	一白寅	六白酉		八白戌		一白亥

※太線の区切りは「月」の節がわりを示し、線の上側までは前月の中宮星となります。なお、日にちはそのままの九星です。

平成35年（西暦2023年）四緑木星・卯

日＼月	1月	2月	3月	4月	5月	6月
	九紫丑	八白寅	七赤卯	六白辰	五黄巳	四緑午
1日	五黄未	九紫寅	一白午	五黄丑	八白未	三碧寅
2日	四緑申	一白卯	二黒未	六白寅	九紫申	四緑卯
3日	三碧酉	二黒辰	三碧申	七赤卯	一白酉	五黄辰
4日	二黒戌	三碧巳	四緑酉	八白辰	二黒戌	六白巳
5日	一白亥	四緑午	五黄戌	九紫巳	三碧亥	七赤午
6日	一白子	五黄未	六白亥	一白午	四緑子	八白未
7日	二黒丑	六白申	七赤子	二黒未	五黄丑	九紫申
8日	三碧寅	七赤酉	八白丑	三碧申	六白寅	一白酉
9日	四緑卯	八白戌	九紫寅	四緑酉	七赤卯	二黒戌
10日	五黄辰	九紫亥	一白卯	五黄戌	八白辰	三碧亥
11日	六白巳	一白子	二黒辰	六白亥	九紫巳	四緑子
12日	七赤午	二黒丑	三碧巳	七赤子	一白午	五黄丑
13日	八白未	三碧寅	四緑午	八白丑	二黒未	六白寅
14日	九紫申	四緑卯	五黄未	九紫寅	三碧申	七赤卯
15日	一白酉	五黄辰	六白申	一白卯	四緑酉	八白辰
16日	二黒戌	六白巳	七赤酉	二黒辰	五黄戌	九紫巳
17日	三碧亥	七赤午	八白戌	三碧巳	六白亥	一白午
18日	四緑子	八白未	九紫亥	四緑午	七赤子	二黒未
19日	五黄丑	九紫申	一白子	五黄未	八白丑	三碧申
20日	六白寅	一白酉	二黒丑	六白申	九紫寅	四緑酉
21日	七赤卯	二黒戌	三碧寅	七赤酉	一白卯	五黄戌
22日	八白辰	三碧亥	四緑卯	八白戌	二黒辰	六白亥
23日	九紫巳	四緑子	五黄辰	九紫亥	三碧巳	七赤子
24日	一白午	五黄丑	六白巳	一白子	四緑午	八白丑
25日	二黒未	六白寅	七赤午	二黒丑	五黄未	九紫寅
26日	三碧申	七赤卯	八白未	三碧寅	六白申	一白卯
27日	四緑酉	八白辰	九紫申	四緑卯	七赤酉	二黒辰
28日	五黄戌	九紫巳	一白酉	五黄辰	八白戌	三碧巳
29日	六白亥		二黒戌	六白巳	九紫亥	四緑午
30日	七赤子		三碧亥	七赤午	一白子	五黄未
31日	八白丑		四緑子		二黒丑	

九星循環表（暦）

月／日	7月	8月	9月	10月	11月	12月
	九紫未	八白申	七赤酉	六白戌	五黄亥	四緑子
1日	七赤寅	三碧酉	八白辰	五黄戌	一白巳	七赤亥
2日	六白卯	二黒戌	七赤巳	四緑亥	九紫午	六白子
3日	五黄辰	一白亥	六白午	三碧子	八白未	五黄丑
4日	四緑巳	九紫子	五黄未	二黒丑	七赤申	四緑寅
5日	三碧午	八白丑	四緑申	一白寅	六白酉	三碧卯
6日	二黒未	七赤寅	三碧酉	九紫卯	五黄戌	二黒辰
7日	一白申	六白卯	二黒戌	八白辰	四緑亥	一白巳
8日	九紫酉	五黄辰	一白亥	七赤巳	三碧子	九紫午
9日	八白戌	四緑巳	九紫子	六白午	二黒丑	八白未
10日	七赤亥	三碧午	八白丑	五黄未	一白寅	七赤申
11日	六白子	二黒未	七赤寅	四緑申	九紫卯	六白酉
12日	五黄丑	一白申	六白卯	三碧酉	八白辰	五黄戌
13日	四緑寅	九紫酉	五黄辰	二黒戌	七赤巳	四緑亥
14日	三碧卯	八白戌	四緑巳	一白亥	六白午	三碧子
15日	二黒辰	七赤亥	三碧午	九紫子	五黄未	二黒丑
16日	一白巳	六白子	二黒未	八白丑	四緑申	一白寅
17日	九紫午	五黄丑	一白申	七赤寅	三碧酉	九紫卯
18日	八白未	四緑寅	九紫酉	六白卯	二黒戌	八白辰
19日	七赤申	三碧卯	八白戌	五黄辰	一白亥	七赤巳
20日	六白酉	二黒辰	七赤亥	四緑巳	九紫子	六白午
21日	五黄戌	一白巳	六白子	三碧午	八白丑	五黄未
22日	四緑亥	九紫午	五黄丑	二黒未	七赤寅	四緑申
23日	三碧子	八白未	四緑寅	一白申	六白卯	三碧酉
24日	二黒丑	七赤申	三碧卯	九紫酉	五黄辰	二黒戌
25日	一白寅	六白酉	二黒辰	八白戌	四緑巳	一白亥
26日	九紫卯	五黄戌	一白巳	七赤亥	三碧午	一白子
27日	八白辰	四緑亥	九紫午	六白子	二黒未	二黒丑
28日	七赤巳	三碧子	八白未	五黄丑	一白申	三碧寅
29日	六白午	二黒丑	七赤申	四緑寅	九紫酉	四緑卯
30日	五黄未	一白寅	六白酉	三碧卯	八白戌	五黄辰
31日	四緑申	九紫卯		二黒辰		六白巳

※太線の区切りは「月」の節がわりを示し、線の上側までは前月の中宮星となります。なお、日にちはそのままの九星です。

平成36年（西暦2024年）三碧木星・辰

月／日	1月	2月	3月	4月	5月	6月
	六白丑	五黄寅	四緑卯	三碧辰	二黒巳	一白午
1日	一白子	五黄未	七赤子	二黒未	五黄丑	九紫申
2日	二黒丑	六白申	八白丑	三碧申	六白寅	一白酉
3日	三碧寅	七赤酉	九紫寅	四緑酉	七赤卯	二黒戌
4日	四緑卯	八白戌	一白卯	五黄戌	八白辰	三碧亥
5日	五黄辰	九紫亥	二黒辰	六白亥	九紫巳	四緑子
6日	六白巳	一白子	三碧巳	七赤子	一白午	五黄丑
7日	七赤午	二黒丑	四緑午	八白丑	二黒未	六白寅
8日	八白未	三碧寅	五黄未	九紫寅	三碧申	七赤卯
9日	九紫申	四緑卯	六白申	一白卯	四緑酉	八白辰
10日	一白酉	五黄辰	七赤酉	二黒辰	五黄戌	九紫巳
11日	二黒戌	六白巳	八白戌	三碧巳	六白亥	一白午
12日	三碧亥	七赤午	九紫亥	四緑午	七赤子	二黒未
13日	四緑子	八白未	一白子	五黄未	八白丑	三碧申
14日	五黄丑	九紫申	二黒丑	六白申	九紫寅	四緑酉
15日	六白寅	一白酉	三碧寅	七赤酉	一白卯	五黄戌
16日	七赤卯	二黒戌	四緑卯	八白戌	二黒辰	六白亥
17日	八白辰	三碧亥	五黄辰	九紫亥	三碧巳	七赤子
18日	九紫巳	四緑子	六白巳	一白子	四緑午	八白丑
19日	一白午	五黄丑	七赤午	二黒丑	五黄未	九紫寅
20日	二黒未	六白寅	八白未	三碧寅	六白申	一白卯
21日	三碧申	七赤卯	九紫申	四緑卯	七赤酉	二黒辰
22日	四緑酉	八白辰	一白酉	五黄辰	八白戌	三碧巳
23日	五黄戌	九紫巳	二黒戌	六白巳	九紫亥	四緑午
24日	六白亥	一白午	三碧亥	七赤午	一白子	五黄未
25日	七赤子	二黒未	四緑子	八白未	二黒丑	六白申
26日	八白丑	三碧申	五黄丑	九紫申	三碧寅	七赤酉
27日	九紫寅	四緑酉	六白寅	一白酉	四緑卯	八白戌
28日	一白卯	五黄戌	七赤卯	二黒戌	五黄辰	九紫亥
29日	二黒辰	六白亥	八白辰	三碧亥	六白巳	九紫子
30日	三碧巳		九紫巳	四緑子	七赤午	八白丑
31日	四緑午		一白午		八白未	

九星循環表（暦）

日＼月	7月	8月	9月	10月	11月	12月
	六白未	五黄申	四緑酉	三碧戌	二黒亥	一白子
1日	二黒未	七赤寅	三碧酉	九紫卯	五黄戌	二黒辰
2日	一白申	六白卯	二黒戌	八白辰	四緑亥	一白巳
3日	九紫酉	五黄辰	一白亥	七赤巳	三碧子	九紫午
4日	八白戌	四緑巳	九紫子	六白午	二黒丑	八白未
5日	七赤亥	三碧午	八白丑	五黄未	一白寅	七赤申
6日	六白子	二黒未	七赤寅	四緑申	九紫卯	六白酉
7日	五黄丑	一白申	六白卯	三碧酉	八白辰	五黄戌
8日	四緑寅	九紫酉	五黄辰	二黒戌	七赤巳	四緑亥
9日	三碧卯	八白戌	四緑巳	一白亥	六白午	三碧子
10日	二黒辰	七赤亥	三碧午	九紫子	五黄未	二黒丑
11日	一白巳	六白子	二黒未	八白丑	四緑申	一白寅
12日	九紫午	五黄丑	一白申	七赤寅	三碧酉	九紫卯
13日	八白未	四緑寅	九紫酉	六白卯	二黒戌	八白辰
14日	七赤申	三碧卯	八白戌	五黄辰	一白亥	七赤巳
15日	六白酉	二黒辰	七赤亥	四緑巳	九紫子	六白午
16日	五黄戌	一白巳	六白子	三碧午	八白丑	五黄未
17日	四緑亥	九紫午	五黄丑	二黒未	七赤寅	四緑申
18日	三碧子	八白未	四緑寅	一白申	六白卯	三碧酉
19日	二黒丑	七赤申	三碧卯	九紫酉	五黄辰	二黒戌
20日	一白寅	六白酉	二黒辰	八白戌	四緑巳	一白亥
21日	九紫卯	五黄戌	一白巳	七赤亥	三碧午	一白子
22日	八白辰	四緑亥	九紫午	六白子	二黒未	二黒丑
23日	七赤巳	三碧子	八白未	五黄丑	一白申	三碧寅
24日	六白午	二黒丑	七赤申	四緑寅	九紫酉	四緑卯
25日	五黄未	一白寅	六白酉	三碧卯	八白戌	五黄辰
26日	四緑申	九紫卯	五黄戌	二黒辰	七赤亥	六白巳
27日	三碧酉	八白辰	四緑亥	一白巳	六白子	七赤午
28日	二黒戌	七赤巳	三碧子	九紫午	五黄丑	八白未
29日	一白亥	六白午	二黒丑	八白未	四緑寅	九紫申
30日	九紫子	五黄未	一白寅	七赤申	三碧卯	一白酉
31日	八白丑	四緑申		六白酉		二黒戌

※太線の区切りは「月」の節がわりを示し、線の上側までは前月の中宮星となります。なお、日にちはそのままの九星です。

平成37年（西暦2025年）二黒土星・巳

日＼月	1月	2月	3月	4月	5月	6月
	三碧丑	二黒寅	一白卯	九紫辰	八白巳	七赤午
1日	七赤午	二黒丑	三碧巳	七赤子	一白午	五黄丑
2日	八白未	三碧寅	四緑午	八白丑	二黒未	六白寅
3日	九紫申	四緑卯	五黄未	九紫寅	三碧申	七赤卯
4日	一白酉	五黄辰	六白申	一白卯	四緑酉	八白辰
5日	二黒戌	六白巳	七赤酉	二黒辰	五黄戌	九紫巳
6日	三碧亥	七赤午	八白戌	三碧巳	六白亥	一白午
7日	四緑子	八白未	九紫亥	四緑午	七赤子	二黒未
8日	五黄丑	九紫申	一白子	五黄未	八白丑	三碧申
9日	六白寅	一白酉	二黒丑	六白申	九紫寅	四緑酉
10日	七赤卯	二黒戌	三碧寅	七赤酉	一白卯	五黄戌
11日	八白辰	三碧亥	四緑卯	八白戌	二黒辰	六白亥
12日	九紫巳	四緑子	五黄辰	九紫亥	三碧巳	七赤子
13日	一白午	五黄丑	六白巳	一白子	四緑午	八白丑
14日	二黒未	六白寅	七赤午	二黒丑	五黄未	九紫寅
15日	三碧申	七赤卯	八白未	三碧寅	六白申	一白卯
16日	四緑酉	八白辰	九紫申	四緑卯	七赤酉	二黒辰
17日	五黄戌	九紫巳	一白酉	五黄辰	八白戌	三碧巳
18日	六白亥	一白午	二黒戌	六白巳	九紫亥	四緑午
19日	七赤子	二黒未	三碧亥	七赤午	一白子	五黄未
20日	八白丑	三碧申	四緑子	八白未	二黒丑	六白申
21日	九紫寅	四緑酉	五黄丑	九紫申	三碧寅	七赤酉
22日	一白卯	五黄戌	六白寅	一白酉	四緑卯	八白戌
23日	二黒辰	六白亥	七赤卯	二黒戌	五黄辰	九紫亥
24日	三碧巳	七赤子	八白辰	三碧亥	六白巳	九紫子
25日	四緑午	八白丑	九紫巳	四緑子	七赤午	八白丑
26日	五黄未	九紫寅	一白午	五黄丑	八白未	七赤寅
27日	六白申	一白卯	二黒未	六白寅	九紫申	六白卯
28日	七赤酉	二黒辰	三碧申	七赤卯	一白酉	五黄辰
29日	八白戌		四緑酉	八白辰	二黒戌	四緑巳
30日	九紫亥		五黄戌	九紫巳	三碧亥	三碧午
31日	一白子		六白亥		四緑子	

九星循環表（暦）

日＼月	7月	8月	9月	10月	11月	12月
	三碧未	二黒申	一白酉	九紫戌	八白亥	七赤子
1日	六白子	二黒未	七赤寅	四緑申	九紫卯	六白酉
2日	五黄丑	一白申	六白卯	三碧酉	八白辰	五黄戌
3日	四緑寅	九紫酉	五黄辰	二黒戌	七赤巳	四緑亥
4日	三碧卯	八白戌	四緑巳	一白亥	六白午	三碧子
5日	二黒辰	七赤亥	三碧午	九紫子	五黄未	二黒丑
6日	一白巳	六白子	二黒未	八白丑	四緑申	一白寅
7日	九紫午	五黄丑	一白申	七赤寅	三碧酉	九紫卯
8日	八白未	四緑寅	九紫酉	六白卯	二黒戌	八白辰
9日	七赤申	三碧卯	八白戌	五黄辰	一白亥	七赤巳
10日	六白酉	二黒辰	七赤亥	四緑巳	九紫子	六白午
11日	五黄戌	一白巳	六白子	三碧午	八白丑	五黄未
12日	四緑亥	九紫午	五黄丑	二黒未	七赤寅	四緑申
13日	三碧子	八白未	四緑寅	一白申	六白卯	三碧酉
14日	二黒丑	七赤申	三碧卯	九紫酉	五黄辰	二黒戌
15日	一白寅	六白酉	二黒辰	八白戌	四緑巳	一白亥
16日	九紫卯	五黄戌	一白巳	七赤亥	三碧午	一白子
17日	八白辰	四緑亥	九紫午	六白子	二黒未	二黒丑
18日	七赤巳	三碧子	八白未	五黄丑	一白申	三碧寅
19日	六白午	二黒丑	七赤申	四緑寅	九紫酉	四緑卯
20日	五黄未	一白寅	六白酉	三碧卯	八白戌	五黄辰
21日	四緑申	九紫卯	五黄戌	二黒辰	七赤亥	六白巳
22日	三碧酉	八白辰	四緑亥	一白巳	六白子	七赤午
23日	二黒戌	七赤巳	三碧子	九紫午	五黄丑	八白未
24日	一白亥	六白午	二黒丑	八白未	四緑寅	九紫申
25日	九紫子	五黄未	一白寅	七赤申	三碧卯	一白酉
26日	八白丑	四緑申	九紫卯	六白酉	二黒辰	二黒戌
27日	七赤寅	三碧酉	八白辰	五黄戌	一白巳	三碧亥
28日	六白卯	二黒戌	七赤巳	四緑亥	九紫午	四緑子
29日	五黄辰	一白亥	六白午	三碧子	八白未	五黄丑
30日	四緑巳	九紫子	五黄未	二黒丑	七赤申	六白寅
31日	三碧午	八白丑		一白寅		七赤卯

※太線の区切りは「月」の節がわりを示し、線の上側までは前月の中宮星となります。なお、日にちはそのままの九星です。

平成38年（西暦2026年）一白水星・午

月／日	1月	2月	3月	4月	5月	6月
	九紫丑	八白寅	七赤卯	六白辰	五黄巳	四緑午
1日	三碧亥	七赤午	八白戌	三碧巳	六白亥	一白午
2日	四緑子	八白未	九紫亥	四緑午	七赤子	二黒未
3日	五黄丑	九紫申	一白子	五黄未	八白丑	三碧申
4日	六白寅	一白酉	二黒丑	六白申	九紫寅	四緑酉
5日	七赤卯	二黒戌	三碧寅	七赤酉	一白卯	五黄戌
6日	八白辰	三碧亥	四緑卯	八白戌	二黒辰	六白亥
7日	九紫巳	四緑子	五黄辰	九紫亥	三碧巳	七赤子
8日	一白午	五黄丑	六白巳	一白子	四緑午	八白丑
9日	二黒未	六白寅	七赤午	二黒丑	五黄未	九紫寅
10日	三碧申	七赤卯	八白未	三碧寅	六白申	一白卯
11日	四緑酉	八白辰	九紫申	四緑卯	七赤酉	二黒辰
12日	五黄戌	九紫巳	一白酉	五黄辰	八白戌	三碧巳
13日	六白亥	一白午	二黒戌	六白巳	九紫亥	四緑午
14日	七赤子	二黒未	三碧亥	七赤午	一白子	五黄未
15日	八白丑	三碧申	四緑子	八白未	二黒丑	六白申
16日	九紫寅	四緑酉	五黄丑	九紫申	三碧寅	七赤酉
17日	一白卯	五黄戌	六白寅	一白酉	四緑卯	八白戌
18日	二黒辰	六白亥	七赤卯	二黒戌	五黄辰	九紫亥
19日	三碧巳	七赤子	八白辰	三碧亥	六白巳	九紫子
20日	四緑午	八白丑	九紫巳	四緑子	七赤午	八白丑
21日	五黄未	九紫寅	一白午	五黄丑	八白未	七赤寅
22日	六白申	一白卯	二黒未	六白寅	九紫申	六白卯
23日	七赤酉	二黒辰	三碧申	七赤卯	一白酉	五黄辰
24日	八白戌	三碧巳	四緑酉	八白辰	二黒戌	四緑巳
25日	九紫亥	四緑午	五黄戌	九紫巳	三碧亥	三碧午
26日	一白子	五黄未	六白亥	一白午	四緑子	二黒未
27日	二黒丑	六白申	七赤子	二黒未	五黄丑	一白申
28日	三碧寅	七赤酉	八白丑	三碧申	六白寅	九紫酉
29日	四緑卯		九紫寅	四緑酉	七赤卯	八白戌
30日	五黄辰		一白卯	五黄戌	八白辰	七赤亥
31日	六白巳		二黒辰		九紫巳	

九星循環表（暦）

月／日	7月	8月	9月	10月	11月	12月
	九紫未	八白申	七赤酉	六白戌	五黄亥	四緑子
1日	一白巳	六白子	二黒未	八白丑	四緑申	一白寅
2日	九紫午	五黄丑	一白申	七赤寅	三碧酉	九紫卯
3日	八白未	四緑寅	九紫酉	六白卯	二黒戌	八白辰
4日	七赤申	三碧卯	八白戌	五黄辰	一白亥	七赤巳
5日	六白酉	二黒辰	七赤亥	四緑巳	九紫子	六白午
6日	五黄戌	一白巳	六白子	三碧午	八白丑	五黄未
7日	四緑亥	九紫午	五黄丑	二黒未	七赤寅	四緑申
8日	三碧子	八白未	四緑寅	一白申	六白卯	三碧酉
9日	二黒丑	七赤申	三碧卯	九紫酉	五黄辰	二黒戌
10日	一白寅	六白酉	二黒辰	八白戌	四緑巳	一白亥
11日	九紫卯	五黄戌	一白巳	七赤亥	三碧午	一白子
12日	八白辰	四緑亥	九紫午	六白子	二黒未	二黒丑
13日	七赤巳	三碧子	八白未	五黄丑	一白申	三碧寅
14日	六白午	二黒丑	七赤申	四緑寅	九紫酉	四緑卯
15日	五黄未	一白寅	六白酉	三碧卯	八白戌	五黄辰
16日	四緑申	九紫卯	五黄戌	二黒辰	七赤亥	六白巳
17日	三碧酉	八白辰	四緑亥	一白巳	六白子	七赤午
18日	二黒戌	七赤巳	三碧子	九紫午	五黄丑	八白未
19日	一白亥	六白午	二黒丑	八白未	四緑寅	九紫申
20日	九紫子	五黄未	一白寅	七赤申	三碧卯	一白酉
21日	八白丑	四緑申	九紫卯	六白酉	二黒辰	二黒戌
22日	七赤寅	三碧酉	八白辰	五黄戌	一白巳	三碧亥
23日	六白卯	二黒戌	七赤巳	四緑亥	九紫午	四緑子
24日	五黄辰	一白亥	六白午	三碧子	八白未	五黄丑
25日	四緑巳	九紫子	五黄未	二黒丑	七赤申	六白寅
26日	三碧午	八白丑	四緑申	一白寅	六白酉	七赤卯
27日	二黒未	七赤寅	三碧酉	九紫卯	五黄戌	八白辰
28日	一白申	六白卯	二黒戌	八白辰	四緑亥	九紫巳
29日	九紫酉	五黄辰	一白亥	七赤巳	三碧子	一白午
30日	八白戌	四緑巳	九紫子	六白午	二黒丑	二黒未
31日	七赤亥	三碧午		五黄未		三碧申

※太線の区切りは「月」の節がわりを示し、線の上側までは前月の中宮星となります。なお、日にちはそのままの九星です。

平成39年（西暦2027年）九紫火星・未

月／日	1月	2月	3月	4月	5月	6月
	六白丑	五黄寅	四緑卯	三碧辰	二黒巳	一白午
1日	八白辰	三碧亥	四緑卯	八白戌	二黒辰	六白亥
2日	九紫巳	四緑子	五黄辰	九紫亥	三碧巳	七赤子
3日	一白午	五黄丑	六白巳	一白子	四緑午	八白丑
4日	二黒未	六白寅	七赤午	二黒丑	五黄未	九紫寅
5日	三碧申	七赤卯	八白未	三碧寅	六白申	一白卯
6日	四緑酉	八白辰	九紫申	四緑卯	七赤酉	二黒辰
7日	五黄戌	九紫巳	一白酉	五黄辰	八白戌	三碧巳
8日	六白亥	一白午	二黒戌	六白巳	九紫亥	四緑午
9日	七赤子	二黒未	三碧亥	七赤午	一白子	五黄未
10日	八白丑	三碧申	四緑子	八白未	二黒丑	六白申
11日	九紫寅	四緑酉	五黄丑	九紫申	三碧寅	七赤酉
12日	一白卯	五黄戌	六白寅	一白酉	四緑卯	八白戌
13日	二黒辰	六白亥	七赤卯	二黒戌	五黄辰	九紫亥
14日	三碧巳	七赤子	八白辰	三碧亥	六白巳	九紫子
15日	四緑午	八白丑	九紫巳	四緑子	七赤午	八白丑
16日	五黄未	九紫寅	一白午	五黄丑	八白未	七赤寅
17日	六白申	一白卯	二黒未	六白寅	九紫申	六白卯
18日	七赤酉	二黒辰	三碧申	七赤卯	一白酉	五黄辰
19日	八白戌	三碧巳	四緑酉	八白辰	二黒戌	四緑巳
20日	九紫亥	四緑午	五黄戌	九紫巳	三碧亥	三碧午
21日	一白子	五黄未	六白亥	一白午	四緑子	二黒未
22日	二黒丑	六白申	七赤子	二黒未	五黄丑	一白申
23日	三碧寅	七赤酉	八白丑	三碧申	六白寅	九紫酉
24日	四緑卯	八白戌	九紫寅	四緑酉	七赤卯	八白戌
25日	五黄辰	九紫亥	一白卯	五黄戌	八白辰	七赤亥
26日	六白巳	一白子	二黒辰	六白亥	九紫巳	六白子
27日	七赤午	二黒丑	三碧巳	七赤子	一白午	五黄丑
28日	八白未	三碧寅	四緑午	八白丑	二黒未	四緑寅
29日	九紫申		五黄未	九紫寅	三碧申	三碧卯
30日	一白酉		六白申	一白卯	四緑酉	二黒辰
31日	二黒戌		七赤酉		五黄戌	

九星循環表（暦）

日＼月	7月	8月	9月	10月	11月	12月
	六白未	五黄申	四緑酉	三碧戌	二黒亥	一白子
1日	四緑亥	九紫午	五黄丑	二黒未	七赤寅	四緑申
2日	三碧子	八白未	四緑寅	一白申	六白卯	三碧酉
3日	二黒丑	七赤申	三碧卯	九紫酉	五黄辰	二黒戌
4日	一白寅	六白酉	二黒辰	八白戌	四緑巳	一白亥
5日	九紫卯	五黄戌	一白巳	七赤亥	三碧午	一白子
6日	八白辰	四緑亥	九紫午	六白子	二黒未	二黒丑
7日	七赤巳	三碧子	八白未	五黄丑	一白申	三碧寅
8日	六白午	二黒丑	七赤申	四緑寅	九紫酉	四緑卯
9日	五黄未	一白寅	六白酉	三碧卯	八白戌	五黄辰
10日	四緑申	九紫卯	五黄戌	二黒辰	七赤亥	六白巳
11日	三碧酉	八白辰	四緑亥	一白巳	六白子	七赤午
12日	二黒戌	七赤巳	三碧子	九紫午	五黄丑	八白未
13日	一白亥	六白午	二黒丑	八白未	四緑寅	九紫申
14日	九紫子	五黄未	一白寅	七赤申	三碧卯	一白酉
15日	八白丑	四緑申	九紫卯	六白酉	二黒辰	二黒戌
16日	七赤寅	三碧酉	八白辰	五黄戌	一白巳	三碧亥
17日	六白卯	二黒戌	七赤巳	四緑亥	九紫午	四緑子
18日	五黄辰	一白亥	六白午	三碧子	八白未	五黄丑
19日	四緑巳	九紫子	五黄未	二黒丑	七赤申	六白寅
20日	三碧午	八白丑	四緑申	一白寅	六白酉	七赤卯
21日	二黒未	七赤寅	三碧酉	九紫卯	五黄戌	八白辰
22日	一白申	六白卯	二黒戌	八白辰	四緑亥	九紫巳
23日	九紫酉	五黄辰	一白亥	七赤巳	三碧子	一白午
24日	八白戌	四緑巳	九紫子	六白午	二黒丑	二黒未
25日	七赤亥	三碧午	八白丑	五黄未	一白寅	三碧申
26日	六白子	二黒未	七赤寅	四緑申	九紫卯	四緑酉
27日	五黄丑	一白申	六白卯	三碧酉	八白辰	五黄戌
28日	四緑寅	九紫酉	五黄辰	二黒戌	七赤巳	六白亥
29日	三碧卯	八白戌	四緑巳	一白亥	六白午	七赤子
30日	二黒辰	七赤亥	三碧午	九紫子	五黄未	八白丑
31日	一白巳	六白子		八白丑		九紫寅

※太線の区切りは「月」の節がわりを示し、線の上側までは前月の中宮星となります。なお、日にちはそのままの九星です。

平成40年（西暦2028年）八白土星・申

日＼月	1月	2月	3月	4月	5月	6月
	三碧丑	二黒寅	一白卯	九紫辰	八白巳	七赤午
1日	四緑酉	八白辰	一白酉	五黄辰	八白戌	三碧巳
2日	五黄戌	九紫巳	二黒戌	六白巳	九紫亥	四緑午
3日	六白亥	一白午	三碧亥	七赤午	一白子	五黄未
4日	七赤子	二黒未	四緑子	八白未	二黒丑	六白申
5日	八白丑	三碧申	五黄丑	九紫申	三碧寅	七赤酉
6日	九紫寅	四緑酉	六白寅	一白酉	四緑卯	八白戌
7日	一白卯	五黄戌	七赤卯	二黒戌	五黄辰	九紫亥
8日	二黒辰	六白亥	八白辰	三碧亥	六白巳	九紫子
9日	三碧巳	七赤子	九紫巳	四緑子	七赤午	八白丑
10日	四緑午	八白丑	一白午	五黄丑	八白未	七赤寅
11日	五黄未	九紫寅	二黒未	六白寅	九紫申	六白卯
12日	六白申	一白卯	三碧申	七赤卯	一白酉	五黄辰
13日	七赤酉	二黒辰	四緑酉	八白辰	二黒戌	四緑巳
14日	八白戌	三碧巳	五黄戌	九紫巳	三碧亥	三碧午
15日	九紫亥	四緑午	六白亥	一白午	四緑子	二黒未
16日	一白子	五黄未	七赤子	二黒未	五黄丑	一白申
17日	二黒丑	六白申	八白丑	三碧申	六白寅	九紫酉
18日	三碧寅	七赤酉	九紫寅	四緑酉	七赤卯	八白戌
19日	四緑卯	八白戌	一白卯	五黄戌	八白辰	七赤亥
20日	五黄辰	九紫亥	二黒辰	六白亥	九紫巳	六白子
21日	六白巳	一白子	三碧巳	七赤子	一白午	五黄丑
22日	七赤午	二黒丑	四緑午	八白丑	二黒未	四緑寅
23日	八白未	三碧寅	五黄未	九紫寅	三碧申	三碧卯
24日	九紫申	四緑卯	六白申	一白卯	四緑酉	二黒辰
25日	一白酉	五黄辰	七赤酉	二黒辰	五黄戌	一白巳
26日	二黒戌	六白巳	八白戌	三碧巳	六白亥	九紫午
27日	三碧亥	七赤午	九紫亥	四緑午	七赤子	八白未
28日	四緑子	八白未	一白子	五黄未	八白丑	七赤申
29日	五黄丑	九紫申	二黒丑	六白申	九紫寅	六白酉
30日	六白寅		三碧寅	七赤酉	一白卯	五黄戌
31日	七赤卯		四緑卯		二黒辰	

九星循環表（暦）

日＼月	7月	8月	9月	10月	11月	12月
	三碧未	二黒申	一白酉	九紫戌	八白亥	七赤子
1日	八白辰	四緑亥	九紫午	六白子	二黒未	二黒丑
2日	七赤巳	三碧子	八白未	五黄丑	一白申	三碧寅
3日	六白午	二黒丑	七赤申	四緑寅	九紫酉	四緑卯
4日	五黄未	一白寅	六白酉	三碧卯	八白戌	五黄辰
5日	四緑申	九紫卯	五黄戌	二黒辰	七赤亥	六白巳
6日	三碧酉	八白辰	四緑亥	一白巳	六白子	七赤午
7日	二黒戌	七赤巳	三碧子	九紫午	五黄丑	八白未
8日	一白亥	六白午	二黒丑	八白未	四緑寅	九紫申
9日	九紫子	五黄未	一白寅	七赤申	三碧卯	一白酉
10日	八白丑	四緑申	九紫卯	六白酉	二黒辰	二黒戌
11日	七赤寅	三碧酉	八白辰	五黄戌	一白巳	三碧亥
12日	六白卯	二黒戌	七赤巳	四緑亥	九紫午	四緑子
13日	五黄辰	一白亥	六白午	三碧子	八白未	五黄丑
14日	四緑巳	九紫子	五黄未	二黒丑	七赤申	六白寅
15日	三碧午	八白丑	四緑申	一白寅	六白酉	七赤卯
16日	二黒未	七赤寅	三碧酉	九紫卯	五黄戌	八白辰
17日	一白申	六白卯	二黒戌	八白辰	四緑亥	九紫巳
18日	九紫酉	五黄辰	一白亥	七赤巳	三碧子	一白午
19日	八白戌	四緑巳	九紫子	六白午	二黒丑	二黒未
20日	七赤亥	三碧午	八白丑	五黄未	一白寅	三碧申
21日	六白子	二黒未	七赤寅	四緑申	九紫卯	四緑酉
22日	五黄丑	一白申	六白卯	三碧酉	八白辰	五黄戌
23日	四緑寅	九紫酉	五黄辰	二黒戌	七赤巳	六白亥
24日	三碧卯	八白戌	四緑巳	一白亥	六白午	七赤子
25日	二黒辰	七赤亥	三碧午	九紫子	五黄未	八白丑
26日	一白巳	六白子	二黒未	八白丑	四緑申	九紫寅
27日	九紫午	五黄丑	一白申	七赤寅	三碧酉	一白卯
28日	八白未	四緑寅	九紫酉	六白卯	二黒戌	二黒辰
29日	七赤申	三碧卯	八白戌	五黄辰	一白亥	三碧巳
30日	六白酉	二黒辰	七赤亥	四緑巳	一白子	四緑午
31日	五黄戌	一白巳		三碧午		五黄未

※太線の区切りは「月」の節がわりを示し、線の上側までは前月の中宮星となります。なお、日にちはそのままの九星です。

平成41年（西暦2029年）七赤金星・酉

日＼月	1月	2月	3月	4月	5月	6月
	九紫丑	八白寅	七赤卯	六白辰	五黄巳	四緑午
1日	一白卯	五黄戌	六白寅	一白酉	四緑卯	八白戌
2日	二黒辰	六白亥	七赤卯	二黒戌	五黄辰	九紫亥
3日	三碧巳	七赤子	八白辰	三碧亥	六白巳	九紫子
4日	四緑午	八白丑	九紫巳	四緑子	七赤午	八白丑
5日	五黄未	九紫寅	一白午	五黄丑	八白未	七赤寅
6日	六白申	一白卯	二黒未	六白寅	九紫申	六白卯
7日	七赤酉	二黒辰	三碧申	七赤卯	一白酉	五黄辰
8日	八白戌	三碧巳	四緑酉	八白辰	二黒戌	四緑巳
9日	九紫亥	四緑午	五黄戌	九紫巳	三碧亥	三碧午
10日	一白子	五黄未	六白亥	一白午	四緑子	二黒未
11日	二黒丑	六白申	七赤子	二黒未	五黄丑	一白申
12日	三碧寅	七赤酉	八白丑	三碧申	六白寅	九紫酉
13日	四緑卯	八白戌	九紫寅	四緑酉	七赤卯	八白戌
14日	五黄辰	九紫亥	一白卯	五黄戌	八白辰	七赤亥
15日	六白巳	一白子	二黒辰	六白亥	九紫巳	六白子
16日	七赤午	二黒丑	三碧巳	七赤子	一白午	五黄丑
17日	八白未	三碧寅	四緑午	八白丑	二黒未	四緑寅
18日	九紫申	四緑卯	五黄未	九紫寅	三碧申	三碧卯
19日	一白酉	五黄辰	六白申	一白卯	四緑酉	二黒辰
20日	二黒戌	六白巳	七赤酉	二黒辰	五黄戌	一白巳
21日	三碧亥	七赤午	八白戌	三碧巳	六白亥	九紫午
22日	四緑子	八白未	九紫亥	四緑午	七赤子	八白未
23日	五黄丑	九紫申	一白子	五黄未	八白丑	七赤申
24日	六白寅	一白酉	二黒丑	六白申	九紫寅	六白酉
25日	七赤卯	二黒戌	三碧寅	七赤酉	一白卯	五黄戌
26日	八白辰	三碧亥	四緑卯	八白戌	二黒辰	四緑亥
27日	九紫巳	四緑子	五黄辰	九紫亥	三碧巳	三碧子
28日	一白午	五黄丑	六白巳	一白子	四緑午	二黒丑
29日	二黒未		七赤午	二黒丑	五黄未	一白寅
30日	三碧申		八白未	三碧寅	六白申	九紫卯
31日	四緑酉		九紫申		七赤酉	

九星循環表（暦）

日＼月	7月 九紫未	8月 八白申	9月 七赤酉	10月 六白戌	11月 五黄亥	12月 四緑子
1日	三碧酉	八白辰	四緑亥	一白巳	六白子	七赤午
2日	二黒戌	七赤巳	三碧子	九紫午	五黄丑	八白未
3日	一白亥	六白午	二黒丑	八白未	四緑寅	九紫申
4日	九紫子	五黄未	一白寅	七赤申	三碧卯	一白酉
5日	八白丑	四緑申	九紫卯	六白酉	二黒辰	二黒戌
6日	七赤寅	三碧酉	八白辰	五黄戌	一白巳	三碧亥
7日	六白卯	二黒戌	七赤巳	四緑亥	九紫午	四緑子
8日	五黄辰	一白亥	六白午	三碧子	八白未	五黄丑
9日	四緑巳	九紫子	五黄未	二黒丑	七赤申	六白寅
10日	三碧午	八白丑	四緑申	一白寅	六白酉	七赤卯
11日	二黒未	七赤寅	三碧酉	九紫卯	五黄戌	八白辰
12日	一白申	六白卯	二黒戌	八白辰	四緑亥	九紫巳
13日	九紫酉	五黄辰	一白亥	七赤巳	三碧子	一白午
14日	八白戌	四緑巳	九紫子	六白午	二黒丑	二黒未
15日	七赤亥	三碧午	八白丑	五黄未	一白寅	三碧申
16日	六白子	二黒未	七赤寅	四緑申	九紫卯	四緑酉
17日	五黄丑	一白申	六白卯	三碧酉	八白辰	五黄戌
18日	四緑寅	九紫酉	五黄辰	二黒戌	七赤巳	六白亥
19日	三碧卯	八白戌	四緑巳	一白亥	六白午	七赤子
20日	二黒辰	七赤亥	三碧午	九紫子	五黄未	八白丑
21日	一白巳	六白子	二黒未	八白丑	四緑申	九紫寅
22日	九紫午	五黄丑	一白申	七赤寅	三碧酉	一白卯
23日	八白未	四緑寅	九紫酉	六白卯	二黒戌	二黒辰
24日	七赤申	三碧卯	八白戌	五黄辰	一白亥	三碧巳
25日	六白酉	二黒辰	七赤亥	四緑巳	一白子	四緑午
26日	五黄戌	一白巳	六白子	三碧午	二黒丑	五黄未
27日	四緑亥	九紫午	五黄丑	二黒未	三碧寅	六白申
28日	三碧子	八白未	四緑寅	一白申	四緑卯	七赤酉
29日	二黒丑	七赤申	三碧卯	九紫酉	五黄辰	八白戌
30日	一白寅	六白酉	二黒辰	八白戌	六白巳	九紫亥
31日	九紫卯	五黄戌		七赤亥		一白子

※太線の区切りは「月」の節がわりを示し、線の上側までは前月の中宮星となります。なお、日にちはそのままの九星です。

平成42年（西暦2030年）六白金星・戊

月／日	1月	2月	3月	4月	5月	6月
	六白丑	五黄寅	四緑卯	三碧辰	二黒巳	一白午
1日	六白申	一白卯	二黒未	六白寅	九紫申	六白卯
2日	七赤酉	二黒辰	三碧申	七赤卯	一白酉	五黄辰
3日	八白戌	三碧巳	四緑酉	八白辰	二黒戌	四緑巳
4日	九紫亥	四緑午	五黄戌	九紫巳	三碧亥	三碧午
5日	一白子	五黄未	六白亥	一白午	四緑子	二黒未
6日	二黒丑	六白申	七赤子	二黒未	五黄丑	一白申
7日	三碧寅	七赤酉	八白丑	三碧申	六白寅	九紫酉
8日	四緑卯	八白戌	九紫寅	四緑酉	七赤卯	八白戌
9日	五黄辰	九紫亥	一白卯	五黄戌	八白辰	七赤亥
10日	六白巳	一白子	二黒辰	六白亥	九紫巳	六白子
11日	七赤午	二黒丑	三碧巳	七赤子	一白午	五黄丑
12日	八白未	三碧寅	四緑午	八白丑	二黒未	四緑寅
13日	九紫申	四緑卯	五黄未	九紫寅	三碧申	三碧卯
14日	一白酉	五黄辰	六白申	一白卯	四緑酉	二黒辰
15日	二黒戌	六白巳	七赤酉	二黒辰	五黄戌	一白巳
16日	三碧亥	七赤午	八白戌	三碧巳	六白亥	九紫午
17日	四緑子	八白未	九紫亥	四緑午	七赤子	八白未
18日	五黄丑	九紫申	一白子	五黄未	八白丑	七赤申
19日	六白寅	一白酉	二黒丑	六白申	九紫寅	六白酉
20日	七赤卯	二黒戌	三碧寅	七赤酉	一白卯	五黄戌
21日	八白辰	三碧亥	四緑卯	八白戌	二黒辰	四緑亥
22日	九紫巳	四緑子	五黄辰	九紫亥	三碧巳	三碧子
23日	一白午	五黄丑	六白巳	一白子	四緑午	二黒丑
24日	二黒未	六白寅	七赤午	二黒丑	五黄未	一白寅
25日	三碧申	七赤卯	八白未	三碧寅	六白申	九紫卯
26日	四緑酉	八白辰	九紫申	四緑卯	七赤酉	八白辰
27日	五黄戌	九紫巳	一白酉	五黄辰	八白戌	七赤巳
28日	六白亥	一白午	二黒戌	六白巳	九紫亥	六白午
29日	七赤子		三碧亥	七赤午	九紫子	五黄未
30日	八白丑		四緑子	八白未	八白丑	四緑申
31日	九紫寅		五黄丑		七赤寅	

あとがき――

本書のもととなっている文庫判『よくわかる気学(東洋占星術)入門』は、発行以来、長い年月をかけて何度か増刷を重ねてきました。こうして気学の入門書として、地道に命脈を保ってこられましたのも、ひとえに読者の皆さまのおかげだと、感謝しております。

このたび改訂新版を出すにあたって、内容を大幅に書きかえるという選択肢もありましたが、あえてそれをせず、若書きのままの原稿を生かすことにしました。気学の学びと本づくりにうちこんだ当時の情熱を思い返して、もとの原稿を生かすことがよい、と判断したのです。

そうしてできあがった本書は、当初のねらいどおり、気学の入門書としてわかりやすく、実際の役に立つ内容にしあがっている、と自負しております。

なお、今回の改訂版では、新書判での出版となりました。そのことは、わたしにとって大きな喜びでもあります。というのも、わたしが若い時代に熱心に読んだ占いの入門書も、その多くが新書判の体裁だったからです。当時、新書判の占術書はいろいろな企画がなされ、とても勢いのある存在でした。本書が旧版のもの以上に、多くの方々の人生を照らす道しるべとなることを心より願っております。

平成二十八年十一月吉日

著者しるす

野村徳子（のむらとくこ）
昭和26年、神奈川県横須賀市に生まれる。武蔵野女子大学（現・武蔵野大学）卒業。その後、出版編集業にたずさわるかたわら、方位・家相などの東洋運命学、心の世界の研究をつづける。著書に『よい名前のつけ方』（当社刊）、『寺院参拝』、『はすの花　共時性と予兆の秘密』がある。

よくわかる
気学（東洋占星術）入門

2016年12月15日　第1刷発行

著　者――野村徳子
発行者――井上智由
発行所――弘文出版株式会社
〒271-0092　千葉県松戸市松戸1330-4-101
電話 047-366-1331
印刷所――株式会社暁印刷
製本所――ナショナル製本協同組合

ISBN978-4-87520-233-2　C2239　Printed in Japan